| 博士生导师学术文库 |
A Library of Academics by
Ph.D.Supervisors

播博汇文论

（第二卷）

———·———

曾志华　李峻岭　孙　良　编著

光明日报出版社

图书在版编目（CIP）数据

播博汇文论. 第二卷 / 曾志华，李峻岭，孙良编著. --北京：光明日报出版社，2022.5
ISBN 978-7-5194-6582-7

Ⅰ.①播… Ⅱ.①曾… ②李… ③孙… Ⅲ.①播音—语言艺术—文集 Ⅳ.①G222.2-53

中国版本图书馆 CIP 数据核字（2022）第 086691 号

播博汇文论（第二卷）
BOBOHUI WENLUN（DIERJUAN）

编　　著：曾志华　李峻岭　孙　良	
责任编辑：刘兴华	责任校对：张月月
封面设计：一站出版网	责任印制：曹　净

出版发行：光明日报出版社
地　　址：北京市西城区永安路 106 号，100050
电　　话：010-63169890（咨询），010-63131930（邮购）
传　　真：010-63131930
网　　址：http://book.gmw.cn
E - mail：gmrbcbs@gmw.cn
法律顾问：北京市兰台律师事务所龚柳方律师
印　　刷：三河市华东印刷有限公司
装　　订：三河市华东印刷有限公司
本书如有破损、缺页、装订错误，请与本社联系调换，电话：010-63131930

开　　本：170mm×240mm	
字　　数：339 千字	印　　张：19.5
版　　次：2022 年 5 月第 1 版	印　　次：2022 年 5 月第 1 次印刷
书　　号：ISBN 978-7-5194-6582-7	
定　　价：98.00 元	

版权所有　翻印必究

编 委

曾志华	苏凡博	孙　良	卢　彬	张　庆
李峻岭	阎　亮	赖冬阳	刘　超	孔　亮
李　斌	杨颖慧	许成龙	胡子豪	胡　华
刘倩伶	唐石莹	王滢淇	于东颖	郑海超
马敬跃	孙梦伟	王　谭	王忆希	朱宸廷

目 录
CONTENTS

第一编　播博汇

一、"去主持人化"再辨析
　　——新时期主持人的功能拓展与价值再现 …………………… 5

二、洗耳·聆察
　　——什么是纪录片的好声音？ ………………………………… 38

三、当"言值"成为标配
　　——有声语言教育类公众号的品牌打造与增值 ……………… 64

四、"直播热"背景下主播人才的多元化培养 …………………… 103

五、智媒时代播音主持人才的多元化培养 ……………………… 139

第二编　回响·回想

一、蔡伟：恢复高考，有这种好事 ……………………………… 188

二、卢静：用真情主持春晚 ……………………………………… 194

三、李东：当时我们被逼到了墙角上，才有了"珠江模式" …… 201

四、雅坤：我老伴说"你跟八点半过去吧" …………………… 209

五、瞿弦和、张筠英：以前"风流"不是什么好词儿，一般都是带贬义的 … 216

六、钱锋：空中立交桥，那段激情燃烧的岁月 …………………… 221

七、小艾同学：北京奥运，我在！ …………………………………… 230

八、邓革："儿子十岁前，我从未给他做过早饭" ………………… 236

九、蒋林：我曾计划在2013年12月31日永久告别电视 …………… 243

十、国庆阅兵
　　——声音激荡阅兵场 …………………………………………… 248

第三编　师说

一、李立宏：万物一体
　　——语言创作的自由境界 ……………………………………… 258

二、冯雪锐：幕后英雄"配音员" …………………………………… 268

三、陈光：谈"声优"的自我修养 …………………………………… 279

四、蔡紫：《主持人大赛》是在帮我做减法 ………………………… 288

五、李斌：网络主播的角色定位与功能变迁
　　——以抖音短视频为例 ………………………………………… 295

后　记 …………………………………………………………………… 300

第一编 **01**

| 播博汇 |

写在前面的话——

"播博汇"始于 2015 年 11 月 27 日。

"播博汇"是在中国传媒大学曾志华教授倡导下，由中国播音学的几位博士与博士生共同创办的学术沙龙。

"播博汇"学术沙龙旨在关注、梳理播音主持及相关的理论热点和一线热点，探讨其背后的现实和理论依据，激发参与者的学术热情，营造良好的专业学习氛围。

我们的初心是——

以播音学科为根本，
以学术研究为旨趣，
紧随时代主题，
了解业界问题，
探讨学科课题。

研讨成员主要来自中国传媒大学中国播音学的博士生导师和博士、博士研究生以及其他院校的博士、硕士研究生；同时每期定向邀约跨学科专家、兄弟高校专家、具有影响力的业界主持人、评论员和其他行业的一线实践者担任观察学者和观察专家。

"播博汇"研讨流程——

1. 主持开场：介绍主题、介绍现场嘉宾、介绍发言规则
2. 轮值学者针对选题进行阐述
3. 质询、点评
4. 观察员有话说
5. 观察学者发言
6. 圆桌讨论
7. 现场互动
8. 轮值学者小结
9. 总评专家总评

"播博汇"2019年12月12日

"播博汇"2019年12月21日

"播博汇"2019年05月06日

一、"去主持人化"再辨析

——新时期主持人的功能拓展与价值再现

（"播博汇"2019 年 05 月 06 日）

轮值学者：

  杨颖慧（中国传媒大学中国播音学 2018 级博士生、辽宁电视台节目主持人）

主持人：

  李　斌（中国传媒大学中国播音学 2018 级博士生、浙江传媒学院播音与主持艺术学院教师）

研讨学者：

  赖冬阳（中国传媒大学中国播音学 2015 级博士生、新华社记者）

  阎　亮（中国传媒大学中国播音学 2015 级博士生、中国传媒大学播音主持艺术学院教师）

  刘　超（中国传媒大学中国播音学 2016 级博士生、浙江传媒学院播音主持艺术学院副教授）

  孔　亮（中国传媒大学中国播音学 2017 级博士生、原上海人民广播电台主播）

  袁肖琨（中国传媒大学传播学 2018 级博士生）

  杜远智（中国传媒大学传播学 2018 级博士生）

  许成龙（中国传媒大学中国播音学 2019 级博士生）

  邱　锦（中国传媒大学 2018 级硕士生）

  刘言明（中国传媒大学 2018 级硕士生）

  李　瑜（中国传媒大学 2018 级硕士生）

总评专家：

  曾志华（中国传媒大学播音主持艺术学院教授、博士研究生导师）

"播博汇"现场实录

主持人李斌简要介绍了议题和嘉宾，拉开了本期播博汇的序幕……

轮值学者阐述

杨颖慧：

2019年北京卫视春晚在万众期待中播出了，很多观众期待它的一个理由，就是想看看吴秀波是怎么被"P"掉的。晚会播出后，很多网友纷纷评论说，"意外看了个'纯享版'的春晚，没有主持人也挺好的。"还有评论说，"今后传媒学院主持人专业的招生恐怕不会像以前那么热门了！"我也发现，近些年很多头部节目都开始"去主持人化"。

面对这种业界生态，很多主持人纷纷选择转行。其中有"大转"，从主持人转到演员、制片人、商人、出品人等；也有"中转"，从新闻主持人转到综艺娱乐主持人，比如，撒贝宁、邱启明；还有"小转"，从主持人角色转到节目中的其他角色。顺着这条思路追问，主持人功能价值发生变化的背后原因是什么呢？

第一，媒介秩序的变革重塑。曾经是"电视为王"的时代，如果有广告商想在电视台投一个广告，即使拥有足够多的经济资本，可能还需要托各种关系去占据广告资源的位置。那个时期，电视台的广告部是最"肥沃"的部门，相信之前在传统媒体工作过的人都有同样的感受。但现在不一样了，现在是"先网后台"的时代，当平台价值受到了削弱，在平台上生存的所有人的价值也都会受到影响，包括主持人。

第二，经典传播模式的打破。施拉姆（Schramm）曾经就电视之于受众的关系，做过这样的一个形象比喻：受众是自助餐厅的就餐者，媒介相当于自助餐厅，传播者相当于自助餐厅的厨师。厨师要尽可能做出符合食客们口味的食物，但你到底喜不喜欢、能否接受，则要看个人的选择①。如今，"大数据"使得原有的受众变成了现在的用户，原来的隐性力量也一跃成了现在的显性力量，用

---

① 威尔伯·施拉姆. 传播学概论

户的喜好可以直接决定传播平台的传播行为。在一档真人秀节目中，粉丝如果只想看到自己的idol（偶像）在节目里的表现，那么主持人的价值和功能自然会受到削弱和影响。

第三，信息传播的"去中心化"。网络让所有人都置身于"大数据"的海洋，开启了一个大规模的信息生产、互动、分享、数据应用的时代。这就打破了传统媒体原有的垄断力。只要你想，每个人都有可能成为重要内容的生产商。传统媒体的话语权被消解，主持人被"去魅化"。顺着条思路，我们就必须去探寻主持人的价值再现和功能拓展的路径。

首先，信息传播是播音员主持人的核心价值，也是传统媒体赖以生存的基础。主持人不仅应该向受众做客观真实的信息报道，同样也应提供相关的意见。尤其在海量的信息传播环境下，已经出现了信息过剩和信息失真的现象，播音员主持人需要进行信息的筛选，并且对信息的深度解读也是传统媒体的生存优势。除此之外，文化引导是我们的价值体现，更是责任所在。传统媒体应该发挥自身的主流文化传播优势进行文化引导，使得传统媒体的价值判断力和文化引导力得以发挥。

其次，在此之上还要进行相应的功能拓展。最重要的拓展方向是深度的信息加工功能。我们在短视频传播中很难获得传播优势，但在长视频中却拥有权威和深度的生存优势。在一个重大的突发事件面前，即使短视频传播效率再高、信息内容再丰富，我们终是要看传统媒体中蒋林这样的记者为我们进行深度报道和解读。

再次，主持人应该拓展圈层互动共享的功能。互联网打破了大众传播的逻辑，裂变成为社群传播的逻辑。作为主持人，如果没有属于自己的圈层定位，很容易就会被淹没在茫茫人海当中。

此外，主持人应拓展公众智慧置换的功能。在信息共享的时代，主持人不再占有信息资源的优势，主持人已经由"意见领袖"变成了"意见代言"，为了适应这样的变化，我们应该选取更能够体现大众意愿的意见进行代言，通过公众智慧置换的功能来增强自己的影响力。

最后，我们还应该学习大数据的分发能力，拓展对点的服务模式。我认为在互联网传播环境下，服务功能是主持人功能拓展中非常重要的一个方向。

学者应天常曾经发表过一篇文章——《"去主持人化"是一个伪命题》。显然"去主持人"的现象并不能等同于"去主持人化"的趋势，但这也代表了一种警示和危机，鞭策我们进行反思和改变，我们应该携起手来重整旗鼓，整装待发。

背景补充

李斌：

感谢杨颖慧的阐述。今天"播博汇"特意增设一个"背景补充"环节，目的是让议题更加完善，同时也为接下来的"质询环节"有效过渡。

袁肖琨：

我先补充一下，刚刚我们讲到了应天常老师。应老师做"去主持人化"研究的时候，大概是在2012—2013年，当时的时代背景是真人秀节目的兴起。也就是说，当时是在节目形态的创制之内做"去主持人化"的讨论。这个时候尚且可以说主持人是稳固的，因为它只是因为某一种节目形态对主持人的需要较弱，同时可以把这个部分的功能化解到更多不同的岗位中去。

可是问题在于，因为技术彻底的变化，我们现在传播形态已经发生了截然不同的改变。就像尼尔·波兹曼（Neil Postman）的"文化向技术投降"，现在一种新的技术所蕴含的力量，甚至刚刚还没有特别提到的短视频，已经打破了现在的观看模式，打破了主持人赖以生存的所谓的长视频，甚至连长视频本身都变成了互联网中的传统媒体。在这样的情况下，我们其实要讨论得更进一步：主持人还能不能做到刚刚我们说的这些事情，或者说主持人即使做到这样的事情，当现在的整个传播渠道技术已经没有办法把他们的东西发送出去的时候，这种内部的挣扎和创新还有没有意义？

李斌：

特别感谢袁肖琨，他从技术、平台上对背景进行了拓展。今天我们说到北京卫视春晚的"纯享版"，虽然"去主持人化"是它的一个结果，但应该算是一个被动的行为。不是北京卫视主动要去除主持人，而是因为某些演员出问题了，所以当时的后期团队连夜进行剪辑，才有了最后的"纯享版"。第二，虽然主持人去掉了，但是主持人的功能还在，它以一种不同的形式出现了——北京卫视用字幕预告的方式进行串联。所以我想说的是，这样的一些节目，虽然没有了主持人，但是主持人功能还在。另外，这个节目是录播，后期团队有时间进行剪辑和串联。如果在现场直播的情况下，主持人可能就不可或缺。还有一个角度，像一些大型的、重要的直播晚会，比如说《歌手》，前期都是跨界主持人，但到了总决赛，一定会有专业的主持人，像汪涵、何炅来进行串场。所以，从这个角度来看，我们并没有"去主持人化"，只是主持人的平台更加开放了。

阎亮：

"去主持人化"第一次在文献中出现是2014年《电视娱乐节目去主持人化的尝试与探索》的论文中。请注意，这时提到的"去主持人化"主要针对电视娱乐节目，并没有提到其他的节目类型。之后《南方电视学刊》上出现了一次论辩，学者谷岩和胡哲发表了一篇文章叫《"去主持人化"——网络时代电视节目的极简选择》，他们的观点是：网络时代电视节目的极简选择是"去主持人化"。后来应天常老师在《南方电视学刊》上发表了《"去主持人化"是一个伪命题》，对前文进行了回应，并且证伪。但是即便这个问题被"证伪"，"去主持人化"这一说法依然活跃在学界和业界，很多人甚至把当今媒介环境中的节目分成了三种类型："有主持人的""无主持人的""去主持人化的"。也就是说，"去主持人化"甚至被认为可以成为一种主持形式了。

质询环节

李斌：

在这个环节中，大家对轮值学者观点和内容有任何的疑问，都可以举手进行质询，提问时间不能超过两分钟，回答不能超过三分钟。

刘言明：

刚刚说到一个问题，主持人何炅在转型。比如，他在《明日之子》里做总导演，他的身份发生了变化，他的实际功能有变化吗？

杨颖慧：

我认为他的功能是有相应的变化的，他所承担和发挥的功能是有所拓展的。主持人是在台前对于整个节目的把控，比如，衔接节目流程，推动节目进程，调动现场观众情绪。但是作为导演，他对整个节目的驾驭能力变得更强了，有了更多的决策权、自主权甚至控制权。但他原本主持人的功能也并没有完全消失。

刘言明：

这算是"去主持人化"吗？这应该是他功能的拓展。

杨颖慧：

这是他们身份角色转型的表现。

刘言明：

转型和"去主持人化"是两个概念吧？

杨颖慧：

我认为转型就代表"去主持人化"一种可能性。当把何炅作为个体事件看待，如果他想增加收入，或想要增加曝光率，我们可以说这不是一个普遍的现象，而是他在寻求更好的发展路径。但主持人角色的转变并不是个体现象，很多主持人现在已经开始尝试不同方向和不同角色。他们不仅去担任节目中的体验嘉宾、导演等，还跨界做歌手、商人等。我们作为在这个生态圈中生存的人，对环境的变化要有极高的敏感度，不应把他仅作为个别主持人尝试角色转型的个案来看待，自主危机感还是必要的。

刘超：

刚才轮值学者提到圈层互动共享，我想问一下，圈层互动共享要靠主持人传播的话，如何实现？

杨颖慧：

圈层互动共享的前提就是要有一个属于自己固定的社群，有固定社群的前提就是要有一个非常明晰的人设。"人设"这个词来自日本，原指漫画人物固定的服装、造型、性格、神态或他的特技等。

那么主持人怎样实现自己的人设以达到圈层共享效果？最重要的就是匹配传播圈层的价值观。如果你与圈层的价值观不同，可能会导致费力不讨好的情况。第二点是审美观要一致。现在是场景化、视觉化的时代，如果你的审美观与对方不一致，是无法实现传播到达的。比如说，快手和抖音，它是两个完全不一样的群体审美观。第三就是连接力。连接力对实现圈层化传播非常重要，只有审美观和价值观，却没有形成固定的连接是不行的。曾经有个说法，一条小狗上了CCTV之后都会成为"明星"。但现在不一样了，如果没有多次曝光传播，内容再好、平台再高都是对价值的浪费。最后，就是传播的高黏度。只有连接力远远不够，你还要长期地与用户进行高黏度的对接。比如，罗振宇，他的《罗辑思维》每天固定时间推送内容，这就形成了高黏度的联接，使用户对它形成了一种宗教感的依赖。我认为这是实现圈层互动必要的几点。

10

刘超：

你说的高黏度我们可以理解，比如，罗振宇。但是你说的审美观和联接力，它具体在实践上有什么举措，或者作为？是生产内容还是主持人？

杨颖慧：

审美观问题上，我觉得主持人一定要非常了解你的用户。你说的主持人和生产内容应该全部都包括在内。审美观是体现在每一个环节流程中的，从内容生产到最终到达，都要符合用户的审美观。至于联接力的问题，如果我们在传统媒体上去谈联接力，我认为很难实现，我们必须要根据时代的大环境和新的传播形式来谈这个问题，比如，利用多平台分发、多技术手段应用等。

李斌：

三分钟的时间已经到了，接下来还有谁想要质询？

赖冬阳：

你刚才提到北京电视台春晚最后没有主持人，这个是"去主持人化"吗？

杨颖慧：

是"去主持人"。

赖冬阳：

在这个案例中，你觉得效果好还是不好？

杨颖慧：

基于现有的政策和形式来看，它是一种上策，必然是好的。

赖冬阳：

为什么好？

杨颖慧：

我们的传播要以一定的导向作用为前提。这档节目"去主持人"后的传播效果、到达感都受到了影响，尤其对"春晚"这类特殊节目，节目表达力必然会大打折扣。但你如果认为出于传播效果考虑就原版播出，我们就是对观众的不负责任，就失去了媒体的基本准则和价值态度。

赖冬阳：

这个案例是对主持人功能的弱化还是强化，还是创新？

杨颖慧：

我认为必然不算创新，创新是主动的上策，而此次"去主持人"是被动的下策。但这次"去主持人"的现象恰恰证明了没有主持人不行，因为在节目最终的播出中，用了字幕的方式衔接和串联等，这反而证明主持人所承担的功能是不可或缺的。

赖冬阳：

现在有很多的短视频节目也不设主持人，这是"去主持人化"吗？

杨颖慧：

在这个问题上要看节目的类型，具体问题具体分析。主持人一定不是包打天下的。不被"去主持人化"，不意味着每一个角落都要占据。我们的目的不是为了不被去除而占据所有，而是为了信息到达和传播效果。比如《创造101》，不好说它有主持人的传播效果是否会更好，至少目前我们看到没有主持人的传播效果是很好的。如果加入主持人，它的传播功能，包括流程、粉丝的融合度、互动力等方面不排除会受到影响，目前来看它没有主持人就应该是可以的。但这并不意味着所有的节目都应该没有主持人，也并不是所有的节目都应该有主持人。

赖冬阳：

正如你所说，不同的节目形态主持人的功能有弱化也有强化，能不能给我们一个分类的判定，哪些节目形式强化、哪些弱化？

杨颖慧：

在新媒体的传播中，主持人的很多功能确实是被弱化了。因为年轻受众更多，更想关注自己的 idol（偶像）在节目里的表现，他们甚至可能会快进，过滤掉其他而重复播放自己想看的偶像。但在新闻节目领域，主持人的功能目前是更加强化了的。

杜远智：

我想问一下今天的轮值学者，关于经典模式的打破，是因为技术的革新让平台和受众的关系发生了改变吗？这种改变又对于主持人的功能起到了什么样的作用？

杨颖慧：

平台与受众关系中，我认为最大的变化是服务功能，服务的主体和方式都发生了改变。随着技术的进步以及传播观念的更新，媒体开始有了服务意识。比如，沈力的《为您服务》，赵忠祥的《九州方圆》。这个时期的服务是以人格化与观众联接的。到了互联网时代，传播中的服务主体就变成了大数据，大数据知道每个人喜欢什么，知道在什么场景下喜欢，知道喜欢到了什么程度。而且服务的方式也发生了变化。曾经主持人对受众的服务方式是通过人格化的塑造来进行大同小异的服务，但我们现在的服务模式更加精准化和细分化。

杜远智：

我再追问一下，刚才我们也提到了像罗振宇的《罗辑思维》等很多的节目，我们原来的受众变成用户之后，在与用户的互动当中会形成一种消费文化，而这种消费文化最终会决定主持人要传播什么样的内容以及主持人的功能。除了刚刚你所说的服务之外，这种消费文化会不会也左右主持人功能发生一些改变？

杨颖慧：

消费文化一定会影响主持人的功能作用，但不能也不应该左右主持人的功能发挥。很大程度上，主持人的责任和价值在于其传播信息、意见提供、审美引导等。如果主持人功能被消费文化所左右，那么主持人就是商人，市场喜欢什么你就去做什么。我们的传播环境固然发生了很大变化，市场性也更加明显。主持人只有市场性是不够的，我们的责任在哪里？我们的价值在哪里？我们需要做的不仅仅是愉悦大众审美、满足市场需求，更应该引领大众审美观，引导公众价值观。

李斌：

好，感谢远智的质询，也感谢颖慧的回答。我们线上的两位学者有没有想要质询的？

苏凡博（线上）：

我补充一些信息，前段时间正好让学生去统计了一些数据。我们统计的是67个综艺节目，包括电视和网络节目，其中有48个出现了"去主持人"现象，占比71.6%。爱奇艺的23个节目中，有18个没有主持人；芒果TV的15个节目有10个没有主持人；腾讯视频的16个中有12个；优酷的13个有8个。可见占比非常高。然后我让学生做纵向对比，90年代和00年全部都是主持人，2010年大概30%是没有主持人的。我刚刚说的是2018年到2019年3月的数据，所以这个对比是非常强烈的。

李斌：

谢谢，我们听一下邱锦的质询。

邱锦：

轮值学者之前说的三点——"去主持人化"、主持人转型、标准模糊，我认为恰恰是主持人强化和主持人泛化的表现。她认为在电视机前看蒋林做现场报道的人会比看短视频的人多，我认为在这几年绝对是不可能的。

杨颖慧：

并不是说看蒋林现场报道的人一定比看短视频的人多，我的意思是说，即使短视频传播消息再快，我们还是需要看电视媒体、权威媒体进行的深度解读。尤其是在很多重大事件、突发事件面前，短视频因追求传播速度而很难进行深度的解读，而且目前他们也没有专业的资质和相关的能力。但是传统媒体不一样，它有自己的品牌，有专业的团队，有相关的资历和经验。

邱锦：

我认为是功能不一样。深度报道栏目跟主持人充当的角色关系并不大，它主要是靠编导和制片人。

李斌：

看来邱锦对于我们轮值学者的回答不是很满意，稍后期待你在自由发言当中继续表达自己的观点。

孔亮：

那我反过来质询邱锦吧。处理新闻素材是编导的功劳，跟主持人没有关系，这是你的观点对吗？那白岩松呢？

邱锦：

白岩松不一样，他既是这个节目的制片人又是主持人，再说有几个台有白岩松？

孔亮：

我非常赞同你之前所说的节目功能指向的不同，导致了"去主持人化"程度的不同。要知道新闻节目"去主持人化"的现象是不容易出现的，因为它的素材太凌乱。相较而言，晚会类综艺节目容易出现恰恰是因为它的素材比较有序。当然还与每一个素材的解释空间大不大有关。比如，歌舞、小品、杂技，主持人不介绍背景也无妨，我们可以直接欣赏。但是一个新闻现场，记者和主播不解释、不传递，只给一堆画面，受众是没办法处理这个信息的。

邱锦：

可能我跟你的点不一样，我的点是在接收信息。短视频是让你快速进入信息，深度节目是让你迅速了解信息。

李斌：

冬阳一直在举手，我们把最后的一次质询机会给他。

赖冬阳：

现在"去主持人化"是不是一个普遍的现象？

杨颖慧：

不是普遍的现象。

赖冬阳：

在哪些节目形态中"去主持人化"比较普遍？

杨颖慧：

某些头部综艺娱乐节目会比较多一些。

赖冬阳：

根据你的分析和研究，为什么会发生在那些节目形态中，原因是什么？

杨颖慧：

与新闻节目不同，综艺娱乐节目传播中的注意力经济现象更加凸显，用户越多，粉丝越多，那么它的带货能力就越强。很多歌手、演员跨界到综艺节目的主持人，就是因为很多明星的品牌效应比主持人强，他们为节目带来的注意力经济效应也更加明显。

赖冬阳：

基于你的回答，你的逻辑是，很多主持人不如明星的影响力大，所以被边缘化了，被"去主持人化"了，是不是这样？

杨颖慧：

不是，影响力和注意力经济特征不能消灭主持人的价值。内因是最主要的矛盾，被替代并不是因为别人太强大，而是我们不够强大。不能因为一部分节目的主持人被流量明星替代就断定我们被边缘化了，实际上是某些节目受限于主持人水平、节目设置等因素，主持人的功能没有淋漓尽致地发挥。所谓主持人"边缘化"并不是普遍的现象，更不是定论，主持人被替代的根源也全然不在明星的影响力扩大了。

圆桌讨论

李斌：

欢迎大家在接下来的"自由讨论"环节中继续进行深度的讨论。这个环节每个人的发言时间是五分钟，计时员同样会在倒计时一分钟的时候按铃一次，时间到会按两次。请大家一定要遵守规则。现在可以开始举手发言。

孔亮：

我想先跟各位探讨一下"去主持人化"这几个字，因为这几个字让我有困惑。

首先是"去"。这个"去"的行为是一个主动的"去"还是被动的"去"？主持人能力不行，被末位淘汰了，这是被动的、没法选择的；主动的是什么？就是整个节目制作团队经过权衡，彼此妥协，觉得没有主持人也许效果更好。"去"是哪种逻辑的结果？这是我的第一个疑问。第二个，"主持人"。在刚才的质询环节，大家对于"主持人"的理解和界定好像不太一样，我们讨论的"主持人"是作为职业的主持人，也就是拿主持人上岗资格证的人，还是凡是有主持人功能的角色都叫主持人？我觉得这是咱们需要厘清之后才好进一步讨论的。可能对这个行当乐观一点的人会觉得咱们讨论的是前者，悲观一点的会认为是后者。最后是"化"的问题。"化"字在字典上解释是"放在词尾，尤其是名词、形容词后面，表示变成了某种性质或状态"，比如，机械化、现代化。那么回过头来，"去主持人化"也就意味着这已经成为某种性质，或正在成为某种性质。但事实上呢，之前轮值学者说头部综艺节目"去主持人化"的比例非常高，但这在新闻节目中是没法想象的，尤其是主流媒体。换句话说，我觉得至少应该满足大部分媒介、平台、类型都出现了"去主持人"的现象这个条件，我们才能说它是"去主持人化"，而目前是趋势还是现象？这是我的最后一个疑问。

最后我想简单补充几点。第一是关于我之前说的节目素材序列的问题。像晚会、比赛，如果节目顺利推进、素材依次呈现，那节目素材是非常清晰的、有序列的，但特殊情况下，比如，"汪涵歌手救场"，那是在一个序列非常清晰的节目中，出现了意外情况，序列被打乱了，这个时候就需要主持人救场，去处理无序的素材。你没法上个字幕说孙楠退场了，那是没法解释的。所以这也涉及第二个问题，就是解释空间大不大的问题。同样是涉及艺术门类的节目，晚会歌舞节目欣赏起来比较直接，但如果在节目中我们面对的是一幅壁画，这个解释空间或许就大很多。第三，是不是天然具有媒介接近优势，尤其是对于新闻节目而言，专业性才会带来接近性，也就是拥有媒介接近权的那些机构和人。但综艺不一样，它们的功能指向不一样。最后一点就是我赞同"人设化传播"，某种意义上清晰的人设可能就意味着用户的沉淀和数据的抓取。

阎亮：

刚才孔亮说到一点特别关键，就是我们前面的讨论都稍微有点跑题，这里面最大的问题是我们没有把现象和问题阐释清楚就开始向外扩展。比如说，"去"到底是什么概念？还有主持人如何定义？厘清这个概念我们才能去讨论到底有没有"去主持人化"这种现象，这个现象是不是如我们想象的那么可怕。我认为我们现在担心的"去主持人化"，其实是"去主持人的'核心化'"。

赖冬阳：

我跟阎亮的观点不太一样，我觉得"去主持人化"已经是一个显而易见的现象，它不需要我们再去讨论这个现象本身是否存在。我们现在的讨论真正的价值在于，面对越来越多的"去主持人化"的节目，原因是什么？已然发生的之外，还没有"去"的那一部分节目，会不会被继续"去"？我们今天的讨论应该聚焦在见微知著——以管窥豹——探寻原因——提示风险——寻找对策——研判趋势，这是今天要讨论的逻辑线索。

李斌：

我发现目前现场大家都提出了很多的疑问，但是能够针对这些疑问目前还没有听到回应。刚才孔亮提到"去主持人化"是主动还是被动，它产生结果的逻辑和原因有哪些？有没有哪位学者可以进行分析？

袁肖琨：

我的观点是主持人这个角色之所以到目前遇到这样的危机，并不是因为我们这个群体所有人都不努力，而是技术客观发展到这个时候，决定了当前是这样一种传播方式，受众接收的信息是一种碎片化的、去中心化的信息。在这样的情况下，如果我们再在过去的框架里探讨，也就是在那些节目里讨论他们"去不去"，其实有一点自娱自乐的意思。说白了，新闻节目和电视节目仍然是有主持人，可是大家已经不看电视、不看新闻、不看蒋林的时候，那么就算他们那部分的东西没有被去掉，他们对整个社会其实是没有影响的。那么，这个时候我们的讨论就会变得没有价值。另一方面，在刚才讨论的过程中，我脑袋里一直蹦出一个词——"主播"。为什么会蹦出这个词？主播原来指的就是我们电视新闻主播，这是一个曾经很有责任感很有力量的一个词，可是现在大家一听到主播想到的大概都是"主播现在终于上线啦！""老铁六六六！"这意味着什么？这个词在泛化之后，谁都是主播。如果在这个时候，我们试图用主持人概念的扩大来包裹现在互联网传播这种多样性和特殊性的话，很可能也把主持人这个词给摧毁掉。

刚刚提到的网络上的节目主持人，我们可以说高晓松是主持人，罗振宇是主持人，马东是主持人，这是比较容易接受的。在《奇葩说》里的蔡康永是主持人吗？黄执中是主持人吗？马薇薇是主持人吗？他们好像都承担了节目起承转合的衔接，那么他们到底算不算主持人？如果这个概念不断地走下去，我们几乎可以说所有人也都是主持人，那这个概念也就没有价值了。主持人有自己的功能、角色、定位，那么现在的核心究竟是什么？这个部分我觉得我们还需要再厘清，我们把它提炼出来之后，还要放回到这个时代去检验，放回到传播的未来趋势中去检验。这是我的看法。

刘超：

刚才袁肖琨说的主持人核心的问题，我认为仪式感就是非常重要的一环。仪式感在中国是非常重要的，从古时候的巫术开始。

什么叫作仪式？它有几个非常重要的标志。第一是固定的时空。比如说，每年春节晚会，在那一天晚上的8点都会出现，它已经成为国家的一种仪式。第二有严密的流程。由主持人宣布开始，有倒计时，有规范的语言。另外主持人出场以后都会说"中国中央电视台"，这都是在烘托这样一种仪式感。

为什么北京台今年去掉了，它其实是一种无奈，是一种被迫。难道我们不需要这样的一种仪式感？很需要！另外主持人还能构建一种语言环境。我们靠什么来营造一种其乐融融的大团圆的语言环境？就是靠主持人在烘托。一下上八个主持人，气氛一下就起来了。另外主持人还需要做节目之间的串联。是的，串联也许不那么重要，但重要的是他在和观众进行一种人际化的沟通，沟通的是想法，沟通的是意见，沟通的是情绪。另外还有现场观众和电视机前观众的反馈。所以在这样的仪式中，主持人有不可替代的作用。这是我的想法。

许成龙：

"去主持人化"主要发生在2011年我们从国外大量引进综艺娱乐节目之后。我想说，这个"去主持人化"的表述其实不准确，更准确的应该是主持人与节目的高度融合，非专业主持人与专业主持人的融合。综艺娱乐节目的变化必然就是要找到符合这个场景的节目主持人。譬如，我们都知道《爸爸去哪儿》，如果说今年又有一个节目叫《教授去哪儿》，那不好意思，如果我是主持人，我去不了，因为我不是教授，可能就是由曾老师去参与，那她在节目当中也可以起到主持的作用，难道她就不叫作主持人？

李斌：

我们今天的题目是"去主持人化"再辨析，我们更想听的是新时期主持人的功能拓展。刘超刚才提到了一个"仪式感"，还有肖琨提到了"文化引导""意见提供"，那么还有哪些功能拓展呢？

赖冬阳：

我想要从两个逐级深入的层面去展开。第一层面，我们必须解析现象产生的原因；第二层面，给出解决问题的方向和路径。

"去主持人化"的深层原因有哪些？

让我们对这个选题思考观照的视野稍微拉大，跳出主持人作为一个采编播流程工种的业务操作层面，在一个更大的社会生态关系里来看。"去主持人"渐成普遍之势的原因是，媒体的商业服务功能越来越强，媒体技术在变革，主持人这个职业不再仅仅遵从职业培养路径，不再专属。从起初的学业赋权，到后来出现的职业经验赋权，再到现在，加入了资本赋权。这个资本，包括两种资本，一种是社会资本，一种是经济资本。在这种社会生态情境下，那些携带更强的社会资本和经济资本的人，就成为主持人这个职业新的竞逐者。

第一，社会资本。

海明威有一部小说《丧钟为谁而鸣》，我借用一下他的这句话以作为讨论"去主持人化"这个趋势的危机警示。虽然可能有点惊悚，但作为行业中人，自我惊吓好过被"他人"惊吓，或许更能居安思危，以驱动自我革新。刚才大家都谈到，在很多综艺类节目中，"去主持人化"比较普遍，什么原因？前面的学者说到很多导演、演员和网红也担当起主持人这个角色。我们很多从业者和研究者把这种现象描述成一种"乱象"，有部分人还哀叹有点时运不济的意思，其实并没有洞察到这是这个时代场景下的趋势。

之前主持人由学业和职业资格筑起职业护城河，那是专属；后来发展到长期从事媒体行业的资深媒体行业中人可以转型做主持人，那是多元；而现在，媒体商业消费时代特征越来越强，有名望的、有名气的、自带流量的，也可以成为主持人，那是媒体产品属性逻辑下的供给侧改革。比如，演员出名了，积累了本专业名望，可以到《国家宝藏》中担任主持人，而且还做得很好，观众喜欢，品质也很好；如某位网红，主持节目圈粉巨量，成主持人了，也做得很好，甚至有"完虐"大部分主持人的意思，等等。表象上看是之前我们的职业资格标准被消解了，而深层逻辑是社会资本这个变量在资格赛中发挥强大的功能，而且有时这个功能的效应甚至超越了其他变量。明星、演员、网红，他们拥有了这个时代需要的社会资本。这个社会资本可以是粉丝的强力黏着，圈层的高度认可，社会的普遍赞誉。拥有了这些，那就可以携这些社会资本走进主持人这个圈里来，把你挤到一边。

从行业发展的宏观来看，那些新鲜血液的加入，是一种活力因子的催发，可以期待行业的鲇鱼效应和生态的演化；对业已是圈中人的主持人群体来说，就是适应与淘汰的竞逐赛。最终的格局会是，唯创新者进，唯创新者强。

这是"去主持人化"的一个原因，它的深层逻辑在于社会资本。

第二，经济资本。

媒体产品既是服务于社会公共利益的公益品，也是服务于用户的消费品。从产品生产运营逻辑观之，要有投资得以推动项目，要有经济收益；承担风险，也要享有红利溢价。媒体产品内容生产商、供应商与平台或者内容分发渠道共生，形成产业链。在这个产业链里的每一个环节，都必须同时考量公益品与消费品的问题。换言之，就是既要考量社会效益也要注重经济效益。那些能洞悉消费者需求，创意策划出好节目，并能从资本市场获得经济资本，并且自己也想要担当主持人角色的项目运营人，就可以携这些经济资本走入主持人圈。这是经济资本的赋能。比如说，王凯，虽然已离开央视，成了一名创业者，但自己投资的节目自己担当主持人无可厚非，如《艾问财经》《火星演讲会》等许多新媒体节目，主持人能解决项目资金，自己担当主持人，用不着"麻烦"别人，那自然是把那些等着节目召唤的主持人给"去"了。所以对主持人群体构成巨大冲击的往往是后面的经济资本。

然后，我讲讲突围的方向和路径。

在这里我稍微岔开下。我想起《三体》，低维度上穷尽其能，耐不住来自高维的降维打击。这个类比其实很贴切。当我们主持人群体还在思考并困惑着，自己作为主持人本身的业务细节上应该如何优化，风格应该如何转变时，殊不知竞争进入者已经是从项目投融资、创意策划、产品生产与分发，并加上主持业务等复合多维去关联和建构主持人这个工种了，而我们依然在业务优化的单个维度思考和探索，那不就在面临着竞逐者的降维打击吗？结果会怎样可想而知。目前的诸多现象都在证实这个有些残酷的逻辑。

怎么办？应对策略有防守和进击两种。

防守的策略，就是坚守业务本体，以精益求精的匠心不断适应、不断优化；以从容的心态面对这个生态的演化，众声喧哗中我自葆有那份初心；以时间换空间，历经汰洗的阵痛和图存的艰难，让长时段的时间周期来做出裁判，催生出业务创新的新物种。这需要一份淡定和自我和解。这其实就是被誉为"竞争战略之父"迈克尔·波特（Michael E. Porter）所说的"专一化战略"。

进击策略，就是立足于主持人业务本体，采取跟随战略，增加竞争要素的投入。从单维到复合多维发力，创造自己的社会资本，寻求经济资本的注入，以主持人为核心整合诸多资源。如何创造社会资本？这是一个很复杂的选题，需要系统阐述，时间关系不展开了。但是，至少可以审视一下，作为一个主持人，是不是自己有"主动求变"的意识，而不是还处在要让整个栏目或者制片人去安排你的角色。你是否有通过这个角色为自己创造社会资本的意识，是否有一系列探索的行动？应该说，现状是不容乐观的。

我们看到的更多的情况是，勤于指出严峻的现实，拙于深刻的研判，少于可行的路径。"望问题而兴叹"，虽然警钟鸣响，但在变化面前患得患失，抱残守缺。现实往往会是，如果警钟听不到，那有可能接下来就真的是"丧钟"了。当然，现在很多敢于吃螃蟹的已经在创造成功的案例，比如说罗振宇，以公共表达者和主持人为核心，成为节目的灵魂和最优质而宝贵的核心资产，将粉丝的强黏着性转化成可观的经济资本。

今天这个选题我们讨论到这个层面，可能很多人会给主持人这个工种面临的这种挑战找来很多貌似合理的理由辩护，如主持人就是主持人，你不能要求他什么都会；如主持人就是生产链条中一个环节的实施者而已，不能苛求他要去适应各种变化；如主持人就是有声语言的表达者、转述者，不能苛求成为一个样样精通的全才。对于这些观点，我不能苟同。

为了更好说明白，引用一句话"欲戴皇冠，必承其重"。

从一个节目生产的全流程来看，策划、采访、拍摄、撰稿、主持出镜、编辑制作和播控，每一个环节都有专业人员从事劳动，但是问题在于，在各方协力的成果呈现上，主持人成为集体成果外化的重要载体，与此相对应地成为获得关注的对象，成为整个生产链条中收获注意力资源和评价资源的较大受益者。这些以高曝光机会、影响力和品牌力所构建起来的社会资本，以及由此转化的经济资本作为这个工种所得的收益，有时还会由于放大效应，产生成果收益溢价。相比较于编导、策划、摄像、后期剪辑制作等工种，主持人因为工种的独特性成为生产链条中的关键受益人，享受着被集体成果加持并赋权的职业红利。当然，以经济学的原理论之，公平而合理的环境下，收益多少和成本要素投入应是成正比的，你享受到更多的红利，就应该投入更多的生产要素。正因如此，对于主持人的要求也会更多，这就是俗语所说"欲戴皇冠，必承其重"。这不是不公平、不正常，而是真正步入了公平和正常的轨道。

在此前很长一段时间，主持人职业的生存环境，其实是被某种垄断的力量赋权了。主持人被行政力量赋予独特地位，进入门槛也被行政力量加高，工作内容也被计划的行政力量界定清晰，甚至限定得很具体。那个时代其实是主持人最好的时光。但注意，那是非市场的垄断力量维护出来的某种特权。于是乎，主持人的工作就是在编导写好稿、策划创意完备、节目组解决好诸多工作等情况下，专注于出镜和主持的那一小段工作时间，完成那一部分工作量。本来这是非市场化情形下造成的一种不太合理的现象，但约定俗成之后，却成了很多主持人群体认为本应如此的"正常现象"。而现在市场化规律渗透到主持人的职业领域，市场规律起作用了，已然安于那种生态环境多年的群体自然就觉得困惑和委屈了。所以，不管是对于主持人群体还是那些鸣不平的群体来说，必须意识到，你不能总强调自身既要享有溢价，却吝于投入。

李斌：

冬阳非常清晰地给我们解释了原因，他认为社会资本跟经济资本是主持人目前所缺乏的，是导致当前"去主持人化"的一个根本的原因，有人同意或者不同意吗？

杜远智：

我是同意的。先讲一下我的结论。我认为在功能价值的部分，其实是希望能够依照传统主持人的概念，站到大众的眼前成为一个核心，这是很多人心里的一个诉求。我认为主持人接地气是特别重要的，而这个跟刚才冬阳师哥说的积累社会资本是有着很重要的联系的。今天咱们讨论的大多是综艺节目。我从中传毕业了之后去了传统媒体，之后自己创业，做和声音有关的业务，在这中间发生了一个非常有意思的事情。我离开中央台就是因为整个频率由一个说话很多的频率变成了一个音乐频率，我的一档节目变成了连串联都不用，只需要放音乐，我在那盯着就可以。这个时候我跳槽出来自己创业。创业之后发生了一个更有意思的事情，我没有成为一个电视节目主持人，但是我到电视上去讲了我的创业项目之后，竟然有很多节目来找我，邀请我作为一个主持人出现。当我们对受众有足够的了解，我们会发现新的媒介构成的消费文化，决定了在这个媒介平台上主持人的功能发生改变。此外，不同的媒介平台，它的"去主持人化"是不一样的。网络上"去主持人化"的现象是比较普遍的，为什么？因为媒介本身的变化，这个时候如果我们对于受众对于用户足够了解，我们积攒的这一部分接地气的社会资本，会让我们能够更好地以一个多功能的主持人出现在受众的面前。这是我的观点。

李瑜：

刚才大家一直在谈"去主持人化"是在综艺节目中，在这些节目当中是否真的没有一个人去串联节目？《偶像练习生》当中有一个角色叫作"发起官"；《爸爸去哪儿》有一个角色叫"村长"。节目中能看到一些流量艺人在承担着主持人的角色，或者说他们承担着串联节目的功能。但是如果把《创造101》的发起人迪丽热巴换成谢娜，换成一个主持人的角色去做一个发起人，那么综艺节目它是否还能被叫作"去主持人化"？

最近我们在刷抖音，抖音上有一群人火了起来，就是主持人。很多主持人现在开始在抖音上发布自己的一些小片段。他们喜欢分享自己的日常生活，他们可能会把自己的台前幕后分享给网友，把自己工作之余的日常生活分享给大家。这些主持人在本意上分享自己的生活，满足了受众的好奇心，满足了他们的窥私欲。因为在很多受众眼里，主持人还是具有一种神秘色彩的。另一部分是借助自己主持人的环境或者自己的身份去创作新的内容，也就是说他们从一个内容的被动生产者成为一个内容的主动生产者。所以我想说技术的变革它肯定会对我们的社会和人产生一定的影响，就像互联网的出现它改变了我们的思维方式和行为方式。所以我觉得就像2017年火了短视频，2018年火了Vlog，其实它都是一种媒介形式的出现。但是不变的是什么？永远都是输出内容。变的只是环境形式和媒介。我们一定要从一个被动的内容生产者转变为一个主动的内容生产者，要去把握趋势，然后去拥抱变化。

李斌：

我相信在场很多的人可能都会觉得像虚拟主持人、跨界主持人等，他们虽然不是我们传统定义中的主持人，但他们依然发挥着主持人的功能。所以说，从这个角度上来看，这不应该算"去主持人化"。

袁肖琨：

《歌手》现场孙楠退赛，汪涵去串场了，但是如果这时候洪涛跟大家解释这个事情，或者是当时其他的歌手出来跟大家说发生什么事情，这个问题仍然是可以被解决的。我觉得这不是一个根本性的技术问题，如果我们的功能仅仅在这些方面的话，那么主持人未免太过于脆弱。刚才刘超提到的主持人有一个很重要的部分叫作媒介仪式。媒介仪式确实是我们现在能看到主持人承担的很重要的一部分，但是我个人却认为这个也不是不能被替代。因为什么？我们还是厘清一下，作为主持人，他们在那个地方讲出了那样的一些话，这个话同样可以由别人来说，而不意味着说这些话的人或者以其他形式说这些话的人也可以被看成是主持人。这一点我个人觉得还是有一些差别的。换而言之，作为一个表达者，我认为表达是稳固的，但它是否一定是一个主持人？高晓松在他的自媒体节目中，用我们现在的概念、我们的惯性以主持人去称呼他，他这个时候还是不是我们现在所说的主持？

李斌：

刚才肖琨对你的观点进行了否定，刘超，你有想要回应他的吗？

刘超：

有，刚才其实阎亮老师已经回应了，我们怎么去厘清主持人概念的问题，这就是一个广义的主持人和狭义的主持人的问题。如果说一个广义主持人的话，凡是能够承担信息沟通交流，深度解读也好、串联也好，凡是行使这样的功能就是主持人。包括刚才说的迪丽热巴，形式上就是主持。

袁肖琨：

我刚刚讨论这个问题有一个很重要的原因就在于，如果我们不把什么是主持人真正确定的话，那么其实讨论是虚无的。

孔亮：

一句话就可以。张颂老师对主持人就有定义：抛头露面驾驭节目进程的人。主持人依托的是节目，你总得有节目吧，或者一个类节目的"场"。因此，"人人都是主持人"这个命题是不对的。网络节目也一样啊。那么，功能的核心就是驾驭节目进程，让无序的东西变得有序。至于如何拓展功能，我提供一个自己的想法，就是张颂老师之前提出的受众的"应知"和"欲知"问题，现在的受众都比较"任性"了，不太需要其他人告诉他该怎么做，或许主持人需要去挑战他们应知、欲知之外的"未知"了。

李斌：

在受众接受的效果上，我觉得孔亮给了我们特别清晰的一个思考。

杜远智：

我想补充一点，我们之所以要探讨什么是主持人，因为狭义和广义的主持人的不同，决定了我们专业的边界和专业应该做的事情，这个非常重要，甚至超越今天的命题本身。

阎亮：

我也补充一句。我们之前对主持人的定义是狭义的，但是现在咱们探讨这个问题的时候，它的概念被放大了，问题就来自它的功能和外延。在我们看来，掌握这样功能和外延的人不一样了。就像冬阳刚才说的资本赋权，其实我们之前是政治赋权，播音员、主持人掌握一定程度的话语权，大家都会听。现在对于好多节目来讲，这种政治赋权弱化了，而新兴的资本赋权、技术赋权让人们觉得谁有这些我就看谁，谁就是主持人。但是这件事儿还是有一个概念界定的问题，因为我们这个专业职业属性太强，有的时候我们强调学习主持专业将来就一定要做主持人，于是才会把这个之间的关系画上了等号。实际上在节目中谁做主持人，是不是要贴标签告诉大家"这就是主持人"？迪丽热巴发挥了主持人功能没有问题，但是她的职业并不是主持人，大家认为她的职业是演员对吧？所以我认为，主持人这一职业概念，或者说这一概念的职业特性，很有可能已经被弱化了。

苏凡博（线上）：

我认为主持人功能转移了或者被替代了，也就意味着主持人这个职位被别的职位融合了，主持人实际上就没有了。如果说人人都是主持人，也就意味着我们教科书里定义的主持人没有了，消失了。

主持人是随着大众媒介的出现而出现，也是随着大众媒介的发展而发展，也必然随着大众媒介多元而衰落，甚至随着某些大众媒介的消失而消失。我们在举例子的时候举了很多名主持人，但是这些名主持人都是电视黄金时代出来的名主持人，他们的影响力现在还在，因为我们这一代人是伴随着电视黄金时代成长起来的。新的年轻的名主持人在哪里？似乎举不出这样的例子。我们再环顾四周，哪一个职位不在一定程度上被代替？所以也不要着急，我们处在一个迭代的时代，有去就有来，别人抢我们饭碗，我们也吃别人锅里饭。所以我认为作为业界主持人要考虑的是如何增强自身的复合能力，随时考虑转行和兼职。我们很多同学以前不是这个行业的，但是他们做的这些事儿把所有东西复合在一起，这个职位不知道怎么形容，是，又不是主持人，他所做的事和主持人相关，但是又不是主持人的事，然后他做这个事又不是别的行业里面明确的一个职位的事，所以他创造了一个新的职位。我认为必须打破研究边界，把眼光放长远一点。研究人与媒介，研究的是人与这个社会怎么去互动，从这一点来说应该是打开这样的边界之后，我们的眼界才能拓展，我们才会有东西可写。

李峻岭（线上）：

我觉得有一个关键词非常值得去反思，就是：升维。我们刚才讨论的问题，最核心的几个高频词汇还是主持、节目、电视，这些其实都还是三维空间中的事物。从传播链条上来说，今天我们的议题是需要在四维空间中拓展的，怎么样能够让我们的思维升起来，这个非常重要。

我们可以不用再继续过多谈论节目、电视、主持人，因为什么是主持，刚才大家也在谈论主持人概念是什么，比如说，驾驭节目进程，但是现在的新生代需要你去帮他驾驭吗？他自己通过一手素材就可以感知到意义是什么，目的是什么。互联网兴起后很多职业都消失了，主持人这个职业就真的不可能消失吗？被替代吗？虽然刚才大家也谈论了某些类别的主持人不太可能被替代等，但是我觉得这还是一个过于乐观的想法，而在事实上以后什么样的人会吸引眼球呢？刚才听到有一个词我觉得是有亮点的，那就是消费主义。前两天我在蜻蜓FM上买了一个音频产品，是什么驱使我愿意去付费来购买这个内容呢，如果仅仅是一个主持人的声音，他单纯的表达可能是吸引不了我的。我购买的是它独特的制作，这种制作是具有排他性的。而现在我们看到的不管是特别具有实力的主流媒体，还是一些网络媒体，似乎它的主持传播都没有到达这样一种不可替代性，需要让大家去付费购买。因为在传统意义上所有的主持传播都是免费的，所以我觉得这也是需要我们去考虑的一个问题。

最后我想谈一点就是当长视频都已经成为传统样态时，在短视频的碎片化、去中心化特质下，我们的主持人存在的可能性阵地在哪里？或者说必要性在哪里？最后的最后，还是想强调我的看法，就是我们的讨论能不能再升维一点点，不去过多谈论目前电视怎么样、节目怎么样，这样整个研讨才不至于过于保守和陈旧。

邱锦：

我认为打开边界最重要的一点，是给自己找一个好的平台。我前年做了一场直播，是关于钱塘江大潮的，在百度的数据只有5万，但是在今日头条有500多万，所以我觉得这是平台的问题。

我这几年一直在关注新京报，由于腾讯给它投资并且持有其49%左右的股份，所以它的每一条直播，腾讯都在推送并放在首页，因此新京报的直播前期还是有很多人看。而且腾讯给主播投入很高。有一位从纸媒转过来的记者给我印象很深，她做了毛坦厂的直播，做了三天，居然一直都有人在看。我就在想，其实我们可以不要局限于传统电视，可以把网红直播和类似蒋林的这种直播，取一个中间值。

赖冬阳：

主持人保持自身的竞争优势，对于试图进行竞争的"闯入者"而言，有以下几方面的壁垒，一是技术专业度的壁垒，一是经验构筑的壁垒。但是，现在看来，这两个壁垒越来越被消解，几乎难以成为壁垒了。技术专业度的壁垒越来越被新节目的求新诉求所消解，越来越被媒体产品用户的更高期待所消解。在这个专业领域之前积累起来的约定俗成的专业标准越来越被新媒体语境下的求新求异的期待满足所消解，甚至刻意地去除。经验构筑起来的壁垒也面临一个适应性的困境，在某种节目形态下积累起来的专业经验，形成的专业风格，由于惯性使然，不可能敏捷地适应用户需求的求新求异。因此，这两个能维护专业稳态的因素都在被消解，那竞争优势就大大弱化了。所以，怎么办？

技术专业度方面，继承基础上，创新求变；经验方面，敢于否定式创新；还有，在"去主持人"的危机意识下，我们求新求异的同时，还要看到有些领域不要求那种颠覆式改变，反而更要突出播音主持传统技艺标准。我非常赞同孔亮说的，在很多新闻评论类节目中，主持人不但不能"去"，而且还要庄严化，甚至给其更显著的政治传播身份。如果我们有志于从事政治传播，具有国家声音表达高度的主持人则完全可以不用担心会被"去主持人"。所以我们要看到这里面的乐观因素。比如说，白岩松是不可能因"去主持人化"给去掉的；像一些新闻的播报，虽然AI人工智能在某种程度上可以替代那些没有个性的播报，但是对于具有国家话语公共表达IP特征的节目，这些节目的政治赋能因素更强，是不可能被替代的。比如说，康辉和刚强在《新闻联播》中的播音，中央人民广播电台播音员在《新闻联播》中的配音，这些都是不会被进入"去主持人化"的范围里。所以在这个领域我们可以去发力，找到一个突围的路径。

　　社会传播领域中，媒体产品消费特征明显，传播者和受众的关系发生了颠覆式改变，成了服务者和用户的关系。你既然是一个服务者，就需要具备作为服务者的姿态和技艺，如果还停留在你是一个公共传播者的角色，那你有可能在这个领域里被淘汰出局。我很赞同李峻岭的观点，主持人要维护自己的竞争力，就要升维。维度要更多，能力要更新，而不要试图用原有胜任力模型去适应新媒介时代的新需求，否则，必定是刻舟求剑。

李斌：

　　前两天曾老师给我们分享一个观点，有关"传播"的概念。如果说主持人转换一个姿态，从被动到主动，从"传播"到"传递"，是不是可以有一些新的思路？作为主持人我们应传递什么？当前很多人提到我们要传递信息，有人说传递语言和副语言，我想说我们除了传递信息传递声音之外，我们是否还可以传递温度、传递情绪、传递情感？为什么倪萍主持《等着我》的时候，大家会觉得主持人传递了一份浓浓的情感，而这样的主持人就是无法取代的。再谈到消费主义，换一个思路，如果我们是传递内容，我们是不是要更懂用户的消费，更明确用户的需求？总而言之，从被动到主动的姿态，可能这个问题会更加简单化。

刘超：

　　我特别赞同李斌的说法，我们还可以主动做到什么。比如，普及技术，就像我在刷抖音的时候，我特别喜欢看的无一不是表达精致的人。有一些表达特别差的人，我马上就划过去了。所以其实我们也可以做到一个技术方面的普及，把我们的优势普及到想生产内容的那些人身上，让他们在做内容的时候更加具有精致、准确的表达，这样他们的内容就会得到更多人的赞同或者是点击，那么我们的优势是否就体现出来了。

毕天娇：

　　现在我们已经进入一个消费主义时代，这时候主持人如何提高自己的价值呢？我想到一点，一个事物的价值往往和它的稀缺性有关，那么主持人如何去提高自己的稀缺性，可能也和他的价值重构有一定的关系。主持人在自己的功能上要进行一个特定领域的深耕。比如说，美食节目主持人，到底是一个资深厨师来当主持人更好，还是一个主持人让自己不断学习具备一个资深厨师的能力更好，这两者的关系我们可以再讨论一下，思考主持人深耕领域这条路径的发展。

杜远智：

我们总说要让主持人不可替代，但我认为不一定不可替代才是我们今天最终要划向的目的地，也许锦上添花是我们的目的地。比如说，汪涵《歌手》主持的那一段，可能有很多人可以承担这个角色，但是不是汪涵的那一段主持让我们觉得更舒服，他可能是我们主持人功能强化的那一部分。

我觉得有三个强化很重要。第一，就是要强化主持人内容输出的功能。对于一个领域深挖其实是内容输出而不是简单的信息传递，要有一些"创造"融入进去。第二，就是要强化主持人圈层文化的互动功能。比如，主持人对于直播文化的了解，可能在网络直播上就游刃有余。第三，我觉得之所以汪涵、何炅、白岩松老师等这些被我们提到的主持人会放到今天的话题里，这些人无一不是情商比较高的人。那么主持人在承担着起承转合、信息传递之外，我觉得让人感觉舒服，说话有吸引力，这就是一个情商高的体现。我认为未来一定是情商更高的人才具有承担主持人这份工作的能力。

赖冬阳：

在主持人的胜任力模型当中，除了我们所提到的内容深度服务、专业服务之外，我们还要有一种社会资本的整合能力。比如，如何洞察用户需求、如何加入创意策划，并成为其中的核心要素等。反观现状，现有的主持人胜任力模型中，这些很缺乏。大多数情况下，我们还是停留在主持环节的技艺打磨上，这就需要升维。我们现在再看，但凡现在有创新类的节目都走了这条道路，比如说，《超级演说家》、撒贝宁主持的《开讲啦》等就是创意团队跟主持人一起打造出了一个项目。如果放到一个更大视角来看，主持人要在内容供给侧改革当中成为一个领衔的人，变成一个项目以后，能够在商业的逻辑下生存，主持人才会有专业逻辑的展现。

现场互动

邱锦：

为什么相比新闻，综艺不具备媒介接近性？

孔亮：

我没有说过"新闻和综艺不具备媒介接近性"，我之前的表述是专业新闻机构对于新闻的把握，天然具有媒介接近优势，而综艺没有这种逼近真相的功能指向。新闻事件发生后，如何快速逼近和提取新闻的核心事实一定是系统的和专业的，我说的专业性带来接近性是这个意思。相较新闻，综艺当然更少考虑媒介接近的问题。

邱锦：

可是我觉得现在"新京报"视频和"北京时间"现在做这方面求证做得更快。

孔亮：

他们也是专业的媒体机构。

刘言明：

不是的，他们有拍客，只不过他们的记者去求证而已，但是他们不是自己真的去拍。

袁肖琨：

接近现场也不代表接近真相。真相的复杂程度远超我们的想象。而专业是什么，专业就是经过一套方法的训练，能够以较好的方式去理解真相是什么，这个仍然是一个很重要的部分，就是所谓的专业主义。

邱锦：

这个和"去主持人化"是什么关系？

孔亮：

具有新闻专业主义技能和精神的主播和记者是"去"不掉的。

李瑜：

您刚才提到赞同轮值学者说的"人设化传播"。人设这个词我们都知道，刚才您所提到的像马东、董卿等，我觉得他们的人设可能是根据个人性格，或者是观众对他们主持风格所形成的这样一种印象，那么我们要加强主持人人设化的传播，是否会存在为了配合一档节目刻意去设置一个人设，不知道您是怎么看待这个问题？

孔亮：

我个人是没有赋予"人设"这个词太多负面含义的，在我这儿偏中性吧。其次，我理解的"人设化传播"是强调主持人策划的意识，相比完美的人设，我觉得清晰的人设更有价值吧。最后，这里讨论的范围应该界定为非新闻类节目。

苏凡博（线上）：

我是不太认同主持人的人设这个观点的。我们在做一个节目的时候会有人设，在设计节目的时候会有，一场戏里、一个剧里面会有人设，但是主持人如果是在没有边界的这种媒介环境，或者说在融合的媒介环境下，我认为不能有人设。

现在这个时代是看人的时代，颜值非常重要，另一个特别重要的是情商，我认为通常学播音主持的人情商都是占优势的，所以在这个时代我们担心这个专业会怎么样，不用过多担心我们这一群人会怎么样。在这个基础上，如果某一些个体具有有趣的或者是深刻的思想，同时他又学会了游刃有余地表达，就可以建立一种人格魅力。这种东西不是人设而是自然而然形成的，这个是真我，而人设很大程度上是包装公司或者是经纪公司做的事情。我认为作为主持人出身的我们来说，或者学主持专业学生来说，我不赞同我们需要在特定的某个媒介上面有一个自我人设，我认为这样的人设很难长久。

邱锦：

我想举个例子。大众关注的都是一分半左右的短视频，但是"梨视频"有一个"风声"栏目，做的是深度报道。今年五一黄金周期间他们做了一个策划，就是神级景点，时长5~8分钟不等。节目中有一个普通话不够标准的主持人，效果特别好、特别搞笑。目前该节目有过千万的点击量。然而像往常那种一分多钟只提一个金句的那种节目，反而只有一两百万的点击量。所以我觉得可能受众已经疲于这种类型的节目了。

李斌：

说到这儿，我想提三个人，一位是papi酱，一位是《罗辑思维》的罗振宇，还有一位是当前抖音特别火的毛毛姐。比如，《罗辑思维》，罗振宇汇聚了一些社会资源和商业资源，而毛毛姐他善于运用他个人的才华去聚合粉丝和广告，再比如，papi酱，她的聚合能力表现在对内容的聚合，在内容为王的传播时代，策划的升级、选题的丰富、表达的个性都使其传播效果极佳。虽然他们不是主持人，但是对于主持人功能和价值体现，应该很有启示。

赖冬阳：

我们如何来应对现在这种现象，就是我们的策略是什么？现在当我们用主持人在整个节目中所充当的角色这样一个维度去思考，我觉得已经不能够符合这个时代对我们的要求了。我们现在探讨的是业务维度。有很多已然成为著名主持人的人，他们的成功经验告诉我们，他们已经是增加了好几个维度。如果说以前我们是单一维度想就此而生存发展，那么现在必须多个维度融合。

袁肖琨：

我们不妨更大胆一点，就是今天我们可以不再用主持人这个概念去框定和限定专业和我们自己，我们应该坦然承认这个时代我们更应该做的是表达者。我们最核心的东西是什么？我刚刚其实一直想铺垫的是这个部分，就是语言。我们是语言的表达者，而网络时代就是一个口语回归、身体回归、个人在场、具身性的一个时代。所以表达者有了大量的市场，他们在这个时代活得风生水起。如果拘泥于过去的媒介形态的主持人的概念，就像我们讨论过的一样，会显得非常局限和窘迫。

现在我们以一种新的身份去认识我们自己，也用一种新的能力和专业的眼光去审视我们自己，我觉得会有一些新的想法和改变。我们专业未来的发展将会变成一种什么样子？我们的口语表达能力是专业核心，而且它是唯一能被教授的。其他的各种不同的专业，各种不同的能力，它将变成一种模块，我们这个专业要教给大家最核心的表达，也要教给大家拼接模块的能力。而这样的一个状态，其实我觉得已经有一点点国外在做的口语传播的路数，就是坦然承认播音主持、广播电视的时代已经过去了，拥抱改变、拥抱未来。

赖冬阳：

我一直提一个概念叫"公共表达"，就是在公共空间，针对公共话题，追求公共利益，达到公共绩效，几方面兼具的表达者才是真正的公共表达者。

袁肖琨：

传递其实比传播更大，是站在整个人类的历史和文化的交替代际过程当中，这其实可以说是一个更高级的仪式观。

专家总评

曾志华：

前天是五四青年节。我收到这么一条祝福语："青年节快乐！人类之所以进步，主要是因为下一代不怎么听上一代的话。"我同时又看到一个帖子，叫

《100年前90后图鉴》。

　　100年前的90后也是普通人，也想着买大宅子之类。比如说鲁迅，他就买了两所院子，一棵是枣树，另一棵也是枣树，哈哈。胡适总说我一定要读书，今天我一定要读书。可是忍不住今天又玩牌，明天又玩牌。你们看，他们也是一群普通人，他们也没怎么听上一代人的话。可是在"五四"的潮流中，他们推动着历史往前走。100年后的今天，你们坐在这里，是不是和100年前的那些人有些相似？纵横捭阖、各抒己见。多么好！

　　我想说你们的有些观点我同意，有些观点我不完全同意。但是我维护你们的权利，欣赏你们的勇气，因为我赞同这句话。你们如果不分取舍全都听上一代人的，对老师的话，你们言听计从照单全收，没有自己的任何思考和质疑，这个社会就将真的停滞进步了呀！

　　所以感谢大家给我带来这么多新鲜的东西，比如，升维的角度，比如，应该强化内容输出、强化圈层文化的互动，还有如果把强化情商换成品牌提升是不是会更好，等等。这就是现在这个时代，我们必须时常做做"吐故纳新"这个动作。

　　今天讨论的这个话题，我昨天也做了一点功课，和大家分享。

　　首先，我认为"去主持人"这是一种现象，是否会成为趋势，目前尚不清晰。针对这个现象，目前表现出来的大概是两种态度。第一种是盲目喝彩、盲目跟风。我认为这种态度是对于过去很长一段时间主持人稀缺、主持人神秘、主持人高高在上的一种逆反、一种宣泄。还有一种态度是盲目指责、盲目抗衡。这种态度过于保守，还停留在一维、二维乃至于三维空间，遇到变化不懂得变通，或者说抱残守缺。这两种态度是不是都可以归为一种情绪化表达？互联网时代，人人都有发声的权利，但我们往往容易让情绪走在理性的前头。

　　冷静下来，理性地来辨析一下——

　　针对盲目喝彩，盲目跟风的态度。第一，我们确实要厘清我们今天讨论的主持人是拿了职业上岗证的主持人，还是行使主持人功能的那些人。如果从行使权利这个角度看，"去主持人"似乎并不是真的去掉主持，而是换了一个他原本职业不是主持的主持人，但他可能是在某一个专门领域比较专业并且有一定影响力的人。这就是跨界。他行使了主持人的功能、作用。也许他字不正腔不圆，在整体的驾驭上也显得青涩，但是否这正好满足了受众一种陌生化的期待？看惯了专业主持人的行云流水，在流水线上行驶着一种权力，也不怎么出错，看多了，审美疲劳了。另外，这种跨界主持，又是否满足了受众对于明星名人的一种窥私欲？哦，你也会出丑，你也会出错。原本我们的主持人是不允许出错的。尤其是新闻主播，错一个字还会有相应的惩罚。第二，一档节目里撤掉了主持人这个角色，但是不是还有这种情况，有一个人以隐蔽的形式在行使着主持的职能。比如说，《向往的生活》里的何炅，虽然他和黄磊、刘宪华都是参与者的身份，但其实他跟那两位不一样，他起到的还是主持人承担的那一部分功能。比如说，推进节目的进程、话轮的转换、控制节目的节奏，还有缓解尴尬、深化节目主题，等等。这不就是以一种隐蔽的方式行使着主持人的职能吗！

针对盲目指责和盲目抗衡的现象——觉得我不可或缺、不可撼动、我的功能很强大。我认为，首先，"去主持人"是一种创新！技术带来的变革，不以人的意志为转移，历史的车轮就是这样隆隆作响地往前走，你愿意也好，不愿意也好，哪怕被裹挟着也得往前走。所以"去主持人"就是一种在主持形式上多元的表现，就是一种创新！从这个角度，我们也可视为这是对于过去很长一段时间主持形式的一种反叛。人不是神，怎么可能那么完美？过于追求完美，反而失去了作为"人"的特性。过去我们一直努力想做到最完美，一直在建立套路、套路太深、不少套路还有些过时。第二，"去主持人"是一种现象，但似乎还没有到"化"的程度。"化"缀在名词或者形容词之后，它就成了动词，表示转变成了某种性质，转变为一种状态，而且带有普遍性。显然，"去主持人"还不具有普遍性，目前，它更多地出现在综艺娱乐类节目中。其实，放在整个融媒时代互联网格局大的盘子上来看，从议程设置角度，从主体在创作上主观能动性的角度，从品牌价值的角度，主持人的功能与作用似乎在某一类节目当中反而是得到了大大强化。比如，梁冬的《生命·觉者》、梁文道的《一千零一夜》、窦文涛的《圆桌派》、马东的《奇葩说》、陈晓楠的《和陌生人说话》，还有罗振宇的《罗辑思维》、许知远的《十三邀》等，我们会发现这些主持人都非常强大，在很多方面掌握着话语权，也把握着节目的方向和质量。这些主持人好像年龄都过了30岁，那么年轻一些的主持人有没有例子？有，昨天16级播本的学生告诉我，李佳琦！说实话，我不太能够接受一个男生试口红，但是他的敬业还是令人钦佩：两小时试了380支口红，连续四十小时直播啊，在座的女生谁做得到？我想说刚才列举的这些人，是不是从他们的身上，我们可以找到主持人的价值再现与功能拓展的某些答案，那就是深耕某一个领域，在某一个领域不断圈层。

关于我们今天的讨论题，之前，颖慧说的是"价值重构"，后来与孔亮、李斌商议，改为"价值再现"。

我认为，这个改动挺好。如果说"重构"更多的可能是从技术层面来做出调整，以提高主持人在整个主持过程当中的扩展性和维护性的话，那么我认为"再现"更多地融入了作为创作主体的主观能动性和情感参与性，所以我比较倾向于"再现"。

前天看到一段视频，很受感动。视频全长三十多分钟，我们一起看看十分钟吧。

（播放视频：北京大学景观设计学研究院副教授李迪华《与人为敌的居住环境》）

我的感动有两点。第一是为李老师呐喊的姿态。他原本可以就待在北大校园里教书，驾轻就熟，但他出来呐喊了。用他自己的话说，"我整场用咆哮一样的风格，就是为了强调，强调，再强调。我一直在讲艾默生的一句话：你的善良必须有一点锋芒，不然就等于零。"透着质朴、拙朴，有着天真之美、认真之美、执着之美！他给我们大家做了一堂启蒙课，尽到了一个"太有名的"大学老师、一名知识分子对社会的责任。

第二是李老师提及的"与人为敌"的城市设计的现状，激起了我的共鸣。城市是一个高密度的人群聚集地，既然城市是以"人"为核心的，那我们在设计过程中，怎么可以与人为敌呢？有人问他什么是最好的城市设计？李老师是这么回答的，他说："要让你的每一个感官都能够感觉到舒服，走路不会担心被绊着，过马路不要绕很远，走路的时候鼻子不会闻到异味。"我在想，我们所从事的传播活动，无论是传统媒体还是新媒体，我们服务的也是人啊，那么是否注意到了人的需求、人的便利、人的舒服呢？我们在讲价值、在讲功能，我们是否意识到"以人为本"才是我们做事的根本呢？互联网时代各种新兴的技术层出不穷，在播音主持领域是不是也存在李老师说的当下城市设计中出现的那些问题呢？我们以为体现了科技感、时尚感，我们以为体现了历史感、设计感，我们以为接了地气，我们以为很有新意，但实际上却是与人的需求、便利、舒服背道而驰，或者说仅仅是为了满足主持人自以为是的创新呢？我觉得这一点是需要各位年轻的学子警惕的。

因此，新时期主持人的价值再现和功能拓展，一切都应该"以人为本"，都应该建立在人的需求基础之上。

那么具体怎么做？

昨天看到这么一条消息：5月5日，巴菲特（Buffett）股东大会召开。又是一年股东大会,奥马哈城里人头攒动。为什么巴菲特一年一度的股东大会都这么引人注目,吸引了那么多直播、视频和文字的目光,因为巴菲特!巴菲特有这样两个特点:第一是他从来不和分析师去交谈。绝大多数的CEO都会将一天当中20%的时间用来与分析师去对话、去交谈。巴菲特不这样,他习惯于一个人思考。这样一来,他节约了大量的时间,所以看似他掌管了很多的公司,我们以为他会非常忙,可是他一天就工作五小时。第二,巴菲特被人称为"股神",为什么,因为在他的投资生涯当中,他很少犯错误,他的失误率远远低于常人。这主要取决于他每年的投资量其实很少。由此,我读到两个词:专注、慎重。

刚才在听各位发言的时候,忽然我的心情有一点悲壮:主持人的未来何其艰难!大家都在说,主持人,你们要有政治资本,你们要有社会资本,你们还要有经济资本,等等。我在想,我们对其他岗位、其他工种也是这样要求的吗?现在对一个主持人却有着这么多的要求。那么,我们究竟应该怎么做,我们到底要做什么?我想,借鉴巴菲特的经验,专注、慎重!专注于在垂直领域,或者说在圈层互动上深耕;学会慎重地表达,不要那些不经过过滤和思考地脱口而出。总之,我们应该在"以人为本"的基础上,不盲目跟风,也不盲目抗衡,而是采取理性、慎重的态度,专注于内在的修为、专注于外在的表达。努力做一位优质的表达者!

一抬头看到这间书坊的横幅:遇见最好的自己!今年是"五四"一百周年,一百年前有那么多年轻人聚在一起,他们满怀家国理想,为了民族、为了未来呐喊。今天在这里,年轻的你们坐在一起,热血沸腾,侃侃而谈,每一个都遇见了最好的自己。而我,遇见了最好的你们!让我们一起珍惜现在,也珍惜未来!

感谢各位!

李斌:

谁说"下一代的人不听上一代的话",我发现一个细节,刚才在听总评人总结时,很多人都会不由自主地点头,或许是产生了共鸣。我想说的是有共鸣、有思辨、有思考才会有交锋,这就是"播博汇"带给我们一种独特的魅力。"仿佛没说透,仿佛没听够",这也是"播博汇"带给我们一种特别真实的体验。

在三个多小时的论辩当中,很多的学者会提到对主持人的这种担忧、对主持人的关切、对主持人的质疑,甚至有对主持人的批判,我想这源自一个特别根本的原因，就是我们对主持人的一份深深的爱。艾青的一首诗太经典了："为什么我的眼里常含泪水，因为我对这土地爱得深沉"。改一下，可以说，"是因为我们对专业爱得深沉"。有爱就有希望，有爱就有力量。我相信今天的"播博汇"会像一道光照亮我们大家心中的黑暗。

好的，第 15 期"播博汇"到这里就圆满结束了。谢谢大家。

二、洗耳·聆察
——什么是纪录片的好声音？
（"播博汇"2019年12月12日）

轮值学者：

　　苏凡博（副教授、硕士生导师、博士、广州大学新闻与传播学院播音系主任）

主持人：

　　李峻岭（副教授、硕士生导师、博士、广东外语外贸大学新闻学院院长助理、播音主持系系主任）

观察员：

　　苏　扬（中央广播电视总台、中国之声首席主播）

　　陈　怡（中央新影集团导演、制片人）

　　王　同（北京沐肆州文化发展有限公司艺术总监）

　　康　毅（广东卫视主持人、频道声、一级播音员）

研讨学者：

　　赖冬阳（中国传媒大学播音主持艺术学院博士研究生）

　　吴福仲（清华大学新闻与传播学院博士研究生）

　　杨颖慧（中国传媒大学播音主持艺术学院博士研究生）

总评专家：

　　何苏六（中国传媒大学电视学院副院长、中国纪录片研究中心主任）

　　曾志华（中国传媒大学播音主持艺术学院教授、博士生导师）

现场嘉宾：

　　施燕锋（广东广播电视台副总编辑）

　　汤　聪（原广东广播电视台副总编辑、播音指导）

　　王泰兴（广东广播电视台播音指导）

　　刘力军（浙江传媒学院播音主持艺术学院副院长、教授）

"播博汇"现场实录

主持人李峻岭简要介绍了议题和嘉宾,拉开了本期播博汇的序幕……

轮值学者阐述

苏凡博:

大家上午好!

"纪录片"源自法文。最开始卢米埃尔兄弟的《工厂大门》,实际上就是一部现实片段的纪实作品,可以说是纪录片一个最开始的发轫。到了格里尔逊(Grierson)时期,纪录片的创作理念有所成熟,所以从格里尔逊开始,"纪录电影"成为一种具有真实意义的电影类型。格里尔逊说:"纪录片是对真实的创造性处理。"纪录片的基本特征主要有以下几点:客观性、公正性、澄清事实真相、主观的构建。

那么,"纪录片解说"到底是什么?如果简单定义,就是"以解说词为依据的有声语言的再创作"。关于主体功能,我们从一些相关的专著中可以看到它有介绍信息、强调细节、衔接画面、渲染气氛、抒发情感等这样的一些功能。

关于纪录片的阶段,通常来说,我们公认会有这么四个大的阶段。

一个是"政治化阶段",我们认为它的灌输性会比较强,字正腔圆播报的感觉会比较强。

(播放视频:《欢呼我国三次核试验成功》片段)

到了1978年改革开放之后,应该说进入了一个"人文化阶段"。千言万语抵不过一段片段,所以我们来共同欣赏一下《话说长江》中的一个片段。

(播放视频:《话说长江》片段)

这个片段有"没有弹幕的"和"有弹幕的"两个版本。我发现弹幕的评论一半以上是关于它的声音的,关于解说的、配音。我觉得这是一个挺有意思的现象,所以我特地把弹幕也录了下来。大家刚才看到了弹幕的内容,我后面还会提到。

第三个阶段是"平民化阶段"。这个时期的纪录片更多是强调客观、真实,所以这个时期的纪录片,甚至有的时候会用纪录片当中的人物去进行配音。

（播放视频：《大兴安岭》片段）

这个声音就是这个主角的声音。所以这个时期更多地强调真实性，很多纪录片都是没有配音的。有些比较极端的导演如果想实现解说功能的话，会把字幕打上去，黑底上打上白字。他认为纪录片的解说会破坏真实性。

最后一个阶段是"社会化阶段"，1999年至今。

（播放视频：《广府春秋》片段）

这部片子的导演和配音者都在现场，感谢两位带来这么精彩的作品。

我们对每个阶段都有一些相关总结。比如说，大部分研究资料认为政治化阶段要求播音员字正腔圆，播读时严肃、庄重，立场清晰。认为这一时期的配音、解说也主要是借鉴了广播的语言形态，采取了直接灌输的方式，将教化和指导理念传输给观众，甚至达到了"耳提面命"的程度。在"人文化阶段"，思想从禁锢状态中得到解放，这时候人们逐渐有了话语权，平民化阶段更强调真实。最后的"社会化阶段"，声音和画面相得益彰。在刚刚这个影片当中，它的解说、同期声和音乐共同在完成一个非常好的形式，形式变得很重要。

以上是根据我们现有的主流研究成果对纪录片配音的历史发展所做的一个回顾。

接下来是我的思考。

首先是关于去意识形态化之后政治化阶段的配音。其实，当我们看那个时代的配音时，我们会有一个"刻板印象"，认为那个时候的东西是灌输式的。但是当我翻阅资料的时候，我会把这个刻板印象拿掉，再来看。我觉得这个表达反映了发射核弹之后人们的兴奋之情，是可以理解的，甚至我觉得这种配音在当时那个时候是非常恰切的。我们把纪录片分成阶段之后，不管是配音也好，创作也好，它变成了一个个"断裂"的部分。那么断裂当中有没有"连续"呢？应该是有的。今天早上我又翻阅了1976年一直到1983年的纪录片，我发现其中的创作思路、创作理念是非常连贯的。所以我们要关注的是"断裂"当中的"连续"，"连续"当中的"灰色地带"。其实我们在人为地"造成"一种关于纪录片发展的叙事，这个纪录片发展的叙事是以"进化论"为基础的。我们认为现在比过去更好。但事实真的如此吗？我觉得不一定，我们是需要去质疑的。以1978年为分段点是因为改革开放这样一个历史事件，1992年的分段是邓小平南方谈话。可能这是争议最少的划分方式，却不一定是一个特别好的划分。所以，如果我们从以纪录片为研究本体出发，我们会发现什么呢？从以纪录片配音为研究本体出发，又会发现什么呢？

思考二，当我们看《话说长江》的时候，声音给我们带来很多的感受，有些人说看两分钟就哭了，是什么让人们泪流满面？这种感觉在解说词内容当中，又不在解说词内容当中；既在配音技巧和风格当中，又不在配音技巧和风格当中。那么，在什么当中呢？在"有意味的形式"当中，它形成了对时代表征的一种记忆，唤起了我们对时代的记忆。所以我们需要对纪录片解说配音的功能有一个重新的认识。我们在听声音的时候想起了张颂老师的一句话，就是"有声语言是人文精神的音声化"。实际上我们看画面的时候没有那么明确的感触，但是当我们听到声音的时候，这种人文精神，那个时候人的气息扑面而来，这个感觉是不一样的。

思考三，传者—受者，他们是对立关系。但是根据布尔迪厄（Bourdieu）的观点，传者与受者是一种"同构化的关系"。配音者的声音特质、价值观和审美趣味应符合当时大多数人的价值观和审美趣味。那么，从这个意义上来说，到底什么样的声音是"好声音"？我认为对"好声音"的争夺是同时代的配音者与受众和其他配音者与受众之间的话语权的争夺。

李峻岭：

好，刚才凡博作为轮值学者，梳理了很多，也给我们抛出了问题，包括站在历史的节点去分析，以及我们的感受、如何去探究缘起等。接下来请几位研讨学者提出质询，每一轮发言限时90秒。

质询环节

杨颖慧：

我想质询一下轮值学者，"平民化"和"社会化"有什么区别？您怎么定义"平民"？二者的区分标准是什么？

苏凡博：

我本身是带着批判眼光去进行这样的分类和看待这样的分类。如果让我做一个解释的话，我认为"平民化"应该更注重作者个人化的表达，"社会化"更注重整个社会的民众收看率，以及他们的观感。

吴福仲：

轮值学者的观点基于一个重要的假设，即当下纪录片是去政治化的。我不知道你如何理解纪录片和政治之间的关系，难道进入了"平民化"和"社会化"的阶段，它背后的权力逻辑就消失了吗？

苏凡博：

我的观点不是说纪录片本身是"去政治化"的，我的观点是我们在做纪录片研究的时候，不能把"政治"作为一个过于重要的依据去研究它，而是回到纪录片发展的本体去研究它。也就是说，把纪录片配音作为一个本体的时候，我们应该如何看待纪录片，如何看待纪录片的发展历史。

赖冬阳：

您提到"传与受的关系"，您认为这种关系是什么？

苏凡博：

我认为传者和受者之间的关系是一个"同构化的关系"，他们是一帮人。什么是"好声音"？"好声音"是大多数人认为这个人配得好。那么，这实际上在做什么？是配音员和配音员之间在做一种话语权、表达权的争夺。

赖冬阳：

怎么理解"话语权、表达权的争夺"？争夺在哪儿？

苏凡博：

实际上我们在争夺怎么样能处于当前的主流位置。

赖冬阳：

为什么是一个"争夺"的关系？

苏凡博：

社会本身就是一种权力的争夺关系，如果从某些权力理论来看的话。

赖冬阳：

我能不能理解为这其实是声音的政治经济学的一个视角。

苏凡博：

对，可以这样理解。我再补充一点。实际上，在争夺过程当中，我们看到的更多是主流，但是有很多被遮蔽的声音我们是听不到的。所以特别感谢国际纪录片节这样一个舞台，让很多被遮蔽的声音能够被听到，让声音多元化了。所以什么是真正的好声音？我觉得让我们每个人都能听到自己想听到的声音，这才是好的声音。

42

赖冬阳：

对纪录片配音的整体期待，就广大受众这个接受主体来说，是如何产生的？是创作主体自己的绝对自觉，还是有一个稳定的机制？

苏凡博：

我的理解是一个人成长过程当中，他形成了一种价值观和审美情趣。

赖冬阳：

这个审美情趣是如何被整体感知和洞察，并被某个纪录片配音的创作者创造出来的？

苏凡博：

这是你在成长过程当中社会投射给你的，对声音的理解实际上投射的是一种本身的社会结构。

赖冬阳：

根据你的逻辑，苏扬这样的声音的政治经济学逻辑是什么？

苏凡博

这样的声音反映了当前的一种宏大权威叙事和中产阶级审美情趣的结合，是当前占主流地位的声音。

吴福仲：

既然你提到了"中产阶层"的概念，我想问一下你对于它的理解和定义是什么，最主要的特征是什么？

苏凡博：

对于中产阶层的定义，首先当然是在收入上能够有较多保障；然后在这种保障之后，他会有一些闲暇时间做一些自己想做的事情；他在社会序列当中，随着社会的发展会具有越来越大的话语权。所以我认为当今社会中产阶层的声音实际上是越来越大的，但是这不可避免地在一定程度上遮蔽了某一些我们没有听到的声音。

吴福仲：

就你的观点看来，中产阶层喜欢的就是这种宏大叙事，所以苏扬老师的声音才会被广泛接受，是这个意思吗？

苏凡博：

不完全是。这种声音表达应该是多种力量碰撞融合的结果，他能被当前这类纪录片的主流消费人群接受。

吴福仲：

其实很多研究表明，中产阶层的文化消费品位是混杂的，"杂食主义者"的概念形容的就是现在的中产阶层，他们既会看纪录片，也会欣赏歌剧，同时还会刷抖音。为什么抖音那样娱乐化的声音、平民化的声音，最终没有成为主流，偏偏是这种宏大叙事成了主流呢？你如何解释这个矛盾呢？

苏凡博：

如果我们分析抖音的话，你会发现抖音和快手面向的受众是不一样的。抖音是面向都市男女，而且相对来说是偏中产的；而快手是面向三线城市，下层用户。刷抖音和看厚重题材的纪录片并不矛盾，反映的是这类人群的不同侧面。但如果深入分析，会发现其本质上是具有一致性的。

赖冬阳：

从社会接受审美心理学的视角，苏扬这样的好声音能够被选择、接受并流行，有哪些社会接受审美心理学的元素？

苏凡博：

一个人喜欢一个声音，跟他本身的成长过程及审美品位有关。如果让我来分析当前我们喜欢的这种主流的声音，我认为它有一种"文化味儿"，它有一种跟那个时代不同的感觉，它的叙事方式也是偏宏大叙事的。不知道可不可以这样去解释。

李峻岭：

时间到。

刚才这轮我们听到了很多你来我往的一些争论，我觉得这些争论应该是对轮值学者在主题阐述中未完待续的延展。

接下来把时间交给四位来自业界的观察员。

首先把话筒交给王同。

观察员有话说

王同：

刚刚学界的几位老师都说得特别好，我自己没有思考到他们这种高度。既然说我们几个是"干活儿"的，有两个实际问题我特别想跟大家交流。

第一个问题是关于"权力"的。其实我感受到的可能不只是政治的权力，"经济"难道不也对纪录片有很大的影响吗？现在的网络平台，每一个平台每年都得有几十部的投入量，他们宣发的、运营的（人）都在对纪录片提出一些意见和观点。而且纪录片投入之后，都要有快速的收益。我觉得这种经济影响不亚于政治对纪录片的影响。所以从这个角度讲，纪录片表现的是什么？纪录片在为谁服务？纪录片在跟谁对话？纪录片呈现的是不是一个我们认为的真实？这些问题一直存在于我整个从业生涯中。这是第一个问题。

第二个问题，这是比较切肤之痛的，就是大家如何判断一个作品是好东西？每一个创作者，不光要打破自己模仿的对象，更要打破自己。是真的好，还是只是听习惯了？比如，《话说长江》，我听到这个想到的是我年轻的时光，那个时候爸爸还抱着我呢。由时间带来的力量是潜移默化的，每一个人都不可抵挡。我向来反对只问纪录片要当下短期利益，请注意我的措辞，不能"只"问纪录片要当下利益，它应该既有短期的，又有长期的。当然这个很矛盾，不知道以后能不能有机会实现这种想法。

李峻岭：

谢谢王同。提出了新的问题——什么样叫好，怎么样处理现在和历史的关系。

接下来把话筒交给苏扬，大家非常熟悉他的声音，因为每天在中央电台的广播里都可以听到他的声音。有请苏扬。

苏扬：

我12点就要离开这个现场，我想先说告别的话："去年今日此门中，人面桃花相映红，人面不知何处去，桃花依旧笑春风。"（现场朗诵——编者注）种种的旋涡、种种的陷阱、种种的判断，还有情绪的纠结，就像高天流云一样在我们的心中不可断绝。不光是今日的我们，自从中华民族有文字记录以来，每个人每天就生活在这样的不可断绝的情绪当中，它的表达方式随着年代的不同是不一样的。

我们每个人都会一些古诗词，有些人会一些艺术的表达方式，比如说，古琴、箫、钢琴，有的人用纪录片、解说，我认为它的根脉"其致一也"，"所以兴怀，其致一也"。中华民族的精神用儒释道是无法概括的，用任何一个学说也是无法概括的。但贯穿其中的，比如说，"孝"，《话说长江》也好，《大兴安岭》也好，为人子女，当你把它符号化、概念化来表达孝道的时候，那是格外动人，你不加语气、加语气都可以。还有"忠"，古人讲"忠孝不能两全"，这是一个浅显的矛盾，当你表达出来的时候，原子弹爆炸、两弹元勋（等故事），多么动人啊！

我认为人的生存方式就是文化，而文化的传承在不同时代有不同的表达方式。今天，我们判断什么是纪录片的好声音，我想特别"僭越"地问一句：这个声音里面是否包含了我们几千年来习惯了的、喜爱的、深入骨髓和血液的中华文明、中华文化？如果有，就是好声音，而不在于你的音色、音质、音量，你的语气、停连。我真的感谢苏凡博又提起了张颂先生的那句话，"有声语言是人文精神的音声化"，东西方皆然。

王同：

什么是好声音？没有最好的声音，只有最好的配搭，只有最好的角度，只有最好的表达，只有最好的谅解，只有最好的逻辑，只有最好的三观背景，只有最广阔的视野。但凡只能被人听出一种目的的，一定不是好声音。

李峻岭：

目的和声音究竟是什么样的关系？我们墙壁上有这样一个印记，就是"共享人类影像记忆"。好声音是不是在记忆里去寻找的呢？请出今天在业界当中非常亮眼的一抹红色——女性的代表，把话筒交给陈怡。

陈怡：

作为一个纪录片导演，我昨天刚和朋友聊过，这些年的纪录长片有30多到40集的一个制作量。跟我合作过的纪录片解说老师也有十来位了，有男声，有女声。我个人对纪录片好声音的理解有两个很重要的关键词。

一个关键词是"情感"。好的声音一定是能直接触达人内心最柔软那部分的声音。就像刚才苏扬老师说的，不一定是音质，不一定是音色，也不一定是语言的处理方法、抑扬顿挫，而是它真正的内核是什么。它的内核应该是我们中华民族最优秀的传统文化带来的文化自信。

第二个关键词应该是"视觉传达"。大家有没有感受到苏扬老师一张嘴，他讲到"桃花"的时候，你们有没有看到春天娇艳的桃花花瓣？当他提到"大兴安岭"的时候，有没有从他的声音里体会到一种想象出来的大兴安岭茂密森林的空间？我们做纪录片，做影视产品，它是一个视觉和听觉综合反映的艺术表达整体，声音、音乐和画面三者不可或缺，是三位一体的。所以我想说，要有情感，要能做到视觉传达的、外化的、直观的一个想象的空间，那么它就是一

46

个纪录片的好声音。

李峻岭：

嗯，情感和视觉传达都非常重要。

接下来把时间交给康毅，他是岭南纪录片解说的代表。

康毅：

其实说到纪录片的好声音，首先我认为它是一个"好听"的声音，让人能够接受。跟人的样貌一样，人如其人；声如其人，好声音可能也会"先声夺人"。

另外，在纪录片的解说当中，声音、画面和音乐是相互独立，又是相互依存的。但是，我认为声音在这里面所占的比重，如果是从配音的角度来讲，声音的比重应该是100%，要做到100分甚至要挑战120分；但是在整个纪录片的构成当中，我认为它只能达到30分，要学会"迁就"。迁就也是我们中国的传统礼仪文化所带给我们的一种教育，就是一个谦卑的心态。你只有这样才能把音乐放在一定的位置，把画面放在一定的位置。只有合三为一，形成这样一个基本面，才能够构成一个纪录片的声音。声音的重要性不言而喻，一个是声音，一个是画面，可以说是两翼齐飞。在这个当中，我觉得它既很小，又很大。

我觉得在创作的过程中，声音有它的时代性。每一个时代都有每一个时代的特色，包括刚才我们看到的四段短片，它们的时代特色非常明显。为什么那个时代就那样说话呢？现在的时代又这样说话呢？我认为是随着人类精神的进步或者是物质文化的提升，或者说这个时代就需要这样的声音，所以大家会有一个共同的认知。也许你不知道怎么去表达，但是你接受了，那就是这个时代所需要的声音。非常奇妙，但是又非常真实。这就是声音带给人的一种感知上的认识。

最后，我觉得声音在未来会百花齐放。包括人工智能，包括自媒体、新媒体的发展，当每个人都是一个平台的时候，可以到处去发声。但是为什么会选择专业人员来配这么大的片子从而影响这个时代呢？对于专业人员而言肯定是有门槛的，它是一门学问。所以，我们要去尊重它、研究它、学习它、提升它。

李峻岭：

康毅提到了时代特点，也提出了一些问题，为什么我们以前看的片子，那些人物他们是那样一种声音表达？好像也给出了一个解释，就是"存在即合理"。

这一轮观察员发言还剩一点点时间，我们可以给四位再留几分钟时间来补充。

王同：

我们四位要找共性，纪录片人都要找共性。只有自己心怀"传播"，大家想着"能让纪录片更好"，创作出让大家更喜欢的东西，能够彼此汲取他人身上所长，我觉得纪录片才能够活下去。我认识很多的纪录片人，他们每个人的优点，我都觉得是我身上最大的养分。

从语言和声音的角度来考虑的话，每一个人守好自己身上这摊子本事。从导演的角度来说，如果你再有点情怀，或者再有点底气的话，不但考虑投资方的诉求，还要有一些个人对世界的观点和见解就更好了。纪录片往往不会给你一个准确的、唯一的答案，一个片子，不同的人看会有不同的想法、不同的接受、不同的人生感悟，这是好片子。

所以，所谓好的声音，我认为是有思想的声音，是有自己风格、自己观点的声音。这个观点既要有个人的观点，也要有胸怀天下的观点；既要有当下的观点，也要有对历史过往的观点；既要有对于感性认知的观点；也要有对于物质理性的观点。当这些观点组合在一起的时候，我相信这是一个很漂亮的世界。所以，纪录片人可能是一个"杂货铺"，他永远会有无数个角度，但是他永远也会坚守自己的、行业的和社会的责任心。我觉得这件事对于声音工作者来说尤为重要。

李峻岭：

从纪录片幕后来看，纪录片要呈现的可能不是一维或者二维的，它应该是多维的。第二轮发言，不知道苏扬会有什么新的想法？

苏扬：

我再带着大家回归一个中华民族文明史的瞬间："去年元夜时，花市灯如昼。月上柳梢头，人约黄昏后。今年元夜时，月与灯依旧。不见去年人，泪湿春衫袖。"（朗诵。现场响起热烈的掌声，现场气氛随着苏扬声音的推动达到了高潮——编者注）这个瞬间每个人都有。我的声音无法代替影像，但是我的声音里面有影像。王同说配搭，陈怡导演说要有情感，要有表达。我们是一种"共生"的关系，我们需要高深的学术理论，我们更需要实践的沃土和可操作的、能培养这个声音成长的具体方法，而最大的"营养"就是来自受众。

李峻岭：

苏扬用他的方式给我们讲了"声音的听觉"和"声音的视觉"，感受声音和影像传播的关系，希望表达的是一种共生生态的方向。

接下来我们把时间交给陈怡。

陈怡：

我第二轮想补充12个字：尊重声音，解析声音，成就声音。

关于"尊重"，我想说一个小故事。我在做《汽车百年》后期的时候，第一批片子出来，准备去配音，导演跟我说我不用去现场，说配音老师都很成熟，成熟的配音老师自己就能理解导演的意图，自己就能配好。我说这样的导演就是偷懒，因为你首先不尊重声音。你不到现场，你没有跟配音老师、录音老师、声音部门沟通，请问你如何能够成就一部好的纪录片作品呢？

第二个是"解析声音"。对于你想要的声音的特点，它的处理方法、它的情感表达，包括刚才我提到的视觉化作用，在导演前期创作、拍摄，后期剪辑的过程当中，这个声音应该是一直萦绕在你的耳畔。这个是导演一直需要去做的功课。

最后是"成就声音"。在我们后期录制的现场，以及最后合成的阶段，很多年轻导演的问题就是解说词要通篇铺满，音乐要通篇灌满，生怕有空、有停，因为一空、一停他很慌，他怕观众就不看了。但是他恰恰没有理解到"留白"的意义，留白在纪录片里面是相当珍贵的，这个分寸是导演需要自己心里非常有谱才能去拿捏的。所以"成就声音"是最终要做到的。

李峻岭：

尊重、解析和成就。我突然想到这个对象是声音，但是这个声音具体是谁发出来的？是导演的声音？是解说员的声音？是人的声音？是故事的声音？是生命的声音？还是时代的声音？这里面可能有值得我们去继续分析和探讨的。

最后一个话筒交给康毅。

康毅：

其实我们这次国际纪录片节的主题特别好，"共享人类影像记忆"，我觉得特别重要。我们小时候都是听广播长大的，"小喇叭开始广播了"，你一听这个，就知道中央人民广播电台开始播音了，它完全在你脑子里记录了一个画面。现在想到小时候，很多事情记不住，但是那个声音一下子就会勾起那个时段的回忆。声音里面其实有一种很深的记忆，它看似是一种没法抓住的东西，但又是确确实实存在的，它存在于你的心里，存在于你的脑海里。

接下来抛出的话题，更多是开发声音的教育、声音的认知、审美的提升，我觉得这是非常重要的。我们在做配音的过程中，也会听到一些外国同行的配音，无论是英语、法语，还是俄罗斯语。我虽然没有学过法语，但是他的声音很好听，我就知道他在用心诉说、表达，我能感觉到，它会吸引我。这其实是"世界大同"，它是一种价值观的传递，是一种文化的传递，是内心有热爱的一种传递。这是我对于声音的一个理解。

同时我觉得很幸运，作为南派声音的代表，给我这样的机会去讲述南派的故事、广东的故事，也是中国的故事。通过声音去表达，它很小，但是我觉得它也可以很大，希望它能够传播得更远。

圆桌讨论

李峻岭：

现在进入圆桌讨论。听了各位嘉宾的讲述之后，我脑海里冒出了很多问题：包括我们的主题"什么是好的声音"；包括想问问"公认的好声音"们，面对层出不穷的新的声音，你们是如何来平衡这样一种"新"和"旧"的关系；包括什么样的声音会成为潜在的可以流行的、可以引领潮流的、可以创造历史的；包括我们如何实现从"解说员"到"讲述人"的转变，等等。

好，接下来把时间交给台上的八位。

苏凡博：

我想先补充两点。

我前面谈到了"政治"对纪录片的影响，王同老师补充了"经济"，苏扬老师补充了"文化"，陈怡老师谈到了"声音本体"。政治、经济、文化、专业主义，这个理论架构已经非常完备了。

刚才康毅谈到了声音和时代的关系，我在PPT最后总结的时候有两句话：什么是好声音？好声音是声音与时代的相遇，它成为一个时代"人文精神"音声化的表征。这是第一句。第二句，我有一个学术愿景。曾老师昨天演讲的时候也谈到了，关于纪录片的25000多篇论文，只有104篇是关于"纪录片解说词"的，很多关于解说词的还不是从配音的角度，而是从文本的角度来谈的。所以我的学术愿景是，我们能不能从有声语言创作的角度去理解纪录片配音，从纪录片配音的角度去重新讲述关于纪录片创作的故事？

赖冬阳：

在刚才的讨论过程当中，我发现今天的讨论可以分为两个层面：第一个层面是判断好声音的标准；第二个层面是试图去探索、发现、培养更多的好声音的机制。

那么，关于第一个层面，我们试图发现量化的标准是什么？其中的"密码"是什么？首先，量化的标准。刚才苏扬先生已经说了，你必须要是一个很好的艺术创作者，必须要把声音物质基础的东西做得很好，必须要长此以往地坚持下去，让这个技艺逐渐成熟。这可以被量化。其次，好声音的密码是什么？这个密码不仅仅是在技艺层面，还包括文化、经济、政治的层面，等等。这些是密码。

吴福仲：

我特别想补充一下关于密码的探索。刚刚几位老师聊到的都是非常抽象的概念，有情感的、画面的，我认为这是审美和艺术学上的探讨。试想一下，有没有可能从"行为心理"的角度去探讨用户接受的一种"通则"呢？我了解到澳大利亚有一个声学实验室就在做这样的事情，他们会去建构声音当中的自变量和因变量：自变量可以是声音的频率、性别、音长，等等；因变量可以是受众的注意力、共情、记忆，甚至是行为意愿。这对实践具有重要的指导意义，尤其在当下，（因为）纪录片的重要的社会功能之一就是改变人们的态度、观点，并最终促成行动。

赖冬阳：

让我们聚焦在密码的探讨上。是我们约定俗成地认为它好，不断地出现、不断地曝光，最后形成大家由习惯到接受的好的样本的动态过程，还是说这个"好"是有一个先天的质素和标准的，必须符合这些标准才能被称作"好"？那么，这个质素又是什么？比如说，苏扬的声音是因为他长期在中央人民广播电台播音让大家习惯了，从而获得了一种标准的"定义权"。当他被陈怡女士请来配音，是在给纪录片"赋能"，还是说（苏扬）本身是人文化的声音，所以被选择？

我的担心是纪录片的声音创作本身是一个技艺层面的探讨分析，具有微观实操的属性，是否能在宏观的政治经济学的分析层面被观照？这种"拔高"是否会出现思考维度的错杂？

李峻岭：

这个问题你想抛给谁？

赖冬阳：

我想抛给陈怡。

李峻岭：

简而言之就是究竟是苏扬成就了您的片子，还是您的片子最终造就了苏扬目前在纪录片领域的这样一个成就？

陈怡：

大家还记得刚才我讲的十二个字吗？"尊重声音，解析声音，成就声音"。其实成就声音，也是成就我们自己，二者一定是密不可分的。声音最终是为谁服务？最终是为剧情服务，为主人公服务，为叙事服务。主人公的情感、情绪到了，这个时候我们就可能只给声音；如果是在一个他热泪盈眶了（的时候），声音就要静默下去，只给画面，让大家感受眼泪带来的心灵的震撼。所以我觉得是互相成就，声音该有的时候，我们要去成就它，让它出现在最适合的位置；在它需要有画面或者音乐去替代的时候，要有一个留白。

李峻岭：

我感觉陈怡在讲述的时候就是在找懂她故事的人。有很多具体的操作路径，但是核心是要了解、要懂得。

康毅：

在场每个人都是独立的个体和非常有趣的灵魂，大家都是不同的，但是我们谈的东西都是大致相同的。为什么会这样呢？因为在各自的领域做好自己，就会有一种共鸣。什么是好声音呢？就是魂的再塑。它是有灵魂的，它是没办法用语言去解释标准的，它是一种心的流动，它是你在看到稿子后会热泪盈眶。

我记得当年我给广州国际纪录片节开幕式配过一条片子。有一个老太太，年轻时在她结婚的第二天，老公被抓壮丁抓走了，她一辈子也没有见到她的先生。到最后她将要离开人世的那一刻，她还在坚持说"他没有死，他没有死，他一定会回来"。我看完那个片子，被感动得不得了，到外面擦一下眼泪，再回过头来冷静对自己说，我是一个演员，我要先把这个任务完成了。换句话说，我感受到了"那一刻"以后，我再回来做我要做的事情。

苏凡博：

当我们谈到什么是好声音的时候，实际上我们陷入了"功能主义"的圈套。我们认为世界上是有一个标准的，我们要做成那种声音，但当我们都这样做的时候，我们实际上遮蔽了很多人的声音。现在这个时代为什么是一个好的时代？因为这个时代每个人都可以发出自己的声音。而且我们的认同标准是不一样的，可能那部片子的声音感动了那拨人，这部片子感动了这拨人。我们要寻求多元，而不是追求唯一的好声音。所以我认为好声音是每个人跟那个自己所认可的好声音的相遇。

赖冬阳：

我们讨论的这个主题，可以从几个层面来研究：宏观看，是声音的政治经济学；中观看，是行业管理和协作机制学；微观看，是配音创作的有声语言艺术学。

宏观来看纪录片的好声音，是基于受众反馈的视角和媒体机构与创作者的视角。媒体机构如中央电视台要基于其政治使命和审美引领的自身定位来确定什么样的声音是能代表并彰显以上特征的；同时，也会根据社会审美心理的特征来定位。社会圈层的分化所带来的不同阶层对声音的审美期待的分化是同步的，圈层分化后会形成对社会文化趋向的影响，所形成的趋向会形塑并引领整体的社会文化，于是就会使得整体的社会文化呈现出一种独特的表征，这种表征会进一步投射到纪录片的声音选择上。这就是声音的政治经济学。

中观是从行业的层面看，行业的管理和协作有很多约定俗成的"行规"，或者说选择的路径依赖。由于纪录片的配音圈子并不大，选择什么样的声音往往是从业者从已熟知的声音样本中按图索骥，这仿佛是一个"回音壁效应"（指在相对封闭的环境中，意见相近的声音不断重复，令大多数人认为这些声音呈现的是事实的全部——编者注）。不管是因为长期业务水平积累而形成的业界认可，还是因为某种偶然的因素使得某类声音或者某个人的声音被大家接受并推崇。好声音的选择有着较强的主观性，主观性在这个圈层中的不断增益往往造成某种程度的"生存者偏差"（指只看到经过某种筛选而产生的结果，而忽略筛选过程及被筛选掉的关键信息——编者注）。那就是，越觉得某个人的声音好或者风格好，就会越趋向于使用。于是，就把某种配音风格或者声音的特质推向泛化，并强化，以至于固化为一种风格或者声音垄断，甚至是某种程度的声音"霸权"。这些，可以从行业管理和协作机制中得以窥见。

微观看，配音创作主体就是微观的个人，个人的有声语言风格、业务累积程度、声音特质、学识修养、经历等不同，会创作出不同的有声语言作品。我觉得，这些就是密码。

苏扬：

真的有密码，这个密码特别简单，就像是"芝麻开门吧"那么简单。你不信？这个密码，第一句，在张颂先生的《中国播音学》中附了一段练声材料，四字词，"中国伟大""山河美丽"。他最初的目的是练普通话四声的。这个密码就藏在这个练声当中。我除了拿它练普通话的四声之外，还把每一个词设置出了三种不同的"语境"，48个词，就是144种语境。一个人的一生根本涉及不到100多种语境，你的人生角色其实没那么复杂，有那么一二十种就足够了。但是，如果一个人能掌握一百多种语境的话，这个人说什么会不动人呢？这是第一句密码。

第二句密码更简单。一个人的音域有很多种，但是如果你的"中音区"和"高音区"比较突出的话，你会发现你的表达是先声夺人的。这是天生的，当然也是后天可以练的。

我是怎么培养出来的？简单来讲，就是这两句密码。我说的完全是技术层面，如果你想练，就这么简单。不过齐白石有一句话，"似我者死，学我者生"。

吴福仲：

我们需要更多"苏扬"，还是需要其他新鲜的血液？最近有一部电影叫《双子杀手》，主人公是一个特工，身体素质特别好，于是就有人通过基因培育的方式培育出了无数个这样的特工。那想想看，在未来的纪录片中，我们是要复制苏扬先生的声音，还是希望听到和他不一样的声音，我觉得这是需要去思考的一个方向。

如果更广义地去看待纪录片这样一个概念，我觉得 Vlog 就是一种新形态的纪录片。当中的声音既不是大腕儿，也不是权威，它就是我们日常生活中的局内人，它在诉说自己的故事。每一个人的观点、态度、经验、情感都是不同的，在多元化的评价标准之下，任何一个人的声音都有可能被定义为好声音。

李峻岭：

我们把最后一个机会给刚才一直在含笑不语的王同。

王同：

我是"咧嘴笑"，不是"含笑"。（现场笑——编者注）我在学习，这是学习的"饱腹感"。前一段时间我跟一位导演聊，他选配音员，他说想要一个女声，为了消除影片与观众之间的"距离感"，不要觉得中国文化一张嘴就是深沉的。我说，咱们的目的是消除距离感，那么我们要分辨一下，到底你反对的是什么？是语言方式出了问题，造成了传统的深沉的男声让你感觉有一种距离感？还是男声、女声的区别造成了距离感？如果你用女声的话，下一个片子用一个孩子（的声音）可能距离感更近。这就成笑话了。所以我们在做一件事的时候，需要把这个东西重新"解构"，细致入微地研究透彻。就像苏扬老师的声音，他的哪一部分让我们感觉到历史悠久？哪一种片子我们希望用苏老师声音的哪一个部分来诠释这部片子？我们需要仔细研究，而不能"大概可以"。我脑子里面有好多配音演员，对我来说他们是"元素"的集合。凡是能够引起大家有审美共识的纪录片，基本上是两个原因：第一，元素重构的新鲜感；第二，完全打破的新鲜感。

李峻岭：

语言方式、性别差异、打破重构，还有"跨越"等。之后我们还有参会观众互动的环节。我们先请本场"播博汇"的第一位总评人——何苏六教授上台发言。

专家总评（一）

何苏六：

特别享受苏扬老师的声音，更享受大家激辩的声音，在很多场合已经很少听到这种激辩的声音，我觉得今天是很享受的一次。曾教授让我来，我其实挺忐忑的，因为这一块我真没有深究。但是今天我听下来以后，发现还真是一门大学问。曾教授形成了这样一种机制，让她的博士生和业界的朋友一起能够这么多维度地去探究声音的问题，我觉得你们是挺幸运的。

纪录片当中"对声音的尊重"我可以从另外一个角度讲起，或者说从默片时代讲起。默片的时候是没有声音的，你在看片子的时候，通过画面每个人的脑子里都会形成一个声音。从他的嘴形，或者从他生活的场景，或者从一个人（与他人）的关系，我们都会赋予他一个声音，这个声音是存在在脑子里的。很多时候我们审片把声音关掉再看片子，看明白了，说明你有叙事能力。因为声音的造型叙事跟影像的造型叙事还是不一样的。那是不是可以不用声音了？不。没有声音，这个世界多无聊，少了很多乐趣。如果声音没有了，何以叫"视听语言"？

在我脑子里，纪录片最美好的声音是同期声。请你们不要介意。前两天让我去参加了《人生一串》的论坛，我说什么都好，我特别喜欢这个纪录片，但最让我遗憾的是，里面的各种"场"都有了，最缺的就是"声场"。因为我们去撸串的时候，身边有很多种声音，如果把这种声音滤掉了，剩下特别干净的声音，我觉得生活的"烟火味"就没有了，这个片子最根本的"人文气味"就没有了。张颂老师那个经典的论断，我今天第一次听到，不过深深地印在我的脑海里面了：有声语言是人文精神的音声化。我觉得大学者就是有一个高度，把一个东西理解为一个"最核心的东西"。

什么是好声音？我们经常会看到，有人试图把全球最美的五个人或者十个人的脸拼接成最经典的五官，但可能看起来也不一定觉得美。那么我们来听声音，好声音绝对要"好听"，就像一个漂亮的脸谁都会觉得是一个美人。刚才陈怡导演也说了"共情"的概念，是两个人彼此相悦。可以说，没有情感，声音也可能会变味。你声音特别好听，但你是装的；你声音特别好听，但矫情。同时，还要联系一个"情境"的问题，或者说是"语境"的问题。"语境"很简单，就是什么场合说什么话。

我前两天带一个国际代表团去汶川。我一进去，还没有进到震中博物馆的时候，一个声音传出来了，"任何困难都难不倒英雄的中国人民！"是当时胡锦涛在救灾现场掷地有声发出来的（声音），不是怒吼，是发自内心的一个凝聚民族的力量，凝聚大家的信心。大家有没有看《至暗时刻》丘吉尔的演讲？我们做一个对比，罗斯福先生他在谈话的时候，他是跟你一个人说的；丘吉尔说话是像我现在这样的，恨不得每个人都听我的。战争时期，丘吉尔因为他的德行让所有人觉得他是一个有感染力的人，他是一个勇者。那罗斯福就不是英雄吗？他面对那么多经济危机的时候，面对世界困难的时候，他用他的感染力，用一个谈话的方式劝告自己的国民一起来面对。罗斯福的声音跟丘吉尔的声音气质完全不一样，但效果都达到了，两个人都是最伟大的政治家之一。

回过头来讲，在纪录片中什么是好声音？我依然会觉得生活当中的同期声、生活中"那个人"的声音是最动听的。当然很多时候我们也不能只把生活搬到艺术的屏幕上来。那还需要什么？需要有音乐，需要有解说，需要有配音。配音什么是最好的？苏（扬）老师当之无愧是声音界的一个代表。但如果说生活当中"那个人"的声音，哪怕是像何苏六这样普通话说得很差的人，有时候他说的话也可能比你说的要更有美感。这个美感就是对人的"评价"，这个评价有的时候是不可替代的。每个人心中都有对声音的理解。我现在认为，家人的声音是最美的。我两岁的女儿有时候会打电话，她把她内心对爸爸的思想传达出来的时候，哪怕隔着千万里，也让我心潮澎湃，特别温暖。其实声音是无处不在的，相对来讲画面是物质的东西，是固定有形的；而声音是随情绪变化的，属于心理节奏。声音造型这个功能，有的时候是影像不能替代的，因为它有太多的"变数"在里面。

我的恩师是研究纪实美学的。最主要的元素是画面，早期画面里面只有影像，没有声音，到后来因为技术的原因，画面里自然带了声音。现在此时此刻，即便我们大家都不说话，但空调是停不了的，这个声音录下来还是有质感的。这不是真空，这个里面的气息，恰恰就是我们每个人的呼吸。哪怕你屏住了呼吸，还是有声音在传递。这是大数据造不出来的"声音整体造就的关系"，这才是声音最难能可贵的东西。

这个东西怎么去还原？现在的技术达到了360度环视，还有"全景声"，这个概念我特别喜欢。湖南卫视做了一个栏目叫《舞蹈风暴》，我觉得特别享受。原来人的形体可以造就那么多飘逸的东西，甚至能够感受到他内在情感的肢体语言表现。它也引进了一个全景声的场景的试验。当然，技术并不代表一切，用这种声音来传播的时候，可以赋能，但有时候也会抢了"人最本性的东西"的戏。我们应该懂得声音传播学的原理，其实有的时候我不一定让你听得那么清楚。有的人演讲就很讲究这个，我让你听到70%，比你听到100%还要强，还要深。今天给我最大的收获，就是声音有那么多的话题。以前在做纪录片的时候，包括我在写关于纪录片的那本书的时候，也没有把声音作为一个那么重要的视听元素。

所有这些，我们从一个角度来讲，声音是有它自己的属性的。你要尊重听者的心理感受，也要尊重大自然或者社会环境当中最真实的关系，这就是所谓"自然的节奏"，或者是一个人心里的节奏。这个节奏找准了以后，你才会去享受那个声音，所以我们看纪录片的时候经常听到"这个解说进早了""这个解说慢了半秒""这个解说好像在这里不应该出现"。所谓"好声音"，就是需要的时候就是好声音，让你感动的时候，或者温暖的时候，或者鼓舞起你力量的时候，我觉得都是好声音。

不管怎么样，谢谢这样一次邀请，让我更读懂纪录片，读懂我们自己与生俱来的第一声啼哭是最优美的。

谢谢大家！

李峻岭：

谢谢何苏六老师非常真诚、发自肺腑地点评。刚刚何老师的点评带给我们很多关键词，包括同期声、原声，包括"原声"和"原生态"之间的关系，又延展出很多新的命题。

现在我们把时间留给在座的各位观众。

现场互动

提问者：

我来自东莞，是一名有声语言工作者，我想问苏扬老师一个问题。前段时间我在看白岩松采访比尔·盖茨（Bill Gates）的时候，问了一个问题，叫"挣钱难还是花钱难"。所以我想问您的是，在配音、主持、解说的时候难，还是在生活中说话更难？为什么？

苏扬：

这个问题是一个"陷阱"。我曾经有一个习惯，因为我是长春人，刚到北京的时候，特别痴迷于北京市民在街头聊天，感觉他们怎么聊得那么好听啊，那么生动啊？有半年的时间，我专门在马路上听别人聊天。后来我回到家乡已经不会聊天了，他们说"傻得呀，上了播音系不会唠嗑呀"。他们讲段子我觉得没什么可乐的；我乐不可支的时候，我的高中同学觉得这有什么可乐的呀，你们北京人就乐这个呀。不是"谁难谁不难"的问题，"什么时候说话得体"这个很重要。不信你可以听听别人的聊天，我觉得都特别好听。

提问者：

老师们好，我现在是一名大四的学生，正在准备考中国传媒大学的研究生。我想问"声音"到底是属于艺术领域，还是非艺术的领域？因为我刚才听，感觉一个好的声音是个性与共性、感性和理性的统一。请教一下苏扬老师。

苏扬：

又一个"陷阱"，你请坐。在专业领域，艺术是一级学科，叫"艺术学"，我们要尊重它。但是"声音"，我记得我们走过一段曲折的路程，我们也想成为一级学科。昨天我在论坛上引用了北京大学彭教授的一句话——"美是无概念的展现，审美是无身份的停留"——声音对于我其实就是一种修行，是一种解脱之道。我希望自己达到"无概念的展现"，希望受众在我的声音里能够达到"无身份的停留"。它是不是艺术呢？我无法回答，但是我认为它最起码是指向美的，指向审美的，甚至宗教都无法涵盖它，它也高于哲学。我是这样来看待声音表达的，也许我太"不自量力"了。

李峻岭：

我觉得苏扬的回复其实是从另外一个侧面印证了我们"播博汇"的理念：给大家提供一个多元开放的空间，但是具体的答案需要你们自己去定义和找寻。

提问者：

大家好，我来自山东济南。我关注"播博汇"有很长一段时间了，对声音特别痴迷。昨天看王同老师微博的时候，看到了一个说法：不分时代，好的作品是经久不衰的，而且很多作品的"好"在于当年有传播价值，当我们再翻出来的时候，看到这个作品还具有现实意义。我想问王同和陈怡两位老师，怎么能让声音有经久不衰的价值，或者说您在塑造具有经久不衰的价值的声音时，理念是怎么样的？请老师给破题。

王同：

这一篇微博其实是我在帮别人解释一个问题。我原来学理工的，有人说我是一个"新新人类"。我原来做过《创新中国》，用了点新技术，有人就觉得我是一个喜欢把"技术"和"艺术"并驾齐驱，甚至是技术凌驾于艺术之上的人。我发这个微博是想告诉他我不是一个"新新人类"，我是一个本本分分的80后。我的审美是建立在90年代初，那个时候的我就是听乔榛、丁建华、赵慎之，阅读如席慕蓉的一些诗、伏尔泰的一些哲学小诗，那是我的语言审美启蒙。我想告诉大家，不是说时间越前进，我们创造的东西就越好。每创新一步，实际上是先往前看三步。如果没有根基，没有足够量的吸纳就不要谈创新，创新只是极少一部分人在极短的时间里和极少的机缘下去迈出的一小步的尝试。

第二，其实艺术创作的本身，从形式上讲，是一种"通感"。你怎么能够把现场的舌尖的味道变成别人一看就觉得馋？你的电视机也没冒香味呀。这是一种各个器官之间，甚至是人的第六感、第七感之间的一种融合，让大家感受到一种综合的化学反应，更是调动观众的潜意识和记忆一起参与的反应。

提问者：

很多作品记录的是之前的一些东西，我们怎么来权衡这个"新"和"老"？我们怎么能让新人把老作品播得让大家更有回味的感觉？

陈怡：

我觉得还是跟王同刚才提到的一样，没有新、旧的区别。刚才大屏幕上播出的《话说长江》，当我们再听的时候，大家会觉得它不美吗？我觉得依然很有生命力。解说的方式，那个声音还是非常有活力的，它依然在这个时代有它的价值。

回到刚才您的问题，什么是经久不衰的价值？这个价值就在于你是不是跟你的作品"长"在一起了。首先要做到"共情"，当你回想这部作品，回想那段声音，你一定会被勾起一段思绪。这个效果达到的时候，经久不衰的价值就体现了。

提问者：

各位老师好，我是来自贵州的一位声音语言爱好者。我有点贪心，想问一下苏扬老师、康毅老师。我之前也不是学这个专业的，我是学化工的。我现在处于这样一个状态，刚开始接触的时候，我觉得自己挺好的，从业四五年之后，开始对自己哪儿都不满意。我现在比较迷茫，所以我想问两位老师这种"对自己哪儿都不满意"的状态是处于声音领域的一个什么样的阶段？同时我也特别想知道两位老师现在是处于一个什么样的状态？你们在完成一个作品之后，对自己是满意多一点，还是批判多一点？

康毅：

我觉得如果你喜欢，就可以追逐下去，它是永无止境的。人生有很多阶段，不同的阶段有不同的想法，你对于你的现阶段不满意，是因为你在成长，它是需要一个过程的。另外我觉得，配音看似是"声音"，其实它是一种"审美"和"文学"，你文学的底子够不够这也是很重要的。还有共情的能力和通感，它看似虚无缥缈，但是很实际。最后，我现在的状态，是在学习的过程当中。我的作品没有我满意的，没有，永远在下一个。

苏扬：

我以前经常说一句话，"寻找属于自己的好声音"，这里面也有一个"密码"。你每天早上醒来，你发一个"啊"的音，这个音就是属于你自己的声音。你现在展现出来的浑厚，中音区、高音区，我认为不真实，不是真正属于你的。咱们有缘，但是时间太紧，我只能说这么多。我现在的状态，也是我一直以来追求的，不是我在读，而是我在听另外一个声音读。我非常享受这个状态，这一辈子体验过，而且反复体验，我甚至希望当我生命终了的那一刻，我停留在这个状态里。

李峻岭：

时间关系，我们今天的现场提问只能进行到这儿了。我们把最后的话筒交给本场"播博汇"的总评人曾志华教授。有请曾老师上台。

专家总评（二）

曾志华：

  谢谢各位！

  台上一方面是学术观点的碰撞，一方面还有基本功也就是苏扬老师说的"密码"的比拼，我觉得特别好，和何老师的感觉一样，特别享受这样一个过程。

  边听边思考，我也说说我的三个问号。

  第一个问号的关键词是"选择"。从听觉文化的角度，辨析声音的好或者不好，其实就是一种取舍，就是一种选择，就是一种基于个体的文化态度、文化立场的一种选择。选择是一种人人都有的权利。我想说如果观众在声音的选择上可以有千千万万、万万千千的话，那么对于纪录片的创作者来说，生产出更多的好声音是否就是最大的选择呢？

  第二个问号的关键词是"土壤"。刚才很多的学者专家都说到，每个时代都有属于每个时代的好声音，每个人的心目当中都有他自己认定的好声音。我们又说流行的容易烟消云散，经典的才能代代相传。由此，有没有跨越时空的好声音可以当作人类文明的财富代代传承下去，如果有，那它需要什么样的土壤，这个土壤的"PH 值"应该是怎样一个科学合理的数字呢？

  第三个问号的关键词是"唤醒"。昨天的声音论坛上我也说到，这是一个视觉至上的读图时代，也是一个听觉被重度污染的时代。可叹的是很多人浑然不觉。我们既然强调耳朵不仅仅是一个生理的器官，它还是一个文化的器官，那么，作为专业的声音创作者是否应该肩负起治理噪声污染的责任呢？如果答案是肯定的，我们的秘密武器是什么？我们的密码又是什么？

  是的，刚刚过去的这一上午，我们听得不过瘾，我们听得上瘾！好在施总（广东广播电视台副总编辑施燕锋）昨天说，这个声音论坛，这个"播博汇"可以继续做下去，所以值得我们期待。

  最后我想说一说我的几点感触。

  我们的"播博汇"从校园走出来，第二次来到广州，来到声音论坛，和业界的同行们切磋、探讨，实在是一种荣幸！

为了今天上午的"播博汇"，施总推去了重要的会议，汤聪老师、王泰兴老师，也都推掉了很多重要的会议或是评审，刘力军老师专程从杭州赶到这里。这是怎样的一种关爱与扶持！

再说我们台上，为了这个论坛专门置办了新西服或者新衣服的就不止四位，可见大家对"播博汇"的重视程度。

掌声还要送给在座的各位，我刚刚才意识到今天是"双十二"。各位没有去购物狂欢，却来到现场和我们一起来探讨声音、纪录片当中的好声音，感谢大家！

正是有各位的爱护、呵护，"播博汇"才能够茁壮成长！

最后要特别感谢的是广东台以及纪录片节组委会，特别感谢康毅和他工作室的小伙伴，是他们成就了这个声音论坛，是他们召集我们聚合在了一起，共同发出我们本来被遮蔽的声音。

离新年还有19天的时间，借此机会向各位致以新年的祝福，祝愿大家青春美好，也祝愿我们之间的友谊长长久久！

李峻岭：

谢谢曾老师对我们这一路走来的总结，以及代表我们"播博汇"所有的成员对大家的感谢。

今天上午，我们用了短短的两个多小时的时间一起来探讨"声音"，我们发现原来可以发掘出这么多的脉络和关注点。可能以前我们会有所忽略，但今天我们实现了一种聚焦。如果说声音是一场我们和时代相遇的旅程，那么今天这场"播博汇"则是我们跟你们——天南海北的你们——相聚的过程，这是一个非常美妙的印记。

在今天的论坛上我们听到了很多新的说法：比如，声音它不仅仅是一个听觉的过程，更是一种声音的景观；它不仅仅是一个表象的物理指征，更是一种听觉的文化。同时，我们也听到嘉宾在反复强调声音里需要人性，我们需要灵魂，我们需要共情，我们需要通感，所以，我们需要的是"对声音的凝视"。声音不仅仅是用来"听"的，也是用来"看"的；我们的耳朵不仅仅是用来"听"的，我们的耳朵也是用来叙事，用来"说"的。在今天论坛的最后，苏扬老师说了一句话，非常美：纪录片当中的声音，它是一种无概念的展现，它是一种无身份的停留。如果我们能够驻足，如果我们能够回眸，如果我们愿意展现，如果我们愿意停留，那么我想我们就实现了声音表达最初的那个"你"和"我"。

谢谢大家在今天——12 月 12 日的上午——室外有和暖冬日阳光的时候，选择在室内跟我们待在一起，同时也感谢各位对于"播博汇"的关注和支持！

三、当"言值"成为标配

——有声语言教育类公众号的品牌打造与增值

（"播博汇"2019年12月21日）

轮值学者：

　　李峻岭（中国播音学博士、广东外语外贸大学新闻学院副教授、院长助理、播音与主持艺术系系主任）

主持人：

　　赖冬阳（中国播音学博士生、新华社记者、主持人）

观察员：

　　姚　科（微信公众号"乡读"创始人、中央人民广播电台节目主持人）

　　肖弦弈（"两个黄鹂"品牌创始人、经济学博士）

　　郑　伟（微信公众号"郑老师的话"创办人、中国播音学博士、首都师范大学科德学院播音系主任）

　　孙　良（微信公众号"孙博士朗诵课堂"创始人、中国播音学博士、山东青年政治学院副教授）

　　阎　亮（"声合邦"联合创始人、中国播音学博士、中国传媒大学播音主持艺术学院教师）

观察学者：

　　王四新（中国传媒大学教授、博士生导师、人类命运共同体研究院副院长）

　　邰亚臣（教育哲学博士、思源教育研究院院长）

　　邱　柯（中央电视台导演、策划、中国文化管理协会体育文化委员会秘书长）

研讨学者：

　　卢　彬（中国播音学博士、浙江传播学院播音主持艺术学院教师）

　　刘　霞（中国播音学博士、兴义民族师范学院文学与传媒学院副教授）

　　李　斌（中国播音学博士生、浙江传媒学院播音主持艺术学院教师）

　　李　真（中国播音学博士生）

　　杨颖慧（中国播音学博士生、辽宁广播电视集团主持人）

　　谭菲依（中国传媒大学访问学者、山东师范大学教师）

许成龙（中国播音学博士生）
总评专家：
高贵武（中国人民大学视听传播系主任、教授、博士生导师）
曾志华（中国传媒大学播音主持艺术学院教授、博士生导师）

"播博汇"现场实录

主持人赖冬阳简要介绍了议题和嘉宾,拉开了本期播博汇的序幕……

轮值学者阐述

李峻岭:

今天的主题是:当"言值"成为标配——有声语言教育类公众号的品牌打造与增值。我觉得这是一个从学术出发,但游走在学术边缘的一个话题。由我们这些做学术的人来探讨,可能会是一个第三方的角度。

作为轮值学者,很重要的任务就是破题。这个话题我们究竟要谈什么?关键词,首先是"有声语言"。这是我们从学这个专业、做这个专业到现在分享研讨这个专业,一直最为聚焦的内容层面。有声语言,传统上我们认为是"说",是有关"声觉"的。但在上个礼拜"播博汇"第十六期的研讨中,我们提出了一个说法:有声语言也是有关听觉的。耳朵不仅仅是用来听,耳朵同时也参与了说,也就是说,这是一个听觉和声觉双向交叉的内容层面。

其次是教育,我们常说"三人行必有我师"。如果只是从教育来讲,这是很外延的一个话题,如果我们放在教育类,把它变成一个实体教育机构的话,我们会很清晰地看到它一定是有提供方和需求方的。你提供教育,你是出于一个公益的目的、无偿性的,还是说你希望商业性地做一个有偿的教育?同时教育的领域、类别也非常多。我们今天讨论的是幼儿教育、中小学教育,还是职场教育?我们稍后要展开研讨的是教育的哪一个层面?这是有待大家明晰的第二个问题。

最后是公众号。当我们在网络搜索引擎里输入"公众号"时,我们会发现它有不同的定义,有订阅号、服务号、公司号、个人号等。我们今天主要探讨的是订阅号,也就是平均每天规范地只能推送一条消息的这种平台。服务号相对来说它是一个"公司行为",而公众号这样一种形式是将我们的聚焦范围从传统的广播变成了窄播,介质改变伴随着整个传播方式、传播样态的变化。简单来说,就是从一个公众传播变成了一个私人领域的传播,它可以直接从客厅挪到你的房间。时间上来说,也不再具有所谓的黄金时间,中午十二点、晚上七点、午餐和晚餐的时间，在任何时段都可以渗入。

品牌打造，与此相关很热的词就是IP。IP包括了我们公众号里推出的产品，包括具有辨识度的产品、具有标识性的人。我留意到今天我们请到的几位观察员，他们公众号的名字就是一个标识，这个标识可能是一个象征意涵，也可能就是他本人。

说到增值，在商业领域里会经常爆出这些热词。"赋能""借势"。我们都希望自己的公众号有更多的订阅数，有更多的阅读量。那么是自己给自己赋能吗？"借势"，我们都说目前新媒体传播大势势不可当，同时我们也关注到有很多的头部产品、头部大V，与它们相比，有声语言教育类公众号的影响力还很有限。同时从变现角度来讲，是自产自销，还是他产代销？这里面需要一些商业的思维。在目前已有的有声语言教育类的公众号当中，我留意到有几个既有的特质：

第一，专业开始下沉。以前我们会觉得有声语言的表述是一种"精英化"的描述，在学院派的视角里会觉得自己非常享受，乐在其中。而随着介质和传播方式的变化，专业的下沉态势非常明显，这种下沉既包括了时间、空间的转化，同时也包括了传播主体"精英化"色彩地褪去，这会带来我们整个思维和格局的重新调配。

第二，目前有声语言教育类公众号仍处于一个起步、上升阶段。屏幕上的这张图（现场展示——编者注），是最新的清博指数统计数据，统计的是2019年11月01日到11月30日微信公众号的排行情况，我截取了前20名。我们会发现有一些是和阅读视觉相关的，也有与听觉相关的，比如，第8位"夜听"，它每一篇推送平均浏览量是95,540次。而在这个榜单上排名第20位的公号，它每一篇推送的平均阅读量也高达79,126次。看到这个数据，似乎可以说明我们今天所探讨的领域，大家都还是处于一个爬坡的阶段。同时微信发布的年度报告提出：在以听觉为单位的介质当中，APP的打开率明显高于微信公众号。由于APP它的准入和运营成本要高于微信公众号，所以我们可以做这样的推想，以微信公众号来介入有声听觉领域更多出于它的低门槛，这也可以从另一个侧面印证当前有声语言教育类公众号发展处于起步阶段。

第三，现在公众号的召集人呈现出一种网红化的特质。所谓网红就是他的曝光率会有意识地增多，并且在公众号中更倾向于透露属于个人的信息。比方说我们今天台上这五位观察员所在的微信公众号，如果你想了解他个人的话，那么你就去关注他的微信公众号吧，那里面关于他个人的信息量会非常大，不亚于你关注他私人的朋友圈。

今天我主要是想来提问的，因为对于这样一个研讨，我想我们的智慧应该是来自大家，而有些问题或许可以触发大家思考。

第一个问题，为什么说"言值"成为标配呢？标准到底是在哪儿？什么样的人数，什么样的运营，什么样的推送，什么样的深度是符合这个标准的？这里有三个词：作品、产品、商品。有声语言的表达，最初是要形成一个作品，而后我们要求它是更具一个完整形态的产品，而今天研讨的范畴界限，毫无疑问聚焦到了商品层面。

第二个问题，谁在做？今天我们会场里与会的同人，我想应该是具有代表性的。有一部分是一线的播音员和主持人；还有资深的配音员，他们是在幕后的；另外一部分是各个层次高校的播音主持专业教师。当然现在还有一种情况就是这三种身份都是过去式，他们现在身份就是公众号的生产者、运营者，全职的公号维护者。

第三个问题，靠什么？这是每个人都很关注的问题。如果是按照一个免费的形态来讲，现在我们这些公号，大部分内容都是可以免费获得的。支撑免费的对于我们来说很重要的一点就是情怀。我相信在座的百分之百都具有这一点：情怀，区别只是深浅和持续多久的问题。当然在有情怀的前提下，我们能沉淀用户，提高公号的黏着度。从付费角度来说，现在公号有它的有声语言的产品，有它的课程，有它的一对一的指导，还有它的带货能力。说到带货能力，这是今天上午我刚刚从手机里截取的一张图（现场展示——编者注），这是一个有声语言教育类公众号的截图，你看它这则推送的内容和有声语言并没有直接的关联，而是团购推销信息。而类似于这样的主打带货能力的公号为数不少。

第四个问题，我们究竟有什么样的差异性？这是一个可能会让人困惑的问题，我们的差异性何在？首先就是公众号定位，在那么多有声语言教育类公众号当中，你究竟选择谁？你为什么要关注它？我们常常是关注了很多，但是最后打开的、定期打开的并不多，所以涉及你究竟是要把人群聚焦还是要扩展？包括推送内容、受众互动，这些都是我们今天希望听到大家能探讨的内容。

最后一个问题，叫好还是叫座？它对社会的影响力有多大？对特定圈子的影响力有多大？在影响力的量化指标上我们可以有一些讨论，其中涉及三个关键词，阅读量、回复量和转发量。

今天研讨的实质是关于困境和悖论，以下这一段话是选自柏拉图的《理想国》：一个人不会探寻他所知道的，因为他既然已经知道就无须探寻。一个人也不会探寻他所不知道的，因为他甚至连要探寻的是什么都不知道。

今天我的开场阐述目的很简单，就是希望大家能在这个命题框架下进行充分的探寻。谢谢。

观察员简要介绍

主持人：

接下来的环节是要请我们现场的观察员，介绍各自所经营的公众号的困惑或者是思考。每个人的发言时间是 3 分钟。

首先有请微信公众号"乡读"创始人、中央人民广播电台节目主持人姚科。

姚科：

为什么叫"乡读"呢？"乡"就是情怀，不是农村的意思。你到了美国，中国就是乡；你去了太空，地球就是乡。所以"乡"是一个大情怀。

我们做"乡读"的时候，其实当时想法很简单，就是聚集全中国的一些朗诵爱好者。比如，我们下期要推出的一个人，是第三届夏青杯的一等奖获得者。她是山西的一个体育老师，朗诵得非常棒。尽管获得了一等奖，但是依然没有改变她的生活，现在还是在操场上。

"乡读"创办一年其实有很多的经验教训，一开始大家还是比较盲目的，因为确实没有经验，但是我们做了一年以后，感觉到还是应该沉下心来，沉下心来以后就是要从内容的选排上有一些自己的想法。比如说，朗读人员的安排上，男女老少、各行各业，我们希望都可以参与进来。我们其实希望它是一个通过"乡读"可以了解全国大部分地区的播音朗诵水平的平台。比如，你进入"乡读"以后，你就可以了解一下云南是什么样的，因为我们把云南比较有代表性的这些人（朗诵者）都汇聚到了一起。对于刚才说的公号"带货"，我们现在的观点就是一个都不带。我们有一些落地的活动，有一些大老板要赞助，我们坚决不让他们参与。

主持人：

好，非常感谢姚科刚才对"乡读"的介绍，在"乡读"公众号里我看有好几个推送阅读量达到了 100000+。它的宗旨有这么几句话，"有一种温暖来自乡情，有一种感念来自乡亲，有一种文化来自乡土，有一种感动来自乡读"。接下

69

来我们请"两个黄鹂"品牌创始人、经济学博士肖弦弈为我们分享。

肖弦弈：

非常高兴来参加今天这个会议，我原来是中国传媒大学的老师，2016年的时候辞职创业做了"两个黄鹂"。我做的目的是培养4岁到13岁孩子的口语表达能力和口语交际能力，所以我的公众号其实不是在输出内容，它实际上是一个倾向于公关性质的公众号，点击量和传播影响力还都非常一般，但是对企业发展、业务的拓展还是蛮重要的。

去年，我跟"罗辑思维"的罗振宇谈过一次话。当时我就问他，"得到"到底是一个什么业务形态，或者是一个什么性质的APP？他想了一下说，大家都叫它是"知识付费"APP，实际上它就是教育。我觉得不对，它其实是类似于我们说的"传播"，有知识的传播，或者有点像出版社。我是要关注我教育的对象有没有改变？按照我的教育目标去（教学），孩子有没有学会？有没有理解？有没有真正掌握？但罗振宇不关注这些，也就是说他的用户到底有没有听？听多少？有没有理解？他不关心。这个我觉得是本质的不同。这是我的第一个观点。

第二个观点是关于有声语言。什么是有声语言？这个词非常重要，非常关键，这个词如果不建立好，可能我们的探索就很难进行。它里面包括内容、介质，还包括语言的形态、沟通的形式。举个例子，我们培养孩子的沟通能力，它可能包括"交谈"。"交谈"我看在有声语言里就没有，但其实交谈又是很重要的。

主持人：

好，谢谢您的介绍。

下一位，有请微信公众号"郑老师的话"创办人、中国播音学博士、首都师范大学科德学院播音系系主任郑伟。

郑伟：

先回应一下肖老师刚才提到的"得到"，因为我另外一个身份是"得到"的教师。"得到"对于课程的完播率、课程的反馈、用户的留言是非常在意的。我每天有很多时间都用在回复用户的留言以及用户的需求上，因为我们还要继续进一步开发课程。

接下来介绍一下我们做的订阅号"郑老师的话"。我们的宗旨和原则叫"朗读，让生活更美好"。这个订阅号它是由微信订阅号、500个群组成的一个"郑老师语言表达"社群以及"声音私塾""声音博物馆"等4个板块构成的。在这个订阅号当中，我自己每天大概要推送2~4篇的范读。这个范读一个是"今日朗读"，一个是字词朗读，还有一个 UGC 的平台，就是刚才说的"声音博物馆"，它是全国各地各行各业的听友们制作、朗读、发送过来（声音作品集）。他们的朗读中有大量的合诵，这些合诵和独诵都来自前面的社群，所以这是个 UGC 的平台。再来说说"声音私塾"这一板块。今天我们有好几位私塾的老师也来到现场，他们也都是学播音主持专业的。一些社会人士自己想学习专业的语言表达技能，所以应运而生了这样一种基于微信群和一些 APP 的线上"面对面"的实时指导。同时，"声音博物馆"板块也是在大家的投稿越来越多的情况之下被设置的。我们在推送了 4000 多篇群友之声之后，从中遴选出了大概 188 篇非常优秀的声音作品，最后收录在这个"声音博物馆"当中。

这个订阅号是 2014 年的 6 月开始创办的，当时我只是为了跟我的学生们进行交流互动而创办的。一开始想叫作"系主任的话"，但学生们说，如果这么叫，他们是不会关注的。后来改名叫"郑老师的话"，没有想到这一改改得非常好。学生没有关注多少，各行各业的人关注得越来越多。现在"郑老师的话"品牌总的关注人数有 60 多万，公众号的平台有 20 多万，而这 20 多万人的组成很有意思，一会儿我将跟各位重点说一说它的组成多么有趣。大家期待一下，谢谢。

主持人：

非常感谢，也非常期待。这个数据一说出来，我们都觉得特别羡慕，60 万的关注，20 万的订阅，还有好多 100000+ 点击量的推送。

好，接下来我们有请微信公众号"孙博士朗诵课堂"创始人、山东青年政治学院副教授、中国播音学博士孙良。

孙良：

如果说前面各位老师的公众号也好、事业也好可以比作大树，那我现在只是一棵小草。我现在的心情就像是朱自清先生在《春》里面说的：小草偷偷地从土里钻出来……

不过，因为小，它反而具备了一定的代表性，因为从某种程度上来说，小号比大号数量多得多。关于我创办的"孙博士朗诵课堂"，我总结了四个字，叫短、小、精、拙。

所谓短，是说创办时间短。公众号的创办时间是在 2018 年 8 月下旬，开始只是做一个公众号把一些平时想说的话说出来。到 2019 年 1 月，我在网上搞了一个公益活动，叫作"一起来读《朗读学》"，因为讲课也就有了一个社群。当时大概建了三个群，有几个学生帮我打理。2019年4月，我开始在网络上讲授朗诵课程，原因很简单，社群要维系下去，得有一定的费用，得让跟着我干活的学生有点收入。于是我开始尝试着在千聊平台上去做一个课堂，然后一直发展到现在。这就是我这边的发展过程。

再说小。小是说规模小。目前公众号订阅数量刚刚六千七百多人，数量不多。千聊平台上线之后一千六百多人。体量小，影响力也就非常有限。目前文章基本由我自己来写，课是我自己准备。核心团队就两个人，外围还有几名小伙伴帮我处理一些琐事，所以我们团队也很小。

再说精。精是我们的追求。尽管我们年头短、规模小，但我们把做精品作为工作的目标。拿授课来说，我每节课备课时都要写逐字稿、做PPT。我觉得只有这样才能讲得比较充实，有内容。

最后一个是拙。其实我本来想用一个"笨"字。就是我们干的这个活挺笨的。我们都不懂设计，大家看看我的PPT就看出来了，标准的直男审美。关于设计和营销是我们的短板，我们就是一篇篇地写，一节节地教。将来我希望我能做大，但是到底能做多大，将来再说。好，谢谢大家！

主持人：

好，接下来我们有请下一位，声合邦联合创始人、中国播音学博士、中国传媒大学播音主持艺术学院教师阎亮。

阎亮：

"声合邦"的前身是王明军阎亮声音工作室。先给大家看看声合邦的LOGO。

这是我们特别满意的一个设计。它的造型既是一个和声音有关的音箱喇叭单元，同时也是一个蕴含传统文化元素的瓦当。"声合邦"三个字也以环状纹路的形式恰到好处地融入里面了。声合邦公众号的经历可以分成三个阶段，我简单说一下：

第一个阶段，是最初阶段。2016年8月22日，我们的公众订阅号上发出第一条推送。内容非常简单，只有一个视频，因为当时音频要求不能超过3分钟，我们的一期内容怎么都说不到3分钟以内，所以就把音频做成了视频，可以放10分钟。而这个视频的画面其实只有一张照片，都是音频"铺"的。这期推送也没有任何一个文字。现在看这样的公号实在是太简陋了。后面一段时间之内的推送都是这个样子。这个最初阶段我们把它概括为：内容简单没新意，更新缓慢无周期。当时我们的初衷是这样，总有很多人问我们各种专业问题，跟他讲了一遍，当时好像明白了，过了几天他见到我们还会再问，才发现他根本就没有理解。于是我们就想能不能把这些专业理念、知识、方法固化成可以分享的东西。但那时候我们既不知道如何分享，也不太了解用户的期待。

第二个阶段，迷茫阶段。就这样做了一年多到两年的时间，我们开始进入了一个比较迷茫的阶段。这个阶段的特点是内容增多欠梳理，核心渐远仅自己。这一时期公众号的更新规律是尽量每周一、三、五。通过公号可以更了解王明军、阎亮这两个人，而且不仅仅是专业，连生活都有。比如，我当时在工作室攒电脑也拍成了视频，分了好多集。公号推了几集就不更了，因为好多用户反映说"这到底是一个什么类型的公众号""到底是讲科学技术的，还是有声语言艺术的"。还有一个我做大虾的视频，应该算美食制作类的，和我们的公众号定位完全不符，但却是声合邦公众号里面阅读量、留言量、点赞量都特别高的一期。那个时期我们很迷茫，内容不少，缺乏条理，倾尽个人所有把我们自己"掏空"，公众号粉丝增长了很多，同时阅读比例却是下降的。也就是说，越来越多的人关注了我们的公众号，但并不是每篇内容都看。

第三个阶段，坚定阶段。直到现在，"声合邦"公众号才进入坚定阶段。我们开始坚定地生产和输出有声语言相关的专业内容。首先是建立若干相对有深度的专业板块，包括"声合深究""声合嚼字""声合人物"；其次是个人色彩鲜明的专业板块，包括"王明军声音诊室""阎之有道"等；还有我们的"声合杯""声合秀"等专业活动。同时也把公众号调整为每日更新。这一阶段的特点是内容丰富思路开，日更频繁压力来。

今天，声合邦公众号仍在探索，未来充满期待。

主持人：

好，谢谢，有请下一位我们"播博汇"的代表李斌来介绍一下。

李斌：

大家好，我是"播博汇"的责编成员之一。下面我来说一下"播博汇"的一些情况。

大家现在看到的这个画面，就是"播博汇"的一个标识，实际上也是我们的 LOGO。

我们公众号的宗旨是：为学科发声，为专业张目，是带有一份责任感的。实际上，中国播音学是一个非常年轻的学科，有着新兴、多元、交叉的特点。因此，我们特别希望能够为大家搭建一个学术家园，让学术得以发展。

很多人关注我们公众号，可能是在线上，实际上我们是 2015 年 11 月先有了线下的"播博汇",两年半之后,2018年5月28日上线。您看,PPT图片展示的正是我们当天的发刊词。

下面给大家简单介绍一下播博汇的一些重要板块,有《时代之音》《师说》《博言》等。说到《时代之音》,我们第一期推送的就是中国播音学的开拓者——齐越老师和张颂老师。从此开启了我们的线上推送。

来看一下数据。截止到昨天晚上11点59分(2019年12月20日),我们的关注用户人数是8425人。从数据上来看,18岁到35岁的人群居多。由此可见,关注我们的用户大多是来自各大高校学习播音专业的学生,当然还有一部分就是播音主持专业的高校老师。再看一下性别比例,大体来看,比较均衡,但是女性会稍多一些。

大家现在看到的图片,展示的是"播博汇"主持或参与的几次较为大型的学术论坛。

实际上,最早的"播博汇"是曾老师带着博士生做的一种学术训练,从学术训练慢慢发展成现在这样的一个学术论坛。

"播博汇"还是一个比较年轻的公众号,发展到今天也取得了一些小小的成就,比如,我手上拿的这本文集,就是我们的一个小成果,《播博汇文论》第一卷。这本书大家应该已经在文件袋中看到了,希望各位专家同人批评指正。

最后,我想说,"播博汇"的发展离不开八千多用户的支持,当然也离不开在座每一个人的厚爱。所以我们特别希望,大家共同努力,打造一个既争鸣又宽容,既专属又开放的学术家园。

这张图是我们的二维码,期待大家继续关注,再次感谢大家!

质询环节

卢彬

我想先请问一下姚科老师,为什么"乡读"公众号不让企业冠名?

姚科:

因为我们做"乡读"公众号的时候,一开始确实是没有太多的经验,但是我们几个所谓的董事坐在一起商量的时候,就说不想让企业冠名,不想被他们左右,我们想做得纯粹一点。我们这公众号也还算比较幸运,一上来就得到了公司的情感投资,投了一些钱,可以保证运营。我们第一次线下活动是在千岛湖，请了很多的大V、大咖，包括一些上市公司的老总，他们都非常有情怀，上台去读一些他们自己的东西。即便是这样，我们依然没有让这些大咖、大V们拿一分钱。我们想先让自己的想法实现一下，不要被他们左右，不要被他们带到他们的沟里去，所以我们就这样做得纯粹一点。

卢彬：

"乡读"这个号如果没有企业给钱，怎么才能发展得更加壮大，怎么才能影响力更大？

姚科：

是这样的，以后有了经验我们想是这样，别人给钱的时候也不被他们左右。第二届的乡读节马上就要开始了，是可以有一些收入的，但依然坚持我们能一票否决，不带任何企业的这些东西。我们就是想做得独特一点，不知道能不能成型、能不能生存下去，现在看来是没有问题的。

卢彬：

请问现在是完全靠情怀支撑下去吗？

姚科：

不是，是有资金支持的，有一些有情怀的人，自由资金。

谭菲依：

我想请教一下肖老师，刚才郑老师已经回应了，说"罗辑思维"其实也在关注用户听不听。您认为您的公众号和"罗辑思维"的公众号最本质的区别是什么？

肖弦弈：

中国传媒大学是大学，中国传媒大学不叫媒体，对不对？中央电视台是媒体，也关注用户，但它不叫大学。它们的本质不一样在哪里？大学里面我们给学生上课，我们是有教学目标的，有了教学目标，再在课堂里把它贯彻下去，同学们有没有学会，有没有掌握我所贯彻的教学目标，我是要负责的。如果同学们掌握了，那说明我的教育目标实现了。如果同学们没有学会没有掌握，那我今天的讲课就是瞎掰的。但是知识付费类的APP或公号，它不是纯粹的教育。

李真：

我想请问一下郑老师。我关注了公众号"郑老师的话"，并且也看到了在"得到"还有喜马拉雅这些平台上都有展示。刚刚您说到有60万和20万这些数字，这些数字是非常庞大的。我想问一下，您主要是从哪些渠道通过哪些有效的方式来获得这些用户这些流量？谢谢。

郑伟：

这个逻辑不太一样。从订阅号获得用户的话，可能是靠内容，就是说每天你推送的内容。

日更、碎片、精品。这是我总结的三个关键词。每天必须推送，推送的东西不能太长篇大论，一会我在下个环节会具体讲。虽然是碎片，它不能敷衍，它一定要是精品，所以说订阅号它之所以是一个重要的流量池，是因为这里面的用户，他们某种意义上是你的私域流量，它跟抖音、其他那些直播以及微博，逻辑是不一样的。订阅号是最重要的一个阵地，也是目前为止我认为的互联网当中商业价值最大的一个阵地。那么其他还有很多，比如，有 26 万是"得到" APP 的付费用户，这部分用户就更有含金量了。人家是花了 20 元钱来听你的，所以说这 26 万是我们日常维护的一个非常重要的用户。我们经常开会，昨天我还在那跟他们开会，我们要跟用户对接他们下一步的需求。比如说，接下来我们就要做线下。"得到" 这 26 万，他买了你 20 元钱课程的这部分群体，他们也想跟你面对面学习语言表达，他们也不解渴，那么他们就是一个更加庞大的群体。同时我觉得，有一部分群体可能大家之前是忽略的，那就是成人的语言表达教学。因为现在我们更多的语言表达教育是集中在孩子或者说艺考，但是太大材小用了，我觉得接下来最重要的一个巨大的点是成人。就目前来看，成人对于自己应职的需求量之大，超乎我们的想象。所以这两部分的人群是我们重点维护的，但这两部分人群的年龄和他们的背景是完全不一样。这一点我在一会儿的讲述当中再去做一个着重的表达。总体来说，我个人认为付费用户是我们要维系的一个重要的且庞大的群体，而这个群体某种意义上是中国独有。

王四新

马上平台的技术可能就要 5G 升级了，好多人可能也要换 5G 手机了。大家对这新一轮的技术升级有没有什么期待？

姚科：

5G 技术对微信的影响，现在我还不是特别了解。我现在感觉到的是政策上对微信公众号，尤其是对一些公司运营的公众号的限制，是影响公众号的发展的。比如说，在我们这几位当中，我的公众号应该是最晚的，所以连留言功能都没有。

肖弦弈：

　　王老师这个问题问得非常好。4G 和 5G 的区别，就像现在的公路跟高速公路的区别。当我们原来没有高速公路的时候，你说有高速公路了，我可能会问你高速公路能不能招手就停？后来别人告诉你高速公路上不能停，得一直到目的地。这太可怕了，不能招手停。我们以后会怎么样，现在确实难以想象。

观察员有话说

主持人：

　　接下来这个环节叫作"观察员有话说"，每个观察员可以把刚才没有展开的充分进行阐述。

　　有请第一位，微信公众号"乡读"创始人、中央人民广播电台节目主持人姚科。

姚科：

　　以后我们主要做排行榜，排行榜是大数据。前几天刚跟一些搞大数据的老总们聊了聊，让他们给我们提供更大的支持，抓取全国朗读公号的所有数据。比如说，我们抓取全国朗诵排行榜，10 万个公号里边最受欢迎的作家、最受欢迎的出版社、最受欢迎的朗读者，包括所有的年龄层都要抓取。目前的技术层面，大数据是可以办到的，我觉得这是我们的前景。以后还可以做一些线下活动，比如，全民阅读。在大数据的背景下做活动会更有吸引力。

　　怎么能够扩大影响？现在"通吃"已经不可能了，只能深耕，把我们的内容做得更专业，让自己不可取代，这个才是我们以后工作的重点。

　　我们不想把"乡读"做得大而全，不想方方面面全抓。如果把每方面做到专与精，有较高技术含量，别人即便是想做也有一定的难度，这样我们就少了很多竞争对手，对我们的发展也有好处。

主持人：

　　好，谢谢姚科。有请下一位，"两个黄鹂"品牌创始人、经济学博士肖弦弈。

肖弦弈：

　　首先是品牌打造。大家知道品牌打造意味着花钱，不花钱这个品牌很难出

77

来。另外，品牌和市场要有关系，如果这个品牌跟市场没有关系，打造它是没有意义的。

为什么说品牌要花钱呢？品牌的打造包含这样几个环节：策划、创意、设计、媒体、活动等。我们公司有一个品牌市场部来负责品牌打造。

第二要下沉品牌。品牌打造根本目的是要为市场、为用户服务。不服务的话，这个品牌只能浪费钱。因为要下沉，所以我们在压缩品牌投入，包括品牌部人员也在压缩。

第三要增值。刚才我说了一个数据——15%～20%，但这两年在逐渐下降，我估计今年可能会下降到15%以下，甚至10%左右。公众号的红利时代已经过去，现在我们把目标放到抖音和大众点评上了。

主持人：

肖老师对于微信公众号的运营好像有点悲观，不知道郑伟做何感想。有请郑伟。

郑伟：

去年五六月，美国的一家公共电台明尼苏达（Minnesota）给我打电话想约采访。我说"你想问什么？"他们想问知识付费。他们不理解为什么中国人会这么慷慨，在互联网上购买看不见、摸不着的知识。通过这次采访，我突然意识到，中国在知识付费和线上付费领域的理念和实践已经远远超过了美国，所以刚才我说付费用户的互联网群体是中国目前独有的现象，全世界仅此一家。

我在"得到"APP上有一门课程，叫《怎样让你的声音更有魅力》。这门课程2017年5月上线，当时我们就在后台选择北上广深1000多个都市职场群体的样本进行了一个问卷调查。我们问他们，关于语言表达、关于声音，你们最需要的是什么？给出的指标大概包括普通话、语音、科学用声、演讲、辩论、朗读、朗诵等，最后样本回收率很高，在这当中我们看到语音发声类的需求占80%。

从这儿我也想跟大家分享一点，对于播音主持专业而言，最值钱的、最能够和市场对接的一门课程就是语音发声。这门课程做出来之后，我们都认为课程很小众，销量可能不会很大，结果从开始一直到今天销量是257,000余人，这门课程的价格是19.9元，它直接的销量是500万。所以说这门课目前也是稳居"得到"APP销量的前几名。通过这个我看到的是人们越来越注重自身的气质，而气质是由"言值"还有"音值"构成的。

刚才说到了跟"得到"的用户相比，我们订阅号的用户是另外一个极端。

目前订阅号的用户将近 20 万人，更多的都是中老年人。我看了一下数据，20 万人当中有 62% 的用户是 45 岁以上的中老年人，在这当中 25% 是 60 岁以上的老年人。所以同学们、朋友们、老师们要关注一下家中的老人，并不是说老人不用互联网，很多时候他们使用互联网的频率和使用的功能是大家想象不到的。

我刚才说到订阅号，我们想吸引更多的人，关键是内容为王，所以我的理念是日更、碎片和精品。首先谈谈我们的宗旨和原则，就是我们让每一位群友将声音的精进之路定义为：用一生去进行的一条道路。所以我们鼓励每一位群友每天进行跟读打卡，这当中能够坚持下来的更多是中老年人。

既然是日更，势必不能够长篇大论。如果读 1000 字以上的内容，我自己没有办法完成这样的强度。其次我们的群友们也无法忍受每天这么高强度的练习，毕竟他们不是播音主持专业的学员。事实上现在播音主持在读的同学，也没有多少人能每天完成这样高强度的内容，这也是我们需要解决的一个专业问题。当然，碎片化并不意味着潦草和敷衍，每天推送的文字都会经过非常严格的筛选，同时都会经过很严格的配乐合成，所以我每天在配乐的选择和人声贴合的制作方面会占大量时间。

就是在这样日复一日的坚持之下，我们选择做时间的朋友。而很多时候我们谈到的所谓商业成绩，其实它是随着你的坚持自然而然地实现的。事实上我刚才提到的"声音博物馆""声音私塾"以及当中的每一门课程，并不是我们设计出来的，而是他们提出的实实在在的需求。很多设计出来的东西，没有很好地成型，而根据用户的需求所提出来的内容，才能够真正地、长久地存在下去。

主持人：

社群如何运营？如何来进行线上线下的结合？产品如何来做？确实讲了很多干货。

接下来我们有请孙良。

孙良：

我唯一感到庆幸的是我一节节课讲下去，没把人讲跑了。我涨过价，但是来的人越来越多了。我准备继续讲下去，就这样，不多占时间了。

主持人：

有请下一位发言专家声合邦创始人阎亮。

阎亮：

我的感受就是：实际上我们有的时候低估了人群付费的愿望和能力。

我特别赞同肖老师刚才说的，现在他们的战场可能正在转移到抖音上，当下什么平台最吸引人，就转战到什么平台。我也特别赞同姚科老师说的，我们要专注地深耕一个内容，甚至是一个平台，不放弃这个平台。因为我相信在未来的几年之内，无论技术如何进步，关键的还是我们的内容到底生产些什么。这是我个人的观点。

我们坚定地认为要日更。现在是除了周六日，每天都更新。一开始我们工作室的几个做公众号的工作人员，他们觉得压力非常大，感觉每天都要更新，做什么啊？有这么多内容可以做吗？当我们打开思路，并且梳理成一个一个板块的时候，发现原来真有那么多内容。而现在我们的困惑是内容特别多，不知道该怎么排，感觉内容发不完。而这个阶段我们感受到的就是要坚定地做下去，做好我们的订阅号。

我们也开始关注各种各样的数据指标。我相信在座的各位，如果你也做过自己的公号，就一定特别关注阅读量、转发量、互动量。这几个量给你带来的数据，有欣喜的时候也会有失落的时候，会感觉可能没有人关注，或者没有人回复。我们在运营三年多公众号的过程中，我觉得总在偏离核心。最想要的就是增加粉丝量、增加关注度、提高阅读量、激发互动量。都是在这些效果上下功夫。目的是扩大影响力。但很少思考我能给大家持续分享些什么？我们的核心内容是什么？

还有一个问题是：做了三年多，我们也开始思考，到底是要拓展专业的外延，吸引更多各行各业的普通人？还是专注于吸引专业人士和专业爱好者？我到现在都有点模糊，但仍然觉得未来可期。

观察学者发言

主持人：

今天有三位观察学者，期待你们"拍砖"。首先有请王四新老师发言。

王四新：

按照我们文明发展演进的历程，声音是第一种文明最基础的方式。柏拉图作为一个最伟大的学者，他最推崇的文明就是口语文明。但是现在我们一下子把口语文明接到了先进的技术方面，所以说实际上是技术产生的火花，让我也有了很多这方面的想法。也就是我们古老的东西，怎么和新的技术结合起来？怎么利用网络基础设施给我们提供的一种便利条件？

我来到传媒大学之后，表达、声音还有普通话有了很大提高。所以我感到我们发展前景很广阔，因为中国人肯定是越来越有钱的，我们的互联网应用场景是越来越丰富的，可占用的线下空间肯定是越来越多的，因为我们现在是科技的引领者，中国有最大的应用场景。

为什么这两年中国的抖音"呼啦"就出去了，李子柒也"呼啦"就出去了？这是因为有了最先进的技术，再一个就是我们丰厚的文化底蕴。尤其我今天来参加这个会以后，觉得太有信心了。今天到了会上以后，我有一个想法，就是什么东西它能够成为一种恒久的、沉淀的，可以存放 20 年、30 年甚至 100 年后还能反复地去看、反复地去操练的东西？这个是我们现在大众文化发展要讨论的一个问题。因为就像一个人在不同的年龄，他玩的东西不一样。现在我对下一步的短视频、5G 端口，还有物联网了以后，怎么样再去创造优质内容，应该有怎样的玩法，开始有了一些思考。很感谢大家给我的启发。

主持人：

谢谢王四新老师。

下面有请观察学者邰亚臣。邰亚臣老师是教育哲学博士。您对今天各位的主题发言有何评价？

邰亚臣：

说到"言值"，我脑子里一直在想：什么叫"言值"呢？后来我马上做功课。我理解的是两个层面，一个是语言的艺术，一个是语言的价值。说话可能在中国传媒大学或者某一个相关专业上，已经成为学术问题了。但是就整个中国的普遍意义上来讲，我认为现在"说话"还没有成为一个学术问题，至少在中小学。我们都是从中小学走过来的，大家可能都有体验。你回忆一下你的中学时代、小学时代，我举几个课堂例子，你很快就清楚了。

第一，现在的课堂对学生的口头语言是没有要求的，为什么？一个最典型的例子就是老师在上面讲，学生负责听就可以了。一节课45分钟也好，40分钟也罢，有留给你去说话的机会吗？那简直是杯水车薪，少得可怜啊。

再回到我们所用的文本资料上，我们现在的教材非常不生动。几乎所有的教材，从大学到中学到小学，全是用演绎法的思路来撰写的。所谓演绎法就是先告诉你一个不容你去质疑的大道理，然后再点缀几个小小的例子做阐述，所以先入为主，给你发挥的机会已经非常渺茫了。

第三个层面，你再回忆一下你的中学，校长讲话、老师讲话，我觉得它跟"言值"还是差得太远了。刚才一直也有人在说：中老年人为什么对声音还有这么大的需求？原先我们认为可能不会有什么卖点的却成为一个爆款。因为向美向善永远是人们的追求。

当然了，以后的中学考试方式也要做变革了。如果有一天表达能力也会参与到整个计分体系中，到那个时候，我相信咱们在座的各位公号运营者，包括传媒大学从事这项专业的研究人员的用武之地将无可限量。

所以我今天给几位公众号的经营者提供一个有效的参考依据：能不能让普通人的"言值"也成为你们关注的焦点？到那个时候可能你们的市场已经出现了，你们的社会意义也能够淋漓尽致地展现。

好了，结合一点点海外学习经历来谈谈我的体会。如果我非要做一个归类的话，中国人排在倒数第一位的是哪个能力？就是中国人的表达能力。表达能力之差，远远超过我们的想象力。《沉默的羔羊》这部电影的名字放在海外中国留学生群体上再恰当不过。为什么？因为我们到那儿没有人发言。西方评价体系当中，除了你提交的Final（期终）考试以外，还有课堂上你的表达能力，你要做Presentation（陈述、介绍、说明、展示），它是要进入你的评价体系里面去的。我们恰恰没有训练，所以我们在那样一个评价体系当中的表现之差，真是令人汗颜。如果你们有机会在这方面有效地训练，再加上中国的基础教育改革，我觉得有声语言的教育前景会非常广阔。

当然，我还特别赞同这样一句话，一个正确的方向——内容为王。刚才郑老师有一句话说得特别好，叫"做时间的朋友"。无论我们做什么，最终都要落

82

到内容本身，不要做了半天，仅仅是为了艺术而艺术，那就是无源之水，无本之木。无源之水，再漂亮不过像个游泳池；无本之木，再好看，它也只是一个大盆景，是吧？

主持人：

邰亚臣老师给我们从事有声语言教育者描绘了一幅美好的前景图，诱人又感觉触手可及，真切而有温度。

接下来有请观察学者邱柯。

邱柯：

我今天首先确实要为中国的有声语言教育事业唱多，怎么唱多都不为过。我认为中国有声语言的魅力与精彩在世界上是无与伦比的。

从我个人情感来说，它是领先于任何国家的、非常伟大、非常悠久的东西。但是有声语言非常难，因为汉语确实比较难，表达起来也比较难。每个人的音色音质是先天的，邰老师和四新老师普通话未必标准，但他们的表达、情绪、情感都极其到位。所以我说首先我觉得有声语言，尤其是中国的有声语言表达非常重要，值得大唱特唱。

如邰老师所说，把它纳入标准的教育体系里面，那是善莫大焉的一件事。如果能有，太好了；但没有，我觉得也是非常值得唱多的。我很钦佩姚老师，完全靠情怀来做，所以首先对在座的几位深表钦佩。

第二点我觉得技术的革新肯定给我们创造了机会。

内容和技术之间怎么平衡？肯定技术优先。比如，如果技术上实现了让所有的聋哑人都能够被一个公众号解读，把哑语、手语直接表现为有声语言的表达，我认为善莫大焉，了不起啊！

稍微延伸一点，我认为目前已经早已过了简单地以"内容为王"的时代，必须内容加技术。在某种程度上这也符合我们中国人的中庸之道，有时候可能技术更重要一些。

我非常认同刚才姚老师说的：大而全没有用。现在有了技术可以把圈层集纳在一起了。那么到底传递什么内容？可能是在哪个圈层里深耕？不管技术有了什么新的演进，我们去学习，然后在这个圈层进行深耕，我认为这可能是一个正确的打造品牌之路。

内容本身到底传递什么？是文化。我们说艺术太高深了，不见得所有人都能领会，但文化是植根于我们每个人的。哲学上有一个概念叫"有故事的人"，你是个中国人，你就在这个故事里面。我们几千年的历史，时间、空间就给你界定了，你就是这个故事里的人，只有这个故事才是我们的根、我们的本。

圆桌讨论

主持人：

接下来的环节有 45 分钟，每个人都有提问的时间。来，谁先第一个"抢麦"？

杨颖慧：

我想和郑老师交流一下，您刚刚成立机构或者公号的时候，一定做过相关的一些营销，我想听听您当时有哪些营销方面的努力和尝试？

郑伟：

订阅号的点击量和后台的数据，别人是看不到的。所以说这个数据不像微博上动辄几百万、几千万的粉丝，那是一个产业链，是可以购买的。而订阅号后台的数据你没有必要买，你自己看。

再一个它的点阅量是以人次来算的，这一天之内这个人点了一次，他再点一次不会累积增加，所以说它的数据非常真实。这也是我们觉得订阅号特别具有商业价值的一个原因。

第二个说到"得到"APP 上面 26 万人，它的数字是显示出来的，那个数字是实实在在的。在这儿不妨也跟各位披露一个业内不太好的现象。很多也在做知识服务的平台，它会刷数据量，比如说，这个人的数据已经达到 1 亿了。但是我们仔细想一想，这个平台的受众量一共是多少？如果说它的数据量达到 1 亿的话，相当于中国 1/14 的人在听，这就让人觉得不可思议。所以，订阅号当中所谓 10 万+是目前互联网当中的一个"天花板"，订阅号是业内良心，是一个标配。"得到"APP 的数据是要跟老师去分账的，不可能作假，作假的话，意味着要付出更多的钱。所以说这两项数据实实在在累计在一起差不多 46 万。

其他一些平台，包括配音秀、喜马拉雅、闲聊、映客等，这些平台上的数据有十几万人，某种意义上我确实不把它作为我们的核心用户去维护，因为我知道流量池不是你的，是平台的。比如说，抖音的算法，今天你这一条东西一看几百万个点赞，但你再点进去看其他的平均点阅量可能才一百多个赞，你就知道这是通过算法给你推出去了。如果它不推你呢？所以流量不是你的。包括微博上很多的流量明星，他们正在做的一个生意，就是通过数据的营销，让更多的人感觉到他的影响力，在签约的时候可以有更重的筹码。

我觉得到目前为止，所有平台最具商业价值的就是微信订阅号。"得到"APP是邀请制，它不是说谁要做都可以做，是由他们去找到你，然后进行打磨，最后形成能推出来的课程。事实上我们在此之前有非常多的大咖也做过这样的课程，他开口的报价也是非常惊人的，但是打磨出来课程之后，"得到"平台宁可付天价违约金也不上线。

孙良：

我觉得我们的讨论失衡了。为什么失衡？我们更多地在讨论平台，在讨论流量，在讨论价值，难道我们不是在讨论有声语言的教育？所以我非常感谢刚才谭老师提到的问题，我在这儿做一点点回应。

第一段回应不来自我，来自徐世荣老师，我们国家著名的语言学家张颂老师的《朗读学》，徐世荣老师作序。徐世荣老师说："讲解是分析，朗读是综合；讲解是钻入文中，朗读是跃出纸外；讲解是推平摆开，朗读是融贯显现；讲解是死的，如同进行解剖，朗读是活的，如同赋予作品生命；讲解只能使人知道，朗读更使人感受，因此在某种意义上讲朗读比讲解更重要。"

一个很偶然的机会，我得到了吉林省小学语文教研员的一本书稿，他在里面讲了这样一段话，他说："我已经很久没有给学生范读课文了，总觉得我没学过朗读基本技巧，声音又不动听，害怕读错了，让学生总纠正，索性让学生自己读。可怎么指导要求，学生就是听不懂，总也不是我要的读书声，不会停顿、不够流畅，更谈不上有感情。我想这一定和我不能及时示范朗读有关。"说实在的，看了这段话，我觉得这个老师确实是不懂朗读的。我想说的是，朗读在整个小学语文教学当中的意义远没有被发掘出来。

我个人看来，在听、说、读、写4个环节当中，朗读居于核心地位，它直接影响着你的听、你的说以及你的写，因为读本身就是一个输入和输出的过程。我有一个愿望就是让朗读进课堂，让朗读、让播音学的理论进入小学语文课堂。但是有障碍，因为课程要求里不考，可我知道老师们需要。所以现在请我去做讲座，去推广朗读，免费都可以，我可以免费跟老师们交流朗读的技巧。我觉得有声语言的价值在教育上是能够得到最大限度发挥的。

郐亚臣：

我再接着说，提醒各位注意这样一件事。朗读的意义肯定是非常重要的，但是也不能被朗读所统治。因为刚才这几位公众号的运营者们谈的都是朗读，我跟曾老师在一次会议上产生了碰撞和火花，其实就是基于一个共同的价值认同！张老师说过一句话："播音主持是一门工作，它不应该被泛化。"我内心深处根植着一个理念，我更在意的是所有普通人能够说动听的人话，这个是更为重要的。我当校长的时候，有一年发起一个运动叫"要说完整的话，说完整的句子"，因为现在我们的学生基本说的不是人话，基本就是单词。

所以说一千道一万，朗诵很重要，从生命的魅力上去培养。但是也请大家要注意，不要把它变成一种仪仗队式的形式。如果有一天，我们所有的学生都用同样的口吻，或者说一样的语调，这也是一种灾难。我觉得能从内心深处出来的东西，才是最重要的，不管他说的是不是标准，哪怕说的是方言。作家余华在专栏"音乐影响了我的写作"中说，我们不要像外科医生一样，对音乐分出什么左心室、右心室、主动脉、肺动脉，音乐不是用心脏去听，而是用心去听。语言也应该如此。

孙良：

好，我回应一下邰老师，我说的朗读跟您在我们的大型联欢晚会上看到的那种特别起范儿的不一样。我的公众号最早的名字就5个字叫"用心学说话"，我是想要做这样的工作。

邱柯：

我认同邰老师说的，有声语言表达，远远大于朗读。这是一个"科"和"目"之间的关系。我觉得邰老师强调的是有声语言教育，是教育的范畴，首先教育你怎样进行正确的表达。

赋有赋的艺术，歌有歌的艺术，词有词的艺术，它们的表现形式也不一样。每个人刚才说的话我都感受到了艺术语言的魅力，有意思。有声语言一定要多样，咱们中国十几亿人呢，应该是多元的。

李斌：

今天我们的主题是"教育类公众号的品牌打造"。说到打造，我个人没有公众号，在这方面没有经验，但是从另外一个角度来说，我突然发现今天的观察员，除了姚老师之外，其他的人都是跟教育相关。从另外一个角度来说，不管是商品也好，产品也好，他们在打造一种课程，而这种课程叫线上课程。

我们浙传最近让大家去做一件事，就是线上线下混合式教学。我想从这方面来说说。如果这个品牌想打造好，首先课程要好、内容要丰富、效果要好。如何能把效果打造得更好呢，"建构主义"理论倡导知识在主客体相互作用的活动中去建构。线上的教学形式跟线下的教学差别非常大，比如说，线上的很多教学可能用一些全新的模式。我想请问一下郑伟，阅读量最高的一篇文章你还记得吗？

郑伟：

《般若波罗蜜心经》（阅读量）应该是10万+。

李斌：

我们大家都在说垂直和深耕，那么实际上这个时候应该用建构主义去研究一下用户心理。比如，刚才很多人说，我们不知道为什么很多人就喜欢这公众号，不知道为什么这个课程就火了。其实换个角度，能不能真的跟受众进行互动，能不能真的研究一下受众心理呢？我们"播博汇"公众号有一个小遗憾，就是没有留言功能，而我们又特别在乎大家的反馈。每周开例会的时候，我们都是通过问询每一个成员，你们有没有听到什么反馈的意见，把这些反馈意见再汇总再进行修正。实际上这就是一种建构。

许成龙：

我想问一下"声合邦"公众号的代表阎亮老师，"声合邦"的社群是哪些人？这个社群有没有刚刚提到的"大而泛"的特点？另外，现在语言类教育公号到底如何增值？谢谢。

阎亮：

我们现在想聚焦在有声语言公众号的品牌打造和增值上。"声合邦"公号的关注者跟郑伟的还是有一点区别。可能最相似的就是女性用户特别多，我们的用户里面女性已经接近70%，男性只有30%。从阅读的情况来看，每一篇推送阅读的人群都是女性大于男性，只有关于广告配音的相关内容，阅读人中男性大于女性。显然是因为从业人员中男士多。也就是说，在一定数据量基础上的用户画像，是有一定引导和说明意义的。

实际上我们在最开始做公号的时候也咨询过很多人，他们跟我们说："你们要了解你们的用户，客户到底都有哪些人。"后来我们做了这种统计，包括用问卷、数据分析的方式。我发现用户人数在一万以下的时候，用户画像只能做一个参考，没有什么引导和说明的价值。因为人数太少时，数据说明不了太多问题。到了十万量级的时候，就会惊喜地发现，事实呈现出来的情况和数据分析的结论很容易对位，我们也才有可能根据数据分析、挖掘的相对结论，反推内容的生产和传播。

有声语言公众号的品牌打造与增值，实际上跟我们自身的公号定位有关。就是到底想做什么决定了要不要拓展你的人群范围。比如，广告配音、纪录片解说这样的内容，吸引的一定是专业的少部分人群，只有普通话语音、吐字发声或者公共话语表达的内容，才可能会有更多的人关心。

肖弦弈：

这十年来我有两个没想到。第一个没想到就是十年前，当我在做少儿口语表达课程的时候，家长问了我一个问题：我们每个人都会说话，这还需要训练吗？十年之后，家长到我们机构来之后，问什么呢？你们这个课程体系怎么样？你们有实践机会吗？你们培训的效果如何？这说明什么？对于口语表达能力的训练，或者说口语交际能力的训练，已经成为家长很大的需求了。第二个没想到就是少儿口语表达能力的培养能成为一个产业。

之后我又在思考一个问题：我们培养孩子的口语表达能力到底是干什么？目前关于少儿口语表达训练首先就是口语交际。为什么要设计口语交际？目的是为了给孩子营造一种情境或者创造一些活动，让他们有说话的可能。但是实际执行中，那些不会说的孩子还是不会说。可能通过训练，他胆子大一点或者敢说了，但是他说不清楚、说话没有吸引力。后来我又看到了另外一种训练方式，就是口语表演。当然朗诵、朗读等也带口语表演性质。口语表演主要是做给家长看。面临一个大的问题是什么？台上很好，到实际生活当中还是不会说话。我就在思考，对于孩子来讲，真正的口语培养一定要回到口语交际中去、回到现实当中去，让孩子在现实中能交际！

主持人：

您洞察到了语言对孩子们成长的重要性，到目前为止您有什么困惑？

肖弦弈：

口语交际能力的培养，线上和线下哪个更合适？针对不一样的目标群，确实不能一概而论。对于成人来讲可能在线上好一点，但对于孩子来讲，我目前还没有想过要在线上开通这些产品。

主持人：

我想郑伟应该也有这方面的困惑，你既在做线上，也在做线下。线上好做还是线下好做，你有这方面的困惑吗？线上和线下之间有什么可以呼应的吗？

郑伟：

首先我想跟邰老师商榷一下。刚才提到朗读，我们之所以把朗读作为教学的主要手段，不是说我们拘泥于朗读，而是在实践当中我们感觉朗读是进行语言表达教学最好的方式。为什么这么说？首先从文本角度来看，我们所选取的这种经典文本都是长难句，都是经过筛选之后的。这些中华民族的优秀文字，当你把它读出来之后，自然就内化成你的语言，在口语传播的时候可以用作语料。其次朗读教学，有非常鲜明的目的和体系，因为所谓的"备稿六步"和"内三外四"是《中国播音学》基本的、底层的逻辑。

我的困惑是什么？想跟在座所有的朋友们探讨的是，各位觉得在我们教学过程当中，有稿的教学我们实践了，而且效果很好，它也可以反哺无稿。那么，白岩松是能培养出来的吗？白岩松的语言是训练出来的吗？这种无稿说话，可以通过我们的训练，最后达到一个标准吗？这是我想提的一个困惑和问题。

主持人：

有哪位嘉宾可以回应郑伟之问？

肖弦弈：

前不久跟路一鸣一块儿喝茶。我问他，口语表达能力你算是不错的，能给我在培养孩子方面一些建议吗？他说了三点。第一个阶段，先要朗读或者朗诵；第二个阶段，可以讲故事；第三个阶段，要进行思辨的训练。

罗振宇口语表达强最重要的原因有两个：第一，读书。当时刚进大学的时候，他就在看《二十四史》，我们当时还不知道《二十四史》有哪些东西。华中科技大学人文阅览室里面的书，他基本上摸了个遍。所以读书对他后来的思维能力有很大影响。第二，很重要的一点，罗振宇敢于同很多人说话，这是他的胆量。

无论是文字表达，还是口语表达，最重要的是思维训练。思维和语言是一枚硬币的两面，没有思维训练，语言表达最后也很难。

阎亮：

我还是想把话题再次聚焦一下。我们探讨的是有声语言教育公众号的品牌打造与增值。我们怎么去定位有声语言教育公众号？我提一个想法，大家关注"教育"这个核心词的时候会发现，从人的本性上来讲，很少有人愿意"被教育"，我们更愿意说"接受教育"。现实中，有声语言教育类公众号能够得到越来越多的关注，说明大家有学习愿望，没有人逼着他去关注。所以学习本身是有愿望的，而愿望本身可以理解为一个个小火苗。

但是就公众号现在的定位而言，我们不是高校，不是学校里的教育，并不是肩负着什么样义务和责任去教育他，我们其实是"煽风点火"的人，是刮风的人。有一次我听老师说，老师要做"纵火者"，我们有责任把知识的火苗溅到每一个学生身上，让他们燃烧起来。而有声语言教育类公众号要做的就是刮风。刮这个风很讲究"力度"，风刮太大了，会把火苗刮灭，力度合适了才可以让火越烧越旺。我们要让火越烧越旺，我觉得这是有声语言教育类公众号的定位之一。

我现在的困惑是，我发现关注你的人越多，后期打开公众号看的人越少，所谓的比例就变得越来越小。

郑伟：

确实心有戚戚焉，订阅数、活跃人数、打开数，这是三个不同的概念。现在订阅号的下滑非常严重，如果说一个号能达到5%~6%的打开率，这个号就非常地活跃了。

主持人：

我们"播博汇"特别活跃。

郑伟：

所以说"播博汇"是个很有潜力的订阅号。现在后台出现一个新的指标，叫活跃人数。我专门查了一下，我们的活跃人数大概48,000人，有这48,000多人日常都会点开，或者说偶尔会点开。那怎样把它做最后的沉淀？一定要有社群。

我们点击量最大的一篇其实叫入群交流，所以订阅号某种意义上只是一只脚，要想变成你自己的私域流量，另外一只脚一定得构建到微信群当中。微信群一定要有人管理。我们试验过一个微信群，一旦没有管理员，一个月之内会就沦为垃圾群，各种营销就往里拉。所以要设置严格的群规、设置管理员，把任何发广告的人踢出去，再鼓励大家积极地练习。

主持人：

姚科，您的公众号后面存在这些问题吗？您怎么做的？

姚科：

"乡读"现在的粉丝量只有15,000多人，我们没有做粉丝营销，一切顺其自然。我觉得它的活跃度或者忠诚度，跟节目内容有很大关系。比如，我播了一些原创的东西，有时候点击量就可以达到七八千。但是如果选一些别人的可能也就1000~3000。像李修平这样的大咖，现在点击量就是20多万。我们没有特别急功近利，还是要做内容。

主持人：

看来"乡读"是非常佛系的，大家爱打开就打开，靠内容来吸引大家，对吧？

姚科：

因为现在最主要的还是要做排行榜。

主持人：

对您来说，阅读量、取关率、打开率等并不是您关注的要点。

孙良，您的公众号特点是什么？关于打开率、阅读率等您会有焦虑吗？

孙良：

开始做课程之后，我的公众号已经开始为课程服务了。我一周只能出三四期。一个叫"声萃"，就是写一个经典朗诵的解析；一个叫"拾贝"，就是我自己写的读书笔记。还有一些是课程的推广。今天很多老师讲的对我都有启发，我应该进一步发挥公众号的作用。

如果说我有什么焦虑的话，最大的焦虑就是太忙了，没有时间思考。每周我要去备课、写东西，没有时间去思考更多。

主持人：

我想您的焦虑会得到很多人的共鸣，可能很多正在做语言教育类公号的个人都有。

孙良：

但是我是要转型的，因为我目前的精力不允许我去做社群。我给自己将来的定位还是要做一个内容提供者，就像我刚才说的，我要为中小学语文教师和中小学生提供有声语言阅读的技术支持，这是我要做的事情。

现场互动

郑立国：

大家好，我是来自济南的一个高校老师，同时也是一个在区县融媒体工作的播音员。在我所关注的公众号中，很多老师的公众号其实是由学生编辑、发布的，这种形式的优点在哪里？

阎亮：

现在我们学校有的老师要求小组学生一起来负责一个公号，老师的初衷是让学生有更多的机会向外界展示自己。做公号比完成录音作业困难，要把自己展示给更多的人，学生可能会有较大压力，万一完成不好会成为自己的"黑历史"。所以在（公众号里）录音的时候，学生会特别小心。我觉得从教学上来说是有价值的，让学生更专心、专注，更在意自己的作业。

王媚春：

我想请问郑老师，我是"声合邦"公众号的运营者。请问你们的500个社群管理中有伴读和辅导吗？每个群有多少个这样的管理人员？一个人能负责多少个群的管理呢？

郑伟：

500个交流群中有60个用户活跃度高的"精英群"。管理员需要负责"早夜读"、每月一台晚会，还要推送"群友之声"。我们有一个大群叫"在职管理人群"，现在大概有248人。他们本来就是爱好者，不是我们聘来的，是从群里产生的。他们搭建了一个"班委会"并建立班委轮值制度。社群群员对于播音的热爱程度超出了我的想象。

宋秋熠：

我想对姚科老师提问。我是传统媒体工作者，在谋求事业"第二春"的时候，想更多表达自己的想法。有声读物的平台，给我们提供了一个更好的空间，但是不见得每一个人都有机会、都有资格来进行表达。请问您在这个过程中有没有这样的疑惑？如果您碰到了"想表达却被限制表达"时，您会怎么选择？

姚科：

其实做所有的内容都是有取舍的。"乡读"面对的是全国所有的播音员、主持人、播音爱好者，甚至演员中的一些人，但是我们也是有取舍的。当你面对一个媒体的时候，只能是你去适应它。毕竟我们不能修改规则。

许泽堃：

我问一下孙良老师。您觉得"增值"的指标有哪些？是关注的人数、阅读量，还是赚了多少钱？

孙良：

我既适合又不适合谈这个问题。适合，是因为这些指标对我都有价值；不适合，是因为我没有特殊性。这些指标都是我要追求的，所以我现在要聚焦、要转型。传播的效率很重要，它意味着"要对哪些人传播"，这个问题必须非常清晰。传播的声音能不能被受众听到、能不能对他们产生影响，这些是我更加看重的。至于"数值"，我并不在行，我只是在努力提供内容。

樊维：

我想问王四新老师。公众号在发布时有一个审核环节，但这个环节很容易"踩线"，我们怎样去避免"踩线"？同时审核的流程是怎么样的？如果审核不通过，申诉成功的概率有多大？

王四新：

要讲讲管理问题。现在平台审核的要求越来越高，但是平台审核的关注点是不一样的。首先，要知道自己平台的经营许可在什么地方？比如，"头条"公众号上，时政类消息不能以"文章"的方式发，但可以以"微头条"的方式发。为了安全，后来运行的平台采取了严格的审核措施，第一道审核是机器检索敏感词。今年对音视频的识别准确度在上升，所以运营方一定要知道什么可以发、什么不可以发，这需要长时间揣摩、历练。审核不通过之后再申诉的成功率得看具体稿件内容。

张龄：

我是播音主持艺术学 2018 级硕士研究生。请问郑伟老师，您一直说内容为王，在生产内容的时候，技术永远只是一个手段，而人做的是内容。我的困惑是，如何在生产过程中避免"自嗨"？

郑伟：

"自嗨"是因为自己觉得这个东西特别好，想推送出去，但往往没有反响和收获。"经典"是经过数千年积累到今天的，它们始终被中国人承认。今天是一个"新瓶装旧酒"的时代。当我开始读《诗经》时，觉得《诗经》也可以制作得具有现代之美。作为公号运营者，一方面要正确审视自己，另一方面也要充分考虑受众需求。为什么如今中老年用户这么多，是因为他们敬畏经典。他们年轻的时候没有学习过，现在退休了，想重新学一学。一方面学习了语言表达，另一方面弥补了年轻时代教育的缺陷。所以我没有感觉在"自嗨"，而是一个经典的传递者。

梁乐琦：

我是来自海淀教育的梁乐琦，想提问姚老师。有记者报道，三年前海淀一所小学四年级孩子的阅读量就已经达到4000万字。这就出现一个矛盾,他们依赖有声语言公众号,导致同质化现象比较严重。那么,我们除了给孩子们读课文,还有哪些通识教育方面的内容可以在公众号平台上进行传播呢?

姚科:

我问你一个问题,小学生已经是4000万字的阅读量,他们读的是什么?我觉得起码有3500万字是"垃圾"。我们也是刚开始做"乡读",很多想法还没有实施。我们以后可能会开一个平台,比如,专门为"落榜生"提供展示的地方,我们还可以做小学生教育,但在目前的"乡读"平台里,我们没有太多的想法。

任英:

郑老师您好,有一些调查显示,北上广深的用户对于声音形象有很大需求。而普通话语音教学的训练需要很长的时间。请问您通过什么样的方式让学员能够直观地感受到自己的提升?

郑伟:

一开始阎亮老师就提到了,咱们目前做的事情是"煽风点火"。用户听完课程后会发现,原来还有这么多语言表达技巧可以学习,原来跟声音相关的东西还有那么多课程。你跟社会各界的人说舌尖前音、舌尖中音、舌尖后音,他们可能完全不知道。也就是说我们专业中耳熟能详的东西,对他们来讲,全都是很深奥的知识,因此在教法上应该更加因材施教。

刘霞:

我们今天"播博汇"的主题叫"有声语言教育类公众号的品牌打造和增值",我想从"品牌的打造"和"增值"这两个关键的词入手表达我个人的看法。我认为在自媒体时代,我们呼吁的是原创的东西、原创节目或原创公众号;从文化的角度来讲,文化传播力的强弱对于受众来讲是非常重要的;从谏言的角度,我认为在内容的原创化和差异化、渠道的跨屏和融合化以及传播的智能化和未来的国际化、品牌的IP化和产业化等方面,也是应该考虑的。

轮值学者小结

李峻岭:

今天下午我们探讨了关于有声语言教育类公众号的好几个维度:

第一是方向性的维度。有一部分公众号运行的目标是朝着"教育培训机构"方向发展的。它的主打内容是"课程",而课程里涉及特定的消费人群;同时,也有一部分是朝着"凝聚共同体"的方向去发展,包括学术、专业、情怀,以姚科老师为代表,不去谈具体的课程和变现问题,只做好当下内容。

第二是内容维度。比如,在训练的过程中有朗读的维度、思辨的维度、艺术展现维度、交际维度等。

第三是管理维度。线上订阅号的用户,如何通过社群维护的方式实现用户的沉淀、用户的黏性?线下活动的展开可以让用户与教育提供者之间的关系变得更加可视、可感。

第四是效果维度。学习的效果怎么样,订阅的效果怎么样,商业变现的效果怎么样?我们听到很多数据,很新鲜,也具有冲击力。

第五是人力维度。像肖老师一样,有很多年轻人从原有的工作岗位离开,投身到新媒体运营中,但不变的仍然是对专业领域的热爱。

在今天会议之前,我一直在问自己,也在问我们团队成员:学术这个命题,有非常强的策略和应对性,怎么去获得平衡呢?今天并不是完全对策性的回答,而是一问多答;我们也并不是要探寻一个非此即彼的答案,而是想展开一场对话。

有一本书,社会学书目中的经典——赖特·米尔斯的《社会学的想象力》。今天提到的很多都是关于有声语言教育类公众号的"想象力":未来怎么样、5G怎么样、高速公路能不能停车等,甚至平台一旦出现"卡顿"会怎么样?由于时间关系,最后借用邰老师提到的两个字眼——"水"和"木"来作为今天小结的尾声。今天的我们是一群人,我们在一条河上乘着一艘小木舟流向未知的远方。在这个过程当中,请各位不要忘记"水的源"在哪里、"木的本"在哪里。谢谢大家。

专家总评

主持人:

接下来有请总评人总评。

首先有请中国人民大学视听传播系主任、教授、博士生导师高贵武老师。

高贵武：

感谢主持人。请允许我说几句"不算套话的套话"。首先表达对曾老师能够邀请我来参加"播博汇"的谢意。这是我第四次参加"播博汇"，在"播博汇"的十七期中间，我几乎参与了四分之一。"播博汇"给我打开了非常多的视角，也让我学到了很多的东西。这次当曾老师邀请我再来参加"播博汇"的时候，我内心非常忐忑，因为这样的题目对我而言是一个外专业的领域，我怕自己不能胜任这样的工作。但是因为我参加了多期"播博汇"，我也学习了很多，我想应该到这里来贡献一点"小小的劳动"，所以还是来了。第二点是向曾老师表示敬意。曾老师作为一个学人、一个学术的领军人物，她每次带领我们去关注的话题都是在社会上或者在我们的学术领域非常前沿的话题。在思考这一期的题目为什么定成这样时，我想，可能曾老师看到了当今有声语言对我们的生活、工作起到巨大且越来越明显的作用，我们作为一个学人，是有义务、有责任去关注的。另外，可能曾老师看到了当今教育类公号制作鱼龙混杂的现象，所以勇于站出来说"我们要从学术的角度、学理的角度去面对这个问题，为这个问题去探寻一些可能的答案"。在这点上，我觉得曾老师是前沿的。面对曾老师的一种责任、一种情怀，再一次表达我的敬意！

回到今天的话题上面来。今天我们的题目，最后把它定成一个"品牌打造与增值"。这是一个策略性的话题或者是一个对策性的话题。这是针对一些从事公号运营或是通过公号去实现自己经济效益的一些人而设置的话题。所以，如果说把我们今天的学术探讨放在这样的一个定位上，我觉得，一方面可能我们的学术价值没有体现出来，另一方面可能变成了这么多学者、专家、老师、同学来为公众号的品牌和品牌打造、增值出谋划策，我觉得太"便宜"他们了！结合刚才曾老师发现的这类社会热点问题，或者说社会迫切需要解决的问题，我们到底要探讨什么？我们要探讨的是——有声语言教育类公众号在今天的新媒体环境之下，对我们的有声语言教育、对全民素养的教育到底有什么价值，有什么作用？有没有更科学、更理想、更合理的方式，把它的价值和作用体现出来？我想，这可能是我们今天所探讨的一个真正具有学术意义和价值的话题。

今天的讨论让我脑洞大开，学到了很多东西，轮值学者总结了很多的维度。我想，如果真要回答我刚才提到的这个问题——怎么在新媒体的环境下，把有声语言教育做到更好？我觉得可能至少有这样几方面：

如果是要通过新媒体公众号的方式把有声语言的价值发挥出来，可能得遵循这么几个规律。首先要遵循有声语言的规律，或者是叫作语言的规律；其次，还应该遵循教育的规律，如果说我们背离了教育的规律，我们来谈这个问题也是没有意义和价值的，或者说我们就走错了方向。另外还需要遵循市场的规律，如果说我们要去涉及品牌、增值，就必然要涉及市场，必然要涉及市场价值的实现。作为一位教育工作者，我希望能在今天的环境之下实现我们学术的理想或学术的目标，可能要从教育的规律或语言的规律上做更多探讨。

从大的方向——教育的规律上来说，提到教育的时候，除了通过教育提供知识、技能，更多的是把教育定位成"立德树人、培根铸魂"的工作。不管是线上的还是线下的，不管是官方的还是民间的，既然涉及教育，这个问题不能回避。从小的方向来说，涉及教育，必然会涉及这样几个因素：教材、教法、教学目的、教学效率。从我有限的理解以及刚才大家的分享来看，我觉得在这一点上都差得很远。比如，我们做的公众号、线上课堂，完全是在凭着自己的感受、专注、兴趣在做。而要想通过线上的或者通过公众号的方式实现教育价值的话，我们的目的在哪里？我们是作为学校教育的一种补充，还是作为一种替代？我觉得是需要考虑的。另外从教材的角度来讲，刚才各位也给了很多、很好的建议，比如说，诵读经典还有朗读，都是很好的建议，但是从教育的角度来讲，它必然会涉及一个循序渐进的流程，必然要有一个规划、一个阶段，要有教材的问题。但是我觉得我们公众号的运营者可能现在还没有考虑到。还有就是教法，网上在线的教育非常多，像慕课，但是我们也不能否认，这种教育无论如何都不能替代面对面的课堂教育。所以，我想我们即使去做公众号，也得遵循教育规律，把这些教育规律在我们的日常业务中逐一体现出来，这样才能谈到我们公众号将来的可持续发展，才能谈到它的品牌与增值。

最后一个规律我将从有声语言的角度来讲。在座的很多都是播音主持的专业人士，对有声语言有着更深刻的认识。从传播的角度来讲，大家都知道语言的重要性，亚里士多德说过："我们人是会说话的动物。"但是非常遗憾的是，社会发展到了高度文明的阶段后，我们发现越来越多的人都不会说话，忘记了说话的初衷，不知道怎么去跟人家交流，甚至不知道说话的目的和价值在哪里。从有声语言的角度来讲，这也是我们要去做公号或者要去做品牌打造前必须要考虑的问题。刚才许多老师提到有声语言是"分阶"的，首先是朗读，其次是讲故事，再次是即兴表达，最后是进入一种情景的交际。这些都是语言本身的规律。所以，我们办公号或者利用新媒体手段和平台推行有声语言教育的时候，我们还得从这个角度出发，尊重语言规律，再结合教育规律，我想就能解决刚才提到的一些问题。

提到有声语言的教育，我也特别感兴趣。但有一点让我觉得遗憾，我们的正标题是"当'言值'成为标配"，这让我特别想知道"言值"是什么？"言值"的内涵、外延是什么？我们怎么去评价它？这是一个很重要的、关键的概念。但是在今天的讨论中，很遗憾，我没有听到。我所理解的"言值"，当然是从有声语言出发，要达到"言值"的程度，可能还不只是"声"或者说不只是口语的表达。说到语言，说简单也简单，说复杂也特复杂。我们可以从语言学的角度、哲学的角度、符号学的角度、阐释学的角度等来理解。我想不管从哪方面解读和理解，这都是我们所讲的"言值"应该包括的内容。今天我们从学术理念或者说学术价值上去探讨这个问题，对"言值"的理解应该更加宽阔一些。一方面，从符号学的角度来讲，著名的符号学大家索绪尔早就讲过："语言和思维，它是一张纸的两面。"我们不可能只拿起来"语言"而不要"思维"的那一面。从这个角度上说，我们在"言值"的教育中，在"言值"的标配中，除了语言外在的一些东西，还应该体现和运用语言内在的思想、思维。另外，从教育和语言本身的角度来说。我们都知道语言从表面上看是说话，但是它是一个能力，它必须要在一定的事情中间完成，也就是说，语言的能力最终是通过它的"施事能力"来体现的，不是单纯地通过表达来体现。所以在人的教育中，也得体现出这样的思维和价值。因此，我觉得如果有机会，曾老师还可以组织大家再深入探讨一下"言值"到底是什么？"言值"到底包含了什么内容？到底用什么样的维度去衡量？这是一个非常有意义的一个话题。我想，这些问题解决了的话，我们后面的一些问题就更好解决了。

大家经常说"语言也是一种艺术"。确实，从语言本身所塑造的形象、所营造的氛围、所达到的效果来说，其艺术的成色和含量都是不可忽视的。张颂老师开创播音学以来，在如何达到艺术效果以及艺术氛围上做了非常多的研究工作，也总结出了很多科学有效的规律。我们只要把这些规律很好地运用到教学或教育中，就能够保证语言艺术的氛围，达到艺术的效果。

我想借用著名的语言学家吕叔湘先生说的一句话："语言的艺术是什么呢？语言的艺术其实就是在正确的地方，对着正确的人，说了正确的话。这个就叫作语言艺术。"所以"言值"的内涵也可以扩充。如此，便从根本上解决了语言的问题、语言规律的问题，从而也解决了教育的问题、教育规律的问题。另外，如果我们能够请到一些营销人员、运营人员、数据推送人员的话，就更能把公众号做出应有的效果。

主持人：

有请下一位总评人，中国传媒大学播音主持艺术学院教授、博士生导师曾志华。

曾志华：

各位朋友下午好。

在这个议题产生、策划这场"播博汇"的时候，我有两个顾虑：一是关于公号的运营，尤其是商业运营，我自己是"小白"。即便我和团队也做着公众号"播博汇"，但似乎就只是埋头做着文字工作；又因为去年开通时已经不给留言功能了，所以，我们也缺乏与用户的直接互动。二是关于公号运营，可能会牵涉到一些商业秘密，说不说，怎么说，说多说少，边界如何把控？

现在看来，这两个顾虑是多虑了。一是，大家的热烈讨论，让我长见识了，"小白"的帽子至少可以摘除一半了吧。二是，大家襟怀坦白，似乎并没有考虑商业秘密之类。也是，互联网时代就没有秘密。

我们今天的议题是：有声语言教育类公众号的品牌打造与增值。王四新老师的一段话对我特别有启发。他说："做公号一定要考虑技术平台能给我们带来什么？"我想从这个角度，谈一谈我的一些认识。

首先从"运行动力"上来说，我们要增强自信。

有声语言教育类公号与其他类别公号的优势在哪里？

第一，"在场感"更强。我们知道，微信是腾讯公司在2011年推出的一款手机应用，智能手机可以视为移动的电脑。从社会在场理论的角度而言，以计算机为中介的传播方式"CMC"（Computer-Mediated Communication）与面对面的传播相比较，它在生动、直观、温暖、可视以及参与感等方面，确实要逊色一些。

但是，如果把"在场"的概念分为"远程在场""共在"和"社会在场"的话，有声语言教育类公号在实施教育功能时，是不是可以理解为：我们的学员、我们的用户是一种"远程在场"呢？又因为有声语言教育的特殊性，我们在公号上要讲解、示范，我们有声音+文字、音频、视频等传播手段，是不是使得这种"在场感"更强了？

"一个人与物彼此嵌入的世界"，更需要高扬"人"的主体地位。我想，有声语言教育类公号应该在强调"人"的主体性、"在场感"上多下功夫，让优势更优。

第二，"互动性"更强。公号与用户，可以视为一种人际传播，而且是精准传播。

CMC 的超人际传播模式，有两种很有意思的现象：一方面，公号制作者与用户建立互动对等的关系需要花费较长的时间。为什么？因为通常无法立刻获取用户们非语言线索的信息反馈，比如，他是听懂了还是没听懂，是纠结还是困惑、赞同还是犹豫，等等。公号制作者需要不断调整与用户之间的关系，与用户打通互动的通道；而用户也要学会及时反馈、发问、请教、质疑等。

另一方面，因为公号媒介独特的机械特征，往往使公号的制作者"选择性地自我呈现"，用户则根据自己对在线教师已形成的"理想化的形象"进行交流。就像是我们上课一样，之前认真备课，将那些面对面传播可能带给用户的随意、随性、随便也就是那些可能给自我印象减分的因素有意遮蔽了。从信息传播的渠道角度而言，这无疑提高了信息的质量；而用户则可能把更多的注意力放在对信息的解读上，同时根据自己对在线教师已形成的"理想化的形象"进行交流。

当然，在教育类公号中，理论上，用户们能够和群里的所有人互动并有机会和自己有共同情趣爱好的人互动。这在真实生活中不太可能。

其次，我想从"运行程序"上，提一点建议。

我们在这里讨论线上的公众号如何经营，但我们不容忽视的是，混合式教学的面对面线下传播。最近，我们学校教务处连续发文，力推线上线下的混合式教学课程建设，还准备统一引进一批国家精品在线开放课程，让老师们各自选择上报。我特别赞同高老师刚才从教育规律出发提出的中肯意见——线上的教学永远替代不了面对面的教学。为什么呢？因为我们是人。面对面的教学更在意人的主体性、人的"共在的在场感"。所以我想，这种"混合式教学"真的要好好去研究研究。这几天我认真地看了几篇有关混合式教学的论文，和大家分享一下。

混合式教学，是一种将在线教学和传统教学的优势结合起来的一种"线上""线下"的教学。有人总结它有"三有"：

一是线上有资源，资源的建设规格要能够实现对知识的讲解；

二是线下有活动，活动是能够检验、巩固、转化线上知识的学习；

三是过程有评估，线上和线下，过程和结果都需要开展评估。

我们的用户、学员，要么是有声语言的热爱者，要么是有声语言的需求者。说实话，他们主动参与程度特别高，所以这也是做教育类公众号人的巨大优势。另外，语言的学习从来都不是一天、两天的事情，从来都是日积月累的。比如，

"思维训练"这一块儿,刚才高老师说的索绪尔的那句话,也请大家牢牢记住——"语言和思维是一张纸的正反两面。"对于有声语言教育类公号的用户和学员来说,我们的有效教学就是要依据有声语言学习的规律给予他们及时的、准确的外部支持活动——线下教学活动的展开。

从确证理论来看,通过线下的教学活动,用户们对线上的信息能够得到确证,就会加强他对线上信息的信任。这样的话,循环往复,在不断地确证信息的过程中,用户会认可、认同你的品牌,愿意买单。用户也就更加相信之前他自己基于这些信息而形成的印象,这些信息的可信度也就会更高——为品牌的建立加分,也为公号增值。

当然,线下的教学活动,如果真想让用户得以确证,是需要真功夫的。需要科学、合理地策划、设计,需要教育者的真才实学以及用心用情,当然,还需要场地、经费、人手。

以上是我的两点感触,接下来说一些感想、感怀吧。

清楚地记得,今年年初的那场播博汇,那天正好是节气"小寒"。日子过得真快,又是冬天,巧的是,明天便是"冬至"。

冬至是一个特别的节气,它兼具自然与人文两大内涵,既是自然节气点,也是传统的祭祖节日——今天我们在这里反反复复提到的汉字、汉声、有声语言,不就是我们的祖先留传给我们的中华传统文化吗?我们从事有声语言教育教学,实际上就是老祖宗赏饭吃啊!我们手里捧着的"饭碗"就是老祖宗给的!所以,在明天冬至即将到来的时候,我们应该心存感激,向我们的祖先表示由衷的敬意!

从自然的节气来说,冬至一到,新年就在眼前。杜甫有一句诗叫"冬至阳生春又来"——冬至到了,阳气渐渐地回升。希望我们每个人都调整心态,调整我们生命的步伐。"播博汇"也同样是这样。"播博汇"的生气从哪儿来?从各位这儿来!

转眼,播博汇整整四年了!线上公号,也一年七个月了。刚才说了,我们没有商业运营,也没有资金来源,是大家靠着一份情怀在做。这份情怀的来源就是在座的每一位朋友,每一位给予我们支持的业界、学界的朋友们,专家、学者、学子,天南海北的朋友们!没有你们的关注与关爱,我们难以为继;也正是因为有了这么多支持的力量,我们才越发感到肩上的责任,越发地不可忘记初心:为学科发声,为专业张目!与同行同道一起凝聚学术力量,阐扬学术精神,熏陶学术情怀,追逐学术梦想!

心存感激，满心祝福——

感谢多位专家、学者的莅临，感谢有声语言教育类公众号的运营者们的分享，感谢支持"播博汇"的各位同道中人！

特别感谢"声合邦"的大力支持与协助，场地和《播博汇文论》等都是他们提供的！

祝福在座的各位朋友气韵生动、生机勃勃、阖家平安、新年快乐！

祝福每一个有声语言教育类公号声誉与粉丝人数同升，品牌与双重价值齐飞！

谢谢大家！

四、"直播热"背景下主播人才的多元化培养

("播博汇" 2020 年 07 月 26 日)

轮值学者：

苏凡博（中国播音学博士、广州大学播音系系主任、广州直播电商研究院研究员）

主持人：

李峻岭（中国播音学博士、广东外语外贸大学新闻学院副教授、播音与主持艺术系系主任）

观察员（按姓氏拼音顺序）：

刘　畅（快手科技政府事务总监兼高校合作负责人）

刘书军（商务部派驻湖南城步扶贫挂职县委常委、副县长）

徐　硕（聚星超媒 CEO）

杨乐乐（湖南广播电视台主持人）

周懿瑾（广州直播电商研究院副院长）

朱永祥（浙江传媒学院播音主持艺术学院教授、高级编辑）

庄　主（银河众星副总裁、汪涵直播间总策划）

观察学者（按姓氏拼音顺序）：

成　倍（中国传媒大学播音主持艺术学院副教授、硕士生导师）

高祥荣（上海师范大学影视传媒学院副教授、播音主持专业主任）

胡黎娜（河北地质大学影视艺术学院教授）

金重建（宁波财经学院教授、播音主持系主任）

李伯冉（辽宁师范大学影视艺术学院副教授、影视艺术学院副院长）

李亚虹（河北大学新闻传播学院教授、播音系主任、硕士生导师）

牛　力（中华女子学院文化传播学院教授、中国播音主持"金话筒奖"获得者）

王　彪（西藏民族大学播音与主持艺术专业负责人、教研室主任）

王　硕（四川传媒学院有声语言艺术学院讲师）

王　婷（深圳大学戏剧影视学院教授、深圳大学艺术学部副主任兼戏剧影视学院院长）

于　琳（江西师范大学播音主持系副教授、播音主持系系主任）

袁利娟（四川传媒学院有声语言艺术学院副教授、有声语言艺术学院新媒体主播主持方向副主任）

研讨学者（按姓氏拼音顺序）：

孔　亮（中国播音学博士生）

赖冬阳（中国播音学博士生，新华社记者、主持人）

李　斌（中国播音学博士生、浙江传媒学院播音主持艺术学院教师）

刘　超（中国播音学博士、浙江传媒学院播音主持艺术学院副教授）

卢　彬（中国播音学博士、浙江传媒学院播音主持艺术学院教师）

孙　良（中国播音学博士、山东青年政治学院副教授）

许成龙（中国播音学博士生）

杨颖慧（中国播音学博士生、辽宁广播电视集团主持人）

阎　亮（中国播音学博士、中国传媒大学播音主持艺术学院教师）

张　庆（中国播音学博士、深圳大学艺术学部戏剧影视学院教师）

总评人：

杜晓红（浙江传媒学院播音主持艺术学院教授、播音主持艺术学院院长）

曾志华（中国传媒大学播音主持艺术学院教授、博士生导师）

"播博汇"现场实录

主持人李峻岭简要介绍了议题和嘉宾，拉开了本期播博汇的序幕……

轮值学者阐述

苏凡博：

各位嘉宾，下午好。今天我就"电商直播人才培养的探索与思考"跟大家进行一个分享。

据统计，目前全国直播用户规模达到5.6个亿，2020年电商直播行业总体规模将突破1万亿。这个数据量占到网购行业总体量的10%，而且还有上升空间，与此相对应的是广播电视行业广告额的总收入是1000个亿。

目前广州市政府提出规划，在三年之内要培养100家有影响力的MCN机构、1000个网红品牌、10000名带货达人。目前主播的培养模式主要是以MCN机构孵化为主，这个月抖音百万级账号打包费用大概是50万元。这个价格在三个月前还在30万元，上涨非常快。

而广东省的播音主持人才，三年下来不到1500人。可见人才需求缺口非常大。有专家预测未来几年人才缺口将会是千万数量级。

我举几个实例：广州大学17届毕业生伍雅琛做了两年半的MCN机构，去年营收是4500万；毕业生刘思雨2017年到淘宝直播，2018年销售额破亿，这一年她也获得了淘宝直播的最佳商家奖；黄鑫是大四学生，她的抖音粉丝量达到1200多万。由此可见，播音专业培养学生的专业能力和直播行业需求是极不匹配的。由此我们开始思考把人才培养目标向"移动优先为核心的网络直播人才培养"方向转型。

其中可能出现两个问题：

1. 直播电商是已经进入了下半场，还是刚刚起步？

2. 教育是长期行为，而行业风口变化很快，会不会等我们培养的人才毕业了，风口却过去了？

我认为，从数据来分析，直播电商行业仍处于上升阶段。另外，就风口来说，我认为电商直播的崛起是因为效率的提升，它是一个收尾的过程。如果我们想拥抱下一个风口的话，必然要拥抱今天这个风口。

根据我的总结，直播电商主播应具备五种能力。前三种能力（声音与外形、语言表达能力、网络直播技能）是传统播音主持专业能够培养的；后两种能力（营销和服务技能、相关产品专业知识）和播音专业有一些距离。因此，我构想未来的教材和课程模块包括四块内容——播音主持、音视频策划制作、互联网传播以及数字营销。

目前我们有两本教材在写作当中。一本是《电商直播营销》，一本是《电商直播实务》。希望今年能够推出。目前我们正在推进的工作包括与平台的合作、与MCN机构的合作等。这一波合作的目的是让机构和平台能够深入到课堂当中来，甚至让机构来跟我们的实践课程进行对接。只要有好的团队，机构会投钱、投资源进行打造。初步孵化成功的话，可以与机构再签合约。

最近两个月，我发现服务转型企业的需求特别大。这个月我们开始对转型企业开办讲座，有时一场讲座能让企业少损失不少钱。再就是我们会给政府提供咨询服务，写年度报告，还会围绕政府的需求做一些相应的职业标准的建立。

在打造电商直播人才培养的时候，最为困难的是师资培养。师资的培养有几个难点：

第一，主播只是电商直播流程里的一块，而不同平台"玩法"是不太一样的。所以我也要求同学们在4年当中把各个平台都接触一下，这样的话就会有一个全局的概念（认识）。对于老师来说，要拓展视野。

第二，传统播音主持理论对于当前的电商直播行业缺乏解释力，要不断地去寻找新的理论，在社会学、传播学等学科体系中寻找理论工具。比如在解释快手和抖音底层逻辑时，我会用到传统的乡土中国理论。在这个过程中，老师也要不断学习。

第三，转变思维。我跟业界交流的时候发现他们谈的最多的概念是"网感"。他们认为，不论是培养电商直播人才，还是培养短视频的创作人才，很重要的一点是培养学生的"网感"。这个词很抽象，但是在具体应用中又非常明显。当一个学生缺乏"网感"时，往往用传统思维去思考互联网传播，导致越是努力结果越是往反方向走。

第四，紧贴实践。这点很重要。业界节奏变化非常快，一个月一小变，三个月一大变。我到MCN机构调研的时候，他们会跟我说他们三个月前怎么玩的，我说你们现在这个玩法到底是怎样的？他说这是他们的机密，不能给我透露。我觉得三个月前的玩法能够让我写到教材里面也已经是比较新的了，所以我会坚持不断地去调研，不断参与到实践当中去。

最后用两句话总结我对这个行业的认识，"过往皆为序章，未来一切可期。"谢谢各位！

观察员有话说

主持人：

接下来听一听观察嘉宾的观点。

首先有请快手科技政府事务总监兼高校合作负责人刘畅，她阐述的主题是"快手的价值观与底层逻辑"。

刘畅：

大家好！我来自一线平台方，针对"快手"的一些理念，以及"快手"现在跟高校合作的模式给大家做一个介绍。

快手2011年成立，目前整体日活超过3亿，也就是说每天使用快手的人超过3亿，在全中国日活用户的APP排名当中排到第7位。每天平台上产出作品会达到1500万条，整个平台短视频库存超过了200亿条，整体的生产者超过2.5亿，平台黏性非常强。

我们自己对"快手"的定义是："快手"是一个国民级内容社区。"快手"有两组关键词——"平等与普惠"和"真实与向善"。平台不会区别对待任何用户。在其他平台，流量可能会更多地给到那些KOL（Key Opinion Leader，关键意见领袖）或者是平台重点打造的主播；但对于"快手"来说，众多个体生活都会在这个平台上呈现。举个例子，你在"快手"发布作品，即使你一个粉丝都没有，但是平台会给你一个基础流量池，对所有人都是平等的。如果你的内容确实受欢迎，你的内容会跑到一个更大的流量池，让更多的人看到你，也许你的账号只有100个粉丝，但是有可能你会出上百万播放量的这种爆款视频，这个就是我们的算法推荐机制推演出来的。不管你是一个普通人，还是一个明星，在这个平台上都会受到同等的尊重，并获得同等算法推荐机制的流量推荐。不管你身处哪个地区、哪个行业、哪个年龄段，都可以去展现自己。所以也有人说"快手"是现代中国的一个"清明上河图"。

我们跟其他平台最大的差异在于，我们会把70%的流量分配给长尾视频，只有30%流量会给到头部视频，也就是所谓的大V。为什么会建立这样一个分配机制？是因为对平台来说，大V可能有几百万的粉丝，私域流量其实已经非常充足了。作为一个平等普惠的品牌，我们希望能够让所有人都在这个平台上去展现自己，所有人都有机会让别人看到。

接下来我介绍一下"快手"多元化、场景化的内容生态。前两年"快手"以UGC为主，从去年开始，"快手"也开始发展MCN产业化，增加了很多PGC的高质量内容。不管是MCN用户、MCN孵化出来的这些PGC内容，还是明星达人、政务号、媒体号、企业号、商家号等，都让整个平台的生态非常丰富。

另外，快手日均新增1500万条作品，形成了一个熟人社区。从后台观察，很多用户每天早晨打开手机的第一个软件不是"微信"，而是"快手"。这就说明它的社交属性非常强了，养成了用短视频进行熟人社交的习惯。

很多人都会问快手的商业模式是什么？我做一个简单介绍：

目前的变现方式，第一个是游戏，第二个是电商带货，第三个是广告，第四个是直播打赏，第五个是知识付费。其中知识付费通过个人账号推出自己的课程，并且在平台上售卖。直播打赏也是比较主流的商业模式，去年获得收益用户数达到1600万，收益超过200亿。

从去年开始，我们专门有一个对接媒体关系的部门，重点推进主持人项目。跟全国各个广播电台系统去合作，集中引入了非常多的优秀主持人，然后去打造他们的个人IP。因为这是一个整体项目，会对入驻的主持人有很多扶持的政策，后面如果大家感兴趣的话也可以跟我再联系。

再介绍一下"快手"做产学研这块合作的一些模式。"快手"是一家平台技术公司，员工40%以上是研发人员。技术，包括人工智能、算法、音视频技术等是我们的核心。"快手"跟高校的合作多是集中在这一块，也有很多论文、课题研究和技术上的联合创新研发。

针对快手内容生态，我们开始探索校企合作模式。比如说我们去跟高校共建"快手"短视频人才培养基地，或是"拍客中心"、创新实验室等，共创这种产教融合模式。比如说我们可以去开设与新媒体短视频直播相关的技能课程，帮助学生提升新媒体职业素养，培养短片创作、电商直播行业的优秀人才。

我今天的分享就到这里，谢谢大家！

主持人：

好的，谢谢来自"快手"的刘畅。

接下来有请银河众星传媒机构的运营总监青时。

青时：

大家好，我是青时，是银河众星的运营总监。我希望能够从机构的角度，给大家分享一下培养主播艺人方面的方式和思路。

我们银河众星更多签约的是明星主持人，请他们进入到主播团队中来。明星主持人跟普通主播的差别和优势在哪里？我们通过主播培养、品牌赋能，能够借助明星的流量去做更多有价值的服务。比如通过助农兴农等衍生出主播的专业性服务价值。

刚刚开场时讲到广州。广州、杭州会有很多好的政策来扶持主播发展，包括资金、直播基地建设等。就我对杭州的了解，西湖区等有些区已经开始召开一些网红经济大会，政府内部已经开始出现这样的政策——他们能够提供给我们一整幢楼或者直播基地。

目前投身到直播行业中的机构，更多的是去充当平台跟主播艺人之间的中间方。平台早期会亲自联系一些达人进入平台去做推广，达人进来之后，平台直接去管辖、管理和培养主播。但现在这种模式已经不现实了。因为平台里的达人或者红人主播数量非常多，只能分配给一个机构管理。而平台只要去管理机构和中介运作公司，然后再通过这些机构公司去孵化和培养主播达人，对这些达人主播确定要求、形成规划。

我们是怎么在机构层面对主播进行孵化的呢？有以下几个维度：第一，对主播的选择；第二，对主播的要求；第三，对平台的选择；第四，我们跟明星艺人之间的合作方式。

我们对于主播的选择其实形形色色。举个例子：我们最早期接触店铺直播是从2017年开始的，那时店铺直播才刚刚做起来，对于主播的需求量比淘宝达人的量多很多。店铺直播其实就是需要有不同的主播能给这家店铺开播。所谓的店铺直播，它就是店铺的账号，不是达人个体，是店铺企业的账号，因此它们就需要有主播的轮换制度。主播与粉丝的关系就是线上销售员和消费者之间的关系，他只要能够把店铺的产品推销和推荐给消费者就可以了。

我问过所有来面试的这些主播，好多都是大学毕业生。我问他们：你是来兼职的，还是说以后也会长期地从事这份工作？得到的结论是，现在越来越多的人希望能够进入行业，把这个工作当作以后3年、5年甚至更长时间的职业来做。市场上现在想要做主播的人数也越来越多，达人主播个体也会慢慢发生变化。语言表达能力比较强的——像薇娅、李佳琦，就属于从素人做起来成为大的KOL（Key Opinion Leader，关键意见领袖）主播的。对于银河众星来讲，选择更高级别的明星主持人进入到我们行业中去做直播,是我们对主播的一个选择。

为什么当时会选择明星主持人作为电商主播?是因为主播是衔接品牌和消费者这两者之间的重要角色。我们对于主播的能力和要求,包括他的专业化和职业化水平会非常高。尤其在呈现一些大品牌时,品牌也要去考量他是否有这方面的能力,是否符合品牌的调性。作为明星主持人,他积累了大量舞台经验,具有很好的镜头感、口才能力、高情商和临场发挥及控场能力,善于互动,带动气氛。直播有实时互动性,主持人能够通过直播即时性的反应,调整和消费者之间的关系,能够及时地促销。消费者对货品"种草""养草"和"拔草"的整个过程都能够在直播间实现,并把整条链路打通。这就是我们的电商主播发展到成熟阶段必须具备的职业化素养。

在银河众星签约的明星艺人当中,我们会给他设立一个人设。可能他原先就有一个娱乐属性的角色,到了淘宝直播中,面对消费者之后,他的人设、属性会更偏向于他跟消费者、跟品牌之间去建立更良好的关系。举个例子,有一位网红主播,她的整个人设的打造,就是快乐新主妇。她能够通过自己的个人魅力把对生活的认知带到直播间,让"你"也成为"我"这样的人,成为我这样的人之后,我使用什么样的东西,我就可以同步推荐给你。总之,他们可以延续原来的风格和人设,再新加一个电商主播的属性,这个就是我们在选择主播时的一个比较重要的维度。

直播不是一个人的事情,它是一个团队完成的,我们培养的不只是主播一个人,上面所说的口才、控场,包括带动气氛等也不单单是主播一个人的事情。我们在培养主播之外,还要培养他的整个团队。整个直播做下来,有导演、制片、直播运营、中控、客服,还有场控等一系列人员,以及技术、摄像,他们共同去呈现一整场直播带货。因此,我们还要去培养运营的工作人员。因为我们选择的是明星艺人,在直播间对于粉丝的运营、甚至于直播当场对于言论把控和言论导向,都有专门的人去完成,各司其职。这是我们对于主播培训多元化的体现。

我们做直播的时候,一定是希望能够达到"品效合一"的宗旨。让消费者进行快乐购物的同时,也能够更加放心和省心地收获消费、购物体验。销售带货有一定的价值之后,我们也能够对它的品牌进行宣传,同时我们还会通过明星的流量,帮他们实现更多的价值。

接下来说说内容赋能。所谓内容赋能,就是把整个栏目、整个直播做成一个综艺式节目。比如让一辆汽车在整个视频界面上呈现得更加具体、形象、生动,让试驾的场景,让人、货、场能够体现得更加完美。通过内容赋能去打造明星头部 KOL,让我们的品牌不单单能够在直播间卖货,而且能够做一些更好的宣传,提升品牌认知度。通过我们的流量优势,把整个明星的价值延伸开来。汪涵在最近这场直播中 5 分钟内卖了近 2 万张的电影票,为疫情过后的经济复苏和电影行业市场的开放做出了非常大的贡献,就是很好的一个例子。

主持人:

谢谢青时!

接下来有请商务部派驻湖南城步扶贫挂职县委常委、副县长——刘书军。他发言的主题是"脱贫攻坚与电商直播"。

刘书军县长是全国第一批试水直播的县领导,带头创办了"乡村芝麻官"直播间,亲自推荐贫困地区的特色农产品,在全国范围内掀起了现场直播的热潮。接下来有请刘书军发言。

刘书军:

大家好,非常高兴能够参加今天的"播博汇"。2009 年我进入商务部,一直是在做国内市场、国内贸易的研究分析。之前国内贸易流通"十三五"发展规划主要是我写的。我当时提出一个叫做"社交电商"的方式,现在的"直播电商"与"社交电商"真的有一点点契合。

从 2019 年 1 月份开始,我被商务部派到了湖南省邵阳市城步苗族自治县进行扶贫挂职。我当时很敏锐地感觉到未来电商升级的一个大方向其实就是"直播"。为什么呢?我发现,在贫困地区,它的经济不发达、交通不发达,但它有的是非常美的绿水青山,有的是传承了几千年的文化。像我们县是一个苗族自治县,它有传承了几千年的苗族文化,另外也有非常好的脱贫攻坚的故事。那么怎样把这种脱贫攻坚的故事,把这种传承了千年的文化,把这种真正是少数民族地区绿水青山的环境,跟我们的产品一块儿捆绑,让人记住它呢?我想,通过传统的电商模式,像拍图片、静态的文字是表达不出来的。

所以我当时就想:必须要通过直播的形式,把我们贫困地区产品背后的绿水青山的故事、民族文化的故事,还有脱贫攻坚的故事融入进去,才能使贫困地区的产品通过这些故事的融入,产生它自己的特点。

我是从 2019 年 9 月份开始自己做直播的,那个东西说起来就是"累"。

一开始我们是想着怎么样引进外部的一些头部主播,帮助我们卖一些扶贫产品。但是做了几次之后,我们发现找外面的大主播只是一种外力,就好像是前面有一辆车，你在后面推了它一把，车往前挪了几米。这就是个一锤子的买卖。

后来我们又尝试从当地去找一些农民来做主播，也遇到了困难。农民做主播可以反映最真实的生产、生活的情况。但是真正让他们去面对这些观众、粉丝，面对消费者的时候，他们的表达不佳，他们对于产品、对于现在整个社会发展的趋势了解得不深刻、不透彻，最后效果也不好。

实在是没办法了，就想着在县里面的扶贫干部中选择主播。如果说综合素质还可以、口才还可以、又对县里扶贫产品比较了解的，那就只能自己来做主播了。所以当时也是赶鸭子上架，稀里糊涂地就成了主播。

当时我们在淘宝直播平台上开了一个直播间叫"乡村芝麻官"，我和搭档都姓刘，我们的口号就叫"二刘县长推一流产品"。没想到带了一个头，从今年1月份开始，准确地说是从疫情期间开始，县长做直播，甚至市长、省长亲自来做主播的越来越多。

县长做直播永远不需要把自己打造成一个网红，因为县长的职务一旦发生变化，整个直播的属性、带货的属性也会发生很大的变化。未来还是需要一大批根植于当地的主播，用我们扶贫的话说就是一支"带不走的工作队"。他会永远扎根在这个地方，帮助贫困地区的产品去做代言。

我觉得现在人才缺口是非常大的，希望未来直播的场景是"村村有网红，天天能带货"，这是我们希望看到的未来直播产业在脱贫攻坚中能够发挥的作用。

一年前我就特别看好直播将成为下一个电商发展风口，但是今天看来，我个人觉得并没有像我想象中那样走出一个特别健康的发展方向。我们更愿意看到直播电商的另外一个名字，叫"内容电商"，希望有更多优质内容的产出跟电商相结合。而现在很多直播电商只是传统电视购物的升级版，就是一个主播在那儿，一个一个产品去介绍。唯一多的是有一个粉丝和主播互动的过程。这样的直播电商，是低层次、低版本的。希望未来的直播电商能够有内容输出，就是类似于纪录片的那么一种直播电商形式，我们的主播能够走到产品的原产地，去还原整个的产品生产过程、制作过程、加工过程。这样一种电商方式是更加能够被大家所接受的。

如果《舌尖上的中国》能够跟直播电商结合起来，相信《舌尖上的中国》上所有的产品都会大卖。我也希望未来电商、主播能够更加重视走到一线去，而不是每天坐在自己的直播间里去介绍产品。直播间里一个产品最多介绍三到

112

五分钟，任何一个产品都很难真正把它深入进去、介绍得特别透彻。现在还有很多负面的消息，一个坑位费可能几十万块钱，但最后结果是三五分钟介绍之后才卖出去几十份。这是什么原因？就是我们现在直播电商做得不够深入，是急功近利的一种表现。

今天的讨论主要是围绕怎么样让播音主持专业的学生跟直播电商接轨。我个人认为，原来的专业还是需要守住，只有把你原来的专业学好，体现出自己的特点，未来才能够在这个行业里面立足。电视节目主持人，或者科班出身的主持人做一个主播，这是一个降维过程，这个过程相对简单。但是一个主持人去做电商，它反而是一个升维，因为从主持人到电商的跨越是比较难的。未来真正的主播，是主持人要向电商这个方面去走、去靠。我觉得你们的标杆肯定不是薇娅、李佳琦这种土生土长的，从一个平民主播成长起来的人。我更推崇大家去学李子柒，她已经是一个国际化的网红了。但从她整个的发展周期来看，她前两年并没有过多去做商业化（的事情），而是真正地把她所有的直播、所有短视频当成是一档节目，或者是一个故事来打造。我觉得这是一个比较健康的生态——先有故事，有了故事再带出你想推荐的产品。

每一个主播涉及的产品不要太多，因为每一个人的知识结构都是有限的，必须要做自己最擅长的事情。作为播音专业的同学们来说，要结合本身的特点，而不是结合现在电商的特点去做这个播音主持。要结合播音主持的特点去给他们设计更好地向电商主播或者是网红主播转型的道路。

现在风口切换特别快，直播风口进入哪个阶段都不好说。原来是千家万户做电商，那个时候流量基本上是不要钱的，发展到现在可能只有大的电商企业、电商公司才能玩得下去了。这个转变大概用了十几年的时间。两年前大家自己做主播慢慢都能起来，但到了现在这个阶段，如果没有机构加持，没有后面团队的推手，单纯一个人已经起不来了。一旦这个产业被一些大机构左右的时候，那么产业的发展要么是内部的大洗牌，要么等一个新的风口来承接。

现在大家都在说直播是风口，但是我看到的是这个产业面临着一个很大的结构调整，或者说未来有一个发展中的危机。为什么？现在流量的碎片化越来越严重，100万粉丝的抖音号的含金量，跟两年前或者是一年前一个100万粉丝的抖音号的含金量是不一样的。为什么？现在每一个粉丝所关注的群体太庞大，原来一个粉丝可能他最多关注几十个人或者关注100个人，现在有很多的粉丝，他的关注量可能是上千甚至几千个人。粉丝的关注度被分散。

在大家都觉得这个行业是一片蓝海的时候，我给大家浇一盆冷水。作为播音主持专业的教师和学生，一定要守住你们的初心。在守住你们初心的同时再去接纳新的事物、新的趋势，结合起来才能够把这个学科、这个产业做得更好。如果你过多地商业化，过多地为了现在的直播产业去改变你们的初心，我觉得这是得不偿失的。

好的，谢谢大家。

主持人：

谢谢刘书军给我们带来的从内容生产角度剖析电商主播发展趋势的分享。相信刚才的一段话，也引发了我们关于电商主播的新思考。

接下来有请聚星超媒的首席执行官徐硕先生发言。他发言的主题是"他山之石——国外主播人才多元化培养思考"。

徐硕：

大家好，我是巨星超媒的徐硕。从4月份到现在，我们联合很多高校开设了电商主播、直播运营、短视频制作等多个方向的课程，并且积极地与多家高校达成了校企合作。今天我将从国外目前主播和短视频行业的现状进行分析。

说到主播这个行业，最早应该会提到 UGC 的概念，然后参与式新闻的出现，极大地促进了整个自媒体行业，还有新媒体行业的发展和成熟。同时 UGC 的泛化也催生出现在所讨论的 MCN 这样的机构名词。MCN 作为网红孵化器，近年来在国内也得到了超常规的快速发展，孵化出了大量服务于平台的主播人才。作为他山之石的国外 MCN 机构不论从内容上还是形式上都和我们有非常大的不同。

从整体的风格偏好上来说，国外的主播更加侧重于视频内容的传播和分享，主播的身份和外形条件具有多样化的特点。而国内对主播的外形条件肯定是有所筛选的，但在直播的主题上略显局限。其实这与培养环境有非常大的关联。为什么呢？因为起源于自媒体平台创作的国外主播，更多的会从短视频创作者转型为直播者来增加营收，他们直播的主题更多地受到高度关注的以及流量分布集中的一些内容的影响，比如说荒野求生、测评、整蛊，还有实况等等。

对于国内而言，主播行业的兴起和短视频创作的行业迸发，几乎是同时期平行发展的。开直播的门槛相对较低，并且两者之间不具备完全关联性，这也导致了主播行业曾一度受到局限。因此，在国外相对包容的创作环境中更容易碰撞出新奇的想法和内容。我们也希望能够培养出具有多元化思想、能有更多创新内容的主播人才。比如现在的电商直播、游戏直播、户外直播等板块分类较细,这是垂直类主播的市场。当然,整体的文化交流和输出从来都不是单向的,那么,"他山之石",我觉得在今天也可以拥有双重的内容。

短视频作为很多主播亮相的一种重要形式,除了国外多元化影响之外,具有中国特色的短视频创作者和主播也成为很多国外友人学习的对象。比如说古风美食女神李子柒,依靠特色鲜明而且非常朴素的田园生活技巧,在 YouTube 上圈粉无数,一度让很多外国人对我们中国这样的神仙生活非常向往。李子柒的整体风格也让很多新媒体从业人员竞相学习。

其实单从直播和主播的角度来说,国内主播和机构非常具有优势。就拿巨星超媒来说,我们聚焦于主播人才培训,这半个月来,我们每天都会在凌晨召开全球性会议。因为包括英国、巴西、美国在内的直播主播的板块几乎是空白的,他们有短视频,但是没有主播板块,尤其是在电商销售这个方面。据我了解到的信息,已经有国外主播和 MCN 机构来到中国市场进行直播带货的经验学习和交流。这也使得很多油管(YouTube)红人,在国内开辟新的变现领域,同时也促进了我们整个文化的多样性融合和交流。

就整个直播电商的底层逻辑而言,全球是一样的。国外直播电商在不同的创作环境下也会结合自身在短视频创意上的一些优势,学习国内直播电商井喷状态下的经验。同时我预感全球化的电商主播风潮即将来临。对比起来,现在国内物流的便利性、培训的完善性、平台的多样性等方面都占有极大优势。在电商直播和短视频的融合方面,我们肯定会在全球伫立潮头并且持续领跑。

关于播音主持专业人才培养方式的思考,目前已经有很多研究成果。除了 MCN 机构外,"快手""抖音""淘宝"等直播平台在不停地培养、孵化和教育从业人员,让主播行业成为很多人的职业选择。在国家政策方面,已经有很多声音提议要开设专业化和职业化的电商主播专业和院校,这些都成为未来主播人才多元化培养的重要契机。但单有人才资源、人力资源肯定是不够的,还需要从外力上为他们提供更多助力。我觉得需要鼓励更多年龄层级、工作岗位的主播尝试进入行业,从不同思考角度出发,挖掘到更多创新性、新颖性的内容。可以考虑在平台上开发与直播内容相关的硬件支持,让直播不只停留在直播间,直播内容也不仅仅局限于表演、展示和售卖。巨星超媒现在是把整个主播板块分成了非常多的方向。我们现在正在探讨艺术主播的培育,像艺术场馆、博物馆、音乐厅其实也需要主播。

在主播人才培养方面,垂类和专业知识是非常重要,同时还有消费心理学、行为心理学等方面的知识,还有关于供应链、物流板块的学习,都应该纳入对整个培养方式的思考当中。

从前期自媒体的发展到内容电商，再到价值互联网，这股庞大的力量所衍生出来的整个电商直播行业是欣欣向荣的。与此同时，其他类型的主播和平台也在拓展更宽更新的赛道。我也愿意和大家一起携手，不光是在我们国内，还希望能把我们完善的、领先的关于主播的多元化培养方式输出到全球，让更多的华人影响全球电商主播和直播电商的格局。

好，我的发言结束了。谢谢大家。

主持人：

接下来有请浙江传媒学院播音主持艺术学院教授、高级编辑朱永祥，他带来的主题是"'变'是王道——直播时代主播的关系变现"。

朱永祥：

很高兴跟大家一起来探讨直播电商，特别是直播时代主持人能力构建的话题。刚才大家讲到李子柒。李子柒在视频当中没有讲话，那她是不是网络主播？我觉得这些都是值得大家探索和思考的问题。

如果说主持人往电商主播或者带货主播这方面转型，我就想提出一个问题——在没有线上直播风口的时候，线下有些主持人从单位辞职以后，他自己去开个小店，自己当老板，是不是也有这样转型的例子？为什么那时候没有讲主持人跟售货员有什么样的关联？现在为什么会有这样的讨论？现在是移动互联网发展给直播电商带来了这么大的一个发展机遇，同时这也促使我们重新思考主持人和售货员两者之间的关系。移动互联网的发展趋势是融合，所以现在思考主持人转型，是在考虑移动互联网环境下，主持人的能力、逻辑发生了什么改变。

我跟吴晓波曾经有过一次讨论。他当时跟我打过一个赌，他说：你培养传媒的学生，我培养售货员，看一个月以后谁能带货带得多。其实我心里也没底，因为售货员和主持人是两个不同的职业。后来我碰到做电商的一些朋友，他们也讲主持人带货应该能成功，因为是降维打击。为什么？主持人做售货员肯定比售货员做主持人成功的概率要大，所以他们觉得是降维的。但其实这两者是两个维度的职业，包括刚刚我们挂职县长提的那个问题也是这样，就是主播到底要坚守什么？是不是跟着现在直播电商的发展随波逐流，还是去追风口？哪些该坚持？哪些需要调整？

我这个题目讲"变"是王道，其实就是说在移动互联网环境下，主持人需要的能力到底发生了什么改变？这是高校播音主持专业需要思考的问题。播音主持专业学生毕业以后不可能都去带货，但带货又是主持人在互联网环境生存的一种方式，是他的一种能力展示的方式。

我曾经跟学生做过一个辩论：《央视主持人大赛》和《奇葩说》谁更能选拔出优秀的主持人？我当时估计《奇葩说》会赢，因为在学生当中看电视的特别少，《奇葩说》在学生当中的影响力比电视节目要大。但是出乎意料，6个班辩论这个话题，最后是4∶2，《央视主持人大赛》赢了。为什么？因为主持人有他的逻辑，主持人是为传播内容服务的，而且央视平台传播更多的是议程设置，那些话题的设置跟互联网上《奇葩说》的完全不一样。我又提出第二个问题：白影和许吉如谁更会有深度的用户和粉丝？白影是杭州电视台的一个主持人，央视主持人大赛的铜牌获得者；许吉如是《奇葩说》的一名选手，也参加了央视主持人大赛，但很早就淘汰了。学生当中对许吉如的认知度远远高于白影。很多人可能不知道，许吉如在年轻人当中拥有很大影响力和号召力。所以最后如果转换成这个话题，谁会有更深入的用户和粉丝，那《奇葩说》会赢。这就是说，在移动互联网环境下，用户或者观众跟主持人或者主播产生的关系才是最重要的。主持人在互联网上，其实是不断地在构建自己的关系，包括今天讲到的"快手"也好，社交也好，算法也好，都是在构建这个关系。这样的话，主播的传播能力在移动互联网上就变成了关系能力。所以我这个题目也就是关系能力的变现。

直播时代主持人转型的逻辑跟学校里的教学内容会有很多不一样的地方。原来主持人是为节目的人格化服务的，主持人是电视节目人格化（体现），会有更多的观众（对节目）产生情感上的归属，能够扩大节目的影响力和传播力。但是在互联网上，主持人成为人格化的中介符号，变成了一个传播中的中心节点。因为互联网上是以人的节点来进行传播的，所以内容的人格化变成了内容的人格体，人就是内容。直播电商也好，知识付费的主播也好，都是这样一种方式，《罗辑思维》也好，吴晓波也好，都是内容的人格体。原来我们的教学是虚拟语态交流，是在虚拟的环境当中用对话的方式跟观众交流，但是互联网提供了一个真实的社交语境，我们对主持人也有了新的要求。有时候人家发弹幕你可能就要回、就要呼应。直播电商也一样，消费者提什么问题，对产品有什么疑问，你马上就要回答。

从信息传播到社群交互，原来的主持人更多的是为了内容传播服务，但是在互联网上更大的目的是建立自己的社群资源，以社群交互为目的。要通过自己人格的输出建立自己的社群，传播内容才是有效的。

移动互联网时代，主持人的能力构建，我归纳了个"3+1"。三个能力要素是认知、传播、社交。

第一，认知是什么？就是人家对你这个人是要有认知的。你是新闻主播还是娱乐节目主持人？或者你做哪一类节目？有些主持人可能在电视上主持这样的节目，然后他可能自己在微博、微信上分享他生活的其他内容，在互联网上还有他的人设，包括很多主播有自己的微信群。比如湖南卫视张丹丹，她是在抖音上分享母婴和育儿方面的知识。我们不能简单地理解为，我是一个传播者，我是一个主持人，可以没有人设标签，这样的话就很难跟用户发生关联。你一定要给用户一个非常鲜明的人设标签，这就是认知。

第二是传播。这就是我们学校里教的那些，包括口语表达能力、镜头前表达能力、沟通能力、内容的分享能力，这些都属于传播能力范围。

第三是社交。社交其实就是后台管理能力。仅依靠电视上的台前表达能力，很难跟用户产生情感的呼应，一定要把你生活当中的一面展现给他们。有些主持人利用抖音账号把自己生活当中的一面，或者他工作中的花絮分享出来，这就是在培养自己的社交能力。

我们现在缺少的是什么？传播能力在学校里学习的比较多，但在认知和社交这两方面还需要进一步弥补和提高。

这个"1"就是基于人格化传播能力基础上的内容价值创造能力。我非常同意刚才刘书军县长说的目前已经进入电商直播的下半场。现在直播电商这一块我觉得非常不健康，每一环节都不健康。作为主持人及相关专业的学生，如何发挥自己的内容价值创造能力，是非常关键的问题。

最后总结一下，直播是主持人全媒体关系能力的变现。原来直播主持人更多强调的是现场把控；现在的带货直播提供了一个关系交际的场景，包括知识的交互形式和交易方式。如果我们通过倒推来重新构建就会发现，主持人的沟通互动等能力也非常重要。

我就分享到这里。谢谢。

主持人：

好的，谢谢朱老师带来的分享。

接下来有请来自湖南广播电视台的主持人杨乐乐，她分享的主题是"主播人才的学习方法论"。有请杨乐乐。

杨乐乐：

　　谢谢主持人。大家好，我是杨乐乐。

　　今天我们讨论的主题是"主播人才的多元化培养"。大家都知道，今年是直播电商发展突飞猛进的一年，在行业井喷的背后是直播人才的巨大缺口。我有一个数据，2020年直播人才招聘需求同比增速达到了132.55%，有超过半数的00后毕业之后第一职业选择是主播。

　　我相信不仅仅是主持人，各行各业的人在面对一个新的行业的兴起、一个新的技术的升级和一个新的传播形态的时候，都会去关注。除了关注自身行业的发展之外，还有更多地思考：如果我转型为主播，我有什么样的优势？我应该具备什么样的条件？我们的培养路径和方法论是什么？

　　首先来看一看直播为什么会那么火？刚才朱教授讲了，是跟互联网的技术提升和普及有关，这基本上成为互联网产品的标配和底层功能。随着5G技术的发展和普及，直播可以说是互联网新的基础设施。但是为什么偏偏挑中了直播呢？对于零售行业来讲，直播电商重构了人、货、场，大大提高了商品流转的效率，这才是直播电商成为未来趋势的一个最重要的立足点。因为一种高效的模式取代了低效的模式，所以无疑会成为所有行业发展的一个方向。

　　人、货、场的重构——也就是直播电商链条，是以用户为中心，将传统的"人找货"变成了"货找人"，从而增加了转换的效率。刚才大家都提到，现在每个商家、每个企业基本上都配备了自己的直播部门，有自己的天猫店、微店，有自己的日常直播，我们叫"店播"。购买转化率分别是在7%~10%，也就是说有100个人进入到直播间，其中7~10个人会下单，这个转化率高于以前的图文页面5%的转化率。还有一点就是用户和主播之间形成了一种信任纽带，主播通过自身的团队，帮助用户去发现需求、选择商品，大大缩短了用户消费决策过程。

　　在直播间有红包、抢豆、优惠码等各种直观的互动方式进行促销，用户甚至可以直接在直播间里留言，即时互动，表达需求，影响产品生产链条的上端，大大推动了直播行业发展。

　　现在，越来越多的主持人开始涉足电商直播。很多人认为主持人、明星来转型做主播是降维打击，我不同意这样的观点。主持人和电商主播是两个维度的职业，需要各自不同的专业技能和知识结构。

　　主持人是以内容传播为核心，优势是表达好、学习能力强、善于总结、形象好、镜头感好，面对镜头可以很流利地表达自己的想法。但是和电商主播相比有明显的劣势，就是对消费者的了解不够。他们的心理需求是什么？销售话术我们掌握了吗？对于产品我们足够了解吗？主播每天面对不同的消费者，自然有一些独到的经验，成功的秘诀就是与观众建立信任关系。话术的核心是销售成交，这和主持人以内容传播为核心的话语是有本质区别的，这也是主持人的知识盲点。

通过对主持人和电商主播知识结构和专业技能的分析，我们发现从主持人培养到成熟主播的上线，需要从多个维度来进行学习提升。

我举一些具体的例子。现在湖南卫视很多节目希望跟后面的货品打通。在电商直播的前期，我觉得一定要做到"三好"。

第一是心态好。心态好是说不能因为我们是学这个专业的，就觉得我们有优势，我们一上来就要掌握多少粉丝、有多少销售量、可以赚多少钱。这是一个慢慢积累的过程，而且还要做好长期作战的准备。

第二是人设好。人设是什么？首先要做好定位：我是谁？我面对的是什么样的人？他们是什么样的年龄？什么样的收入？什么样的消费能力和性格？我能够为这些消费者解决什么样的痛点？

第三是细节好。要注重每一个细节。比如说开播前要预热、要提前检查和调试设备，确保直播的顺利进行。尤为挑战的是要关注直播间的各项数据：最高的在线人数、累计互动、分享次数、商品点击数，等等，都非常重要，但又非常琐碎。这是现在的主持人到电商主播最难逾越的一个学习难点。

在电商直播的后期也同样非常重要，产品的售后服务是怎么样的？销售跟踪、客户维护等，其实这都是主持人到电商主播职业进阶当中特别容易忽视的学习环节。当然很多人会说，我来做一个直播间，肯定是需要团队的。我负责主播，其他的是团队做的事。这样想没有问题，但是如果我们对自己有更高要求，希望我们在直播行业当中能够有所建树，能够获得更大的流量和更多人的关注，我觉得主播对于整个团队来说，应是一个灵魂人物。作为这样的一个灵魂人物，主播们要不要很好地建设团队？要不要很好地把控团队？在建设和把控团队的时候，需要不需要有团队思维和运营思维？

团队思维是什么？从选品到直播实时的数据分析，再到售后的维护、运营，主播都是需要了解、精通和能够兼顾的。用什么样的话术？脚本怎么策划？现场需要什么道具？要做什么活动？目的是什么？都需要和团队通力协作，去交流、沟通。

除了团队思维，还需要运营思维。就是放眼整个产业链全局，是把人、货、场全部做到极致。在人这一端，主播需要具备带货的专业实力；在货端，考验主播团队的自主供应链、自主工厂，甚至是自造品牌，还有生产补货、仓储配送销售、供应链的能力；在场端，主播还必须对电商和线下有非常充分的了解，能够了解直播电商的一些互动性营销。

现在是快速迭代的社会，商业模式基本上三个月就要一变，技术也是在不断升级、不断提高。如果我们要跟上社会变化的节奏就要抱着终身学习的心态，要终身成长。成长是人一辈子的事情，不关乎年纪。只要停止了成长就会面临衰老。所以不管是主持人也好，还是其他领域的人也好都需要终身学习，需要带着一种空杯心态去提升和丰富自己。

同时，在知识越来越开放的时代，我们需要跨界学习。学习之后去践行，达到知行合一。在学习过程当中我们要不断拓展对自己的认知，只有认知自己之后才能够了解世界，找到与世界连接的方法。

好，我今天就说到这里。谢谢各位。

圆桌讨论

主持人：

接下来的40分钟是"圆桌讨论"环节。我们特别邀请了12位来自全国各地高校的老师作为观察学者，同时邀请了10位中国播音学的博士和博士生们作为研讨学者参与讨论。

首先有请来自四川传媒学院有声语言艺术学院的袁利娟老师。

袁利娟：

大家下午好！我是来自四川传媒学院的袁利娟，非常荣幸能够参加这次论坛。

今天的主题说"勇立潮头 or 静观其变"，如果做一个选择，我可能会选择"勇立潮头"。前一段时间我跟一个业界的朋友交流，他说："其实我们做直播带货，直白一点就是网上销售，跟播音主持专业没有什么关系。"我不太赞同。为什么呢？我们教学生的时候，不只是要求他们语音标准、形象端庄、表达清晰，我们更重视的是一种思维的培养。以我的课程为例，我是教直播的，我会跟学生说："你在融媒体时代下需要具备'整合'或者说是'融合'思维，要有用户的思维，要有互动的思维，要有产品的思维。"这其实是针对新闻制作来说的。举个例子：我们做一场直播，你要选新闻话题、要做信息筛选、要做流程设计、要做受众的互动，这些其实跟现在带货直播中的产品挑选、卖点梳理、消费者沟通是一致的。此外，"即兴口语表达""融媒体传播""新媒体运营""产品分析"等课程，也从不同维度给学生"赋能"。也就是说，我们现在不再需要讨论播音主持专业该不该、能不能培养带货直播的人才，而是要落实到怎么样去培养的维度上。比如说，播音主持专业如何多元化地进行课程设置和训练？电商专业又怎么来培养语言表达和人际沟通的能力？这是第一点。

第二点，我想分享"前瞻"这两个字。国内从 20 世纪 90 年代开始做新闻直播，2016 年、2017 年"秀场"直播就开始火爆。今年，因为疫情"带货"直播风靡。随着技术的迭代，传媒业态、直播形式在不断丰富。以央视为例，昨天下午刚刚做了上海的"买遍中国，助力美好生活"巡回直播。从"单一"直播到"巡回"直播，传递出一个信息——带货直播已经升级为常态。随着 5G 时代来临，我们还会有新的传媒生态。所以我们不能只是跟随社会的发展来进行课程设置，而是要适当引领，这样学生才能有更好的就业竞争力。

如果还有下一轮发言机会，我想再跟大家分享一下我们四川传媒学院在直播人才培养的教学、课程建设上做了哪些努力，以及我们对于这一类的课程设置有哪些思考。谢谢大家。

主持人：

圆桌讨论这个环节，每位老师的发言限时三分钟。如果发言的老师有更进一步的想法，可以稍做等待，之后可以继续发言。好，我已经看到孙良举手了。请说。

孙良：

我发现今天整个前半场的讨论基本上是一种职业走向。我的思考方向跟前面不太一样，我想把这个问题引向一种学科发展的走向。

1963 年"播音主持专业"正式建立，那时专业建设目标是为电台培养播音员。但是前辈学人并没有就此满足，在教学的同时努力发展学科理论。随后，趁着 20 世纪八九十年代到 21 世纪初的广播电视的大发展和学科建设的东风，中国播音学有了独立的学科地位。今天，当我们有了 5G、直播，再一次把播音主持专业推向了众人关注的风口浪尖。是否有这种可能性，把社会关注进一步导向学科建设，借此机会把播音学科在学科建制、学科文化等方面的短板加长，甚至补齐？

我想把这个问题抛出来，向今天在座的诸位学者前辈请教。

金重建：

播音主持原来讲"有声语言""副语言"，从这个角度说，实际上是话筒、镜头前的"在场"。今天这个话题引到了"不在场"的另一方面，所有的"不在场"我们都得去涉猎。

如果要问的话，这个基础的东西不要忘。现在，新闻我们拿手。除了新闻，还有文艺的、服务的，刚才讲的那些电商的东西，都属于服务类，我们当然要涉猎。所谓的"专业性"是服务的专业性。

不知道这个能不能回答你的问题。

另外，我有一个问题，刚才提到"平等互惠、真实向善"的问题，我想问刘畅所说的"推荐机制"是什么？

主持人：

刘畅因为有事提前离开了，我们可以先把这个问题记下来。我看到苏凡博已经举手示意有问题要问了，请说。

苏凡博：

关于抖音和快手的推荐机制，我做过一些研究，我回应一下金老师刚才那个问题。

"快手"的推荐机制相对来说是普惠的，大部分的内容还是给头部的，30%的内容是给了客户的，70%的内容是给了其他用户的。抖音相对来说内容更集中一些，流量集中在金字塔尖的那几个人。这是官方的说法，我个人不是很认同。

从内容上来说，一定是"快手"更普惠一些；但是从主播层面来讲的话，快手主播的集中度更高一些。所以，我们可以看到，（"快手"上）5000万粉丝的主播在"抖音"上粉丝也就3000多万。再一个，在抖音拍直播的时候，粉丝能够收到直播推送的比例，如果是"推荐页"的话，是3%~5%；如果是"关注页"的话，会是10%的推荐，也就只有10%的粉丝能知道他在开直播。但是在"快手"平台开直播的话，是有50%的粉丝会收到他在开直播的信息。在算法层面，两个平台比较相似，都是"流量值"这种大数据算法，它是根据你的关注量、转发量占比来设置流量池。比如你发一条，我先推给500个人，这500个人点赞和播放量完播率很高的话，那么会进入到下一个池子是5000个人，如果还是很高的话，又会进入下一个5000到50000个人的流量池。这是两个平台共同的逻辑。快手平台引入了一个数据叫做"基尼指数"，这个指数是衡量贫富差距的指数，当它接近"1"的时候，相对来说就没那么普惠。2017年的时候是比较普惠的，他们会让这些头部主播到一定流量的时候就不给他推了。

主持人：

接下来请上海师范大学的高祥荣老师。

高祥荣：

主持人好。各位专家、各位同仁，大家好。

我的发言从三个方面展开，也就是取三个关键词。

第一个关键词，我们要随"播"逐"流"。"直播"的"播"；这个"流"，我指的是"流量"的"流"。在"直播热""流量热"的今天，我们播音主持专业教育不得不关注、不得不思考。我们参与并关注新的这种主播的节目、直播的节目，更重要的是了解并熟悉网络直播，并且探寻网络直播有声语言传播的规律和特点。

第二个关键词就是"坚守主流"。刚才孙良老师也说了，其实我们现在也在学习。中国播音学有它的历史文化传统价值和责任，那么在随"播"逐"流"的过程中、了解网络直播新形式的过程，播音主持的一些历史传统我们不能丢弃，我们也不能够丢失自我。用一首歌说吧，就是"把根要留住"。

第三个关键词是刚才四川传媒学院袁利娟老师提到的，我也用这个词——"引领潮流"。因为大学教育，实际上它不仅仅是为社会提供实用人才，还要提供一种具有前瞻性视野、综合素质能力、可持续发展能力的一种人才。不是说社会需要什么，我们赶快就培养什么。这个过程太短，尤其在培养的过程当中，课程也是在不断完善的。培养人才重要的一个关键词是"课程"。我研究过课程，其实从课程理论来说，它不是传统意义上的教育人才，它从静态的方面来理解是"跑道"；从动态的方面来理解是"奔跑"。我理解的课程就是在新的、传统的或新的、融合的知识体系的跑道当中，我们的教师和学生教学相长，共同奔跑。

课程的变革有三个因素必须考虑，一是社会发展，一是学科知识发展，一是学生诉求。对于播音主持专业教育来说，这三个条件同时具备，我觉得创新发展、融合播音主持专业教育的课程也是正当其时。广州大学苏凡博老师在直播电商方面进行了很好的理论和实践探索，值得敬佩。

综上所述，我的观点是，我们播音主持专业教育不能故步自封，要在随"播"逐"流"中坚守主流，最后引领专业人才培养的潮流。

主持人：

有请中华女子学院的牛力老师。

牛力：

我先谈一下感受。今天咱们讨论的是"'直播热'背景下主播人才的多元化培养"。我觉得可以稍微替换一下——"直播热"背景下教师人才的多元化培养——是不是也可以？在疫情之下，很多老师都变成"网红"。刚才有老师也说，是不是可以把学科建设的事也放在讨论当中，我是特别同意的。

首先我想说，"直播、主播人才的多元化培养"不应该是一个新命题，因为直播从一开始我们就非常熟悉了，多元化培养也是这样。中国播音主持教育的道路上，一直在坚持着多元化培养，这从来都是我们教学的一大特色。只不过是一个时代有一个时代的特色。

针对这个话题，我也想说三点：两个"变"和一个"不变"。第一个"变"是时代的"变"，站在新时代的角度上去看，我们看到的是从"E 时代（电子时代）"到"I 时代（网络时代）"的变化。包括"Interconnected"——联动的外在表现、"Individual"——内在逻辑，Ingredient 等等。第二个"变"是高校播音主持专业方向的改变。第三个是我特别同意刚才提到的一专多能当中的"不变"，这个"不变"的能力，其实我们更应该去坚持。

我就分享这么多。谢谢大家。

主持人：

有请王彪老师。

王彪：

各位好。（如果）说直播带货是一个风口，它的动因是什么？我觉得有三点需要考虑。

第一，它是一种社会关系的构建。就是把"直播带货"称之为"名人代言"的社群化融合传播形态。其中不仅有大众传播，还有人际的、组织的、群体的传播都在里头。这些规律组成一种融合传播形态，构建强化了一种准社会关系。在直播形态当中、交互形态当中，这种准社会关系得到强化。

第二，随身性。现在移动终端已经打开了一个新的消费时空，就是"以太的数字时空"（以太，Ether 或 Aether 的音译，是古希腊哲学家亚里士多德所设想的一种物质和物理学史上一种假想的物质观念，其内涵随物理学发展而演变。——编者注）。其中人性的回归体现出来了，这种面对面的、交互式的全人传播，在消费中起到了很大的助力作用。

第三，"液态社会"。中国社会形态越来越靠近齐格蒙特·鲍曼（Zygmunt

Bauman）笔下的"液态社会"（鲍曼以"液态"比喻现代社会的个人处境，"在液态现代社会，不再有永恒的关系、纽带，人际间互有牵连，但不再着重紧密扣紧，在于可以随时松绑"。——编者注）。目前，社会动因引起了我们的消费旁观，就是人们在社会当中普遍存在一种不安全感、一种漂移感，身份的自我确认得不到实现。那么在这个直播间里，我们可以实现这种数字化的身份再构、时空的再构。所以在数字化的交互中，我们去消费、去点赞，跟直播、主播交互，它本身就有了象征性的意义。

正因为这三点，我觉得我们在之后培养上的改革，包括这种"人才的素养结构"上的思考，要注意这么三个关键词：

一个是关系经济。关系经济已经成为直播带货当中的关键要素，它让关系成为一种资本，可以增值。所以说我们在培养学生的社群交互能力、话语场的组织能力上要加强。

第二是象征消费。在传统消费中就有符号消费的维度，但是在直播带货中，人的形态、属人形态更加凸显出来。所以学生情感的感受力、传播力、表达力和文化的渲染力要提升。从单向的表达发展到双向的交互。

最后是利基市场。这个关键词指的是细分市场后，市场会越来越专门化、专业化。所以人才结构需要反转。我们以前提"一专多能"，我觉得现在应该提"双专"，专业的语言能力加上专业的领域能力，包括知识结构跟行业把握能力。

以上就是我的一些想法。谢谢大家。

主持人：

有请胡黎娜老师。

胡黎娜：

大家好，疫情以来我们一直没有见面，借着这个机会向大家问好！

我觉得我们有一种"狼来了"的感觉。狼来了，我们关门还是开门呢？我们怎么关？我们怎么开？我认为既要坚守，还要应变。坚守什么？坚守专业素质、专业理念、专业基础，包括专业的艺术性。像刚才金重建老师说的，我们本来就有几大块：新闻、综艺和服务。直播带货就属于服务。把它当作一个服务节目来考虑是不是就有了定位。只是跟原先服务节目不一样，环境变了、空间变了，尤其是由静态到动态了。这个由静态到动态、由听觉到视觉的动态变化过程，是需要教学来考虑的，也是我觉得应该变化的。这涉及课程的安排、师资队伍建设等问题。老师"知道了"未必等于"做到了"。从"知道做"到"从学术的理论讨论"到"实践应用"，是一线教师应该急抓的一件事。

前几天读论文得到一些启发。现在的服务节目不像原来坐在直播室里面，讲一讲应该怎么服务、怎么解释，把一个物件拆开了、掰碎了讲就行了。现在有营销策划，有售后公关，有主播的场控，甚至还有数据分析。对老师来说能不能去应变这个？有好多学生走在我们前面，我们怎么样去引导？这也是老师要主攻的方向。

谢谢大家。

主持人：

接下来有请已经举了好几次手的李伯冉老师。

李伯冉：

好的，谢谢主持人！

我想表达的观点正好和胡黎娜老师所说的内容衔接上。胡老师一直强调"艺术"这两个字，这也是我特别想说的。

我最开始接触网络直播是在 2016 年，那时有一个本地网络主播工会联系我去做他们的顾问。刚开始和他们聊得比较深入，但随着时间的推移，慢慢就终止合作了。让我决定退出的主要原因是当时网络直播的形态是我没办法接受的。虎牙、斗鱼、映客、花椒、一直播等各个平台基本上是以秀场为主，直播内容无非是唱歌、跳舞、求打赏，甚至还有一些"三俗"的东西。所以当时有人评价是"线上夜总会"。后来逐渐出现了电商直播，我认为是进入了直播 2.0 阶段。因为有了产品的介入，所以在内容质量上较以往有了一定的改进，而且目标指向也更加明确。

对于现阶段电商直播来说，大概可以划分为四个层次，分别是品相、品质、品牌、品位。所谓"品相"是最初级的电商直播，主要关注产品的卖相与主播的形象，看两者是不是能够吸引眼球。比这个层级再高一些，是对于"品质"的要求，产品不仅要看起来好看，还要用起来好用、性价比合适，有比较可靠的质量保障。主播不仅外形要有吸引力，还要具有一定的话术和语言技巧、沟通能力。比"品质"再提高一点，则是对于产品背后的品牌形象构建和文化价值传递。这一阶段就会要求人、货、场三者有比较好的融合，设计理念、品牌文化，主播形象、气质、谈吐中所体现的人格魅力等都是需要具备的。再往上就要达到具有一定审美层次的"品位"，也就是以艺术创作的水准实现媒介内容消费与电商直播带货的和谐统一。这就回到了我开头所说的，也是胡黎娜和其他几位老师提到的"艺术"。我认为，在当下电商直播领域迅速发展的背景下，作为培养传媒行业高级专门人才的播音与主持艺术高等教育，仍旧要坚守自身的学科与专业定位,清楚认识"影视传媒区别于电子商务,播音主持不等于产品营销"。

昨天有幸在线上聆听了由教育部戏剧与影视学教指委主办、上海戏剧学院承办的一个教学研讨会。会上,教指委主任周星教授在总结中提到,在"新文科"建设的背景下,戏剧与影视学要坚守住自身的"艺术"特质,坚持对于审美价值的追求,这是艺术学科安身立命的根本。我想,我们无论是培养未来的网络主播人才,还是引导学生从事电商直播或电子商务行业,都需要不断地告知学生,所要追求的决不仅仅是"互联网营销师"所创造的销售业绩,而应该是与电商特点相融合,具有文化质地、审美价值和传播效力的媒介内容的生产与传播。

前面几位老师所表达的观点,我本人很认同,尤其刚才刘书军县长对于电商直播行业的一些反向思考,也让我有很多触动。总结起来,我觉得还是四个字,就是"守正创新"。我们的传播场景在变,传授关系在变,传播效果的评价维度在变,网络直播行业从"1.0 秀场直播"到"2.0 电商直播",完成了自身的迭代升级并实现了更大的社会影响和经济效益。我们需要关注和思考行业发展对于人才培养的新要求,但也不能仅仅把迎合当下作为人才培养的终极目标。高等教育对于社会的引领作用永远不能被忽视。

这就是我想表达的自己的一些想法。谢谢!

主持人:

好,我们把机会给刚刚举手的杨颖慧。

杨颖慧:

我想了解一下播音主持专业的学生做电商直播的情况。刚才有老师说是"升维挑战",有老师说是"降维打击",还有老师认为是"跨界"。那么,如果是"升维挑战",我们的核心的优势在哪儿?如果是"跨界",我们的不足和劣势在哪儿?

苏凡博:

我觉得整个互联网的逻辑是一个"升维逻辑"。互联网发展使得技术之间出现融合的趋向,从主持传播的角度来说,要拓展我们的能力边界。到了互联网的时代,能力边界已经不再在传统播音主持范畴之内了,而是一个"跨界"的传播,所以我们有很多能力是不断地往边界外去拓展的。

至于"升维"和"降维",就要看从哪个角度来说。如果是从毕业生(的角度）来说，还是有很多优势的。我们在给 MCN 机构输送人才的时候，他们会要求三样东西：一个是 15 秒钟的自我介绍视频；一个是 15 秒钟的个人编排，内容没有限制，要求是抓人；还有就是 15 秒钟个人才艺。为什么是 15 秒钟？因为抖音短视频最少都是 15 秒钟。目前我们送到 MCN 机构的学生得到的反馈很好。机构可能平时从一千个人中能选出几个人，但是从我们的二三十个学生里面就能选出几个人来，这是很不容易的。可见播音主持专业学生是有先天优势的。

如果是从传统主持人这个角度，也就是从降维的角度来说，我认为面临着难以解决的矛盾。比如说，平台权力和主播权力之间的矛盾，权威文化和草根文化之间的矛盾，是往下走还是往上走，这些矛盾解决得好能成为一个很好的主播，解决不好就很难转型。不过对于学生来说没有这个问题，因为他本身就不是一个"名主持人"，没有这样的包袱。所以从这个维度来说，学生进入这个行业有很强的优势。

主持人：

谢谢凡博的回应。有请于琳。

于琳：

我们江西师范大学在培养学生的过程中，除了培养播音主持专业人才之外，还有讲解人才等方向。另外，创新创业大赛也需要我们播音主持专业的学生加入进去。

作为播音主持专业教师，我特别关注的是我们的核心能力到底是什么？我想可以表述为"职业化的表达能力"，还有一个是"全媒体创作能力"。我想问一下苏凡博老师以及中山大学的周老师，在这个过程当中，我们还发现"跨学科的思维能力"以及"跨社群的交互能力"对于我们的学生来说是比较缺失的。那么应该如何在实践当中培养？如何将这种培养系统化？

周懿瑾：

刚才于琳老师说是"跨社群的交互能力"，我的 PPT 上主要讲的其实是在直播中和粉丝的互动能力。因为我本身的专业是营销，这方面是有相应的论文教材的。另外，像品牌社群营销这一块的书籍和教材也都有，这一块内容是有体系的。

其他的请交给苏老师来回答。

苏凡博：

在理论体系还不是很成熟的情况下，我们先开实践课，让学生在实践中去习得。其中有很多东西可以通过对现实的分析去获得。以前可能有一些理论体系，但我认为这些理论体系不一定适用于真正的现实。

比如说大部分的直播过程中聊得最多的话题是"地域话题"，占到40%。排名第二的话题是星座。所以，我们可以根据最新的调研数据，了解哪些话题是在直播间里特别容易切入的。一位曾经做过直播实践的学生也说，不认识的人进到直播间的时候，他一般首先会打招呼，然后会根据这个人的地域信息找一些地域话题，再问他的年龄，找一些话题。

实践和理论之间的差距还是有的，我们还是要多做调研，多从实践中找到一些规律性的东西。这也是我们做学者的责任。我们现在编教材，也是尽量贴合实践，这需要我们教师团队一起来做这件事情。

主持人：

最后一个发言的机会留给刚才举手的孔亮。

孔亮：

各位老师好！先请问青时老师。根据您的观察，目前已经在MCN机构里的播音专业学生与其他主播相比是否存在一些差异？在实际招聘过程中，他们会被优先选择吗？

同样是这个问题，我想换一个方式再问一下川传的袁老师。川传在直播这一块已经在先行先试。那么，您觉得毕业生的竞争力如何？有哪些做法、经验值得共享的？

谢谢两位老师！

主持人：

好，请两位老师依次回应一下孔亮的提问。

袁利娟：

非常感谢孔老师的提问。说到川传，可能大家就会联想到学校设备好、学生实践能力强等。川传定位在应用型的传媒学院，所以教学理念比较新，这也是遵循了教育部关于地方普通本科高校要向应用型转变的要求。所以我们在教学过程中非常重视实践。

下面我想从教学、课外活动和学院引领方面来分享一下。

第一个就是课程教学和课外活动合并在一起。我们强调实践，也就是说尽可能地给学生搭建平台和实践的机会。比如我会带着学生去报道当下正在发生的一些时事热点，像地震、网络视听大会、国庆的活动等。我们的一些作品还直接在央视播发了。还有我们学校的大型节目团队做直播也做了将近10年，很多大型社会活动都是由团队来完成的。这些工作给学生提供了很多实践机会。

接下来回应一下之前胡老师的问题。我所在的有声语言艺术学院，教的是播音与主持艺术专业。我们会在大三给学生分方向。比如2018级就保留了融媒体主播主持、电视主播主持、广播主播主持、双语主播主持、有声语言应用这几个方向。其中有声语言应用又包括了网络音频创作和有声语言教育两个方向。我们的喜马拉雅学院就着力在进行音频作品的创作。双语播音主持是中英文播音的能力同步打造。另外，针对带货直播，我们学校的融合学院也走在了前面，专门开设了"电商网络直播带货实务"的课程。还有我们的数媒学院，依托国家级超高清视频产业基地，也就是超高清创新应用产业基地来组建天府网络直播学院。7月14日下午，成都影视硅谷集团、四川传媒学院、成都文旅三方已经签约。这个直播学院主要是瞄准直播带货这个风口，准备系统地培养带货直播专业人才，进一步助推直播产业走向规范化和高端化。学校对此大力支持，建设了几百个直播间，全力给予科研、技术、人才、师资、实训基地、公共服务等各个方面的支持。从这一方面来说，无论是从课程教学、课外活动，还是校企合作、产教融合，都能充分给予学生理论学习、实践演练的机会，并以此来提升他们的综合能力。这也就呼应了我之前讲到的学生在课上学的是什么的问题，学的是思维！提升的是什么？提升的是综合能力！这也是我们进行直播人才供给侧改革的一个措施。

我也想抛出两个思考，第一个是我们能否批量培养薇娅或者是李佳琦？我之前跟北京一所高校的播音学院院长交流过，他们与MCN机构合作，最初挑选了大概200多位学生来参加项目，但是到最后能够留存下来的只有两位，而最具潜力的只有一位。这个比例是200∶1。这个案例或许数据不足，我先不下结论，只是给大家提供一个参考。未来如果要进行这样的培养，能够为社会提供什么？

第二个思考是作为教师应该做什么。我想应该身先士卒，老师的理念和能力也需要培养。我本身是记者出身，有着十多年新闻采编和直播经验，做教学也就是这两年的事，所以触觉会比较敏感。我们教研室有两位老师在7月14号下午亲自"下海"，为理县的红脆李开了一场带货直播，所以说老师也需要实践。还有，我们新近聘用的老师大多具备媒体从业或者海外历练的资历，这些都能够给学生带来更新的理念以及更广阔的视野。

青时：

我们在培养主播时会根据平台来选择，也会根据类目选择。根据平台来看，现在市面上做直播的平台主要就是"抖音""快手"和"淘宝"三家。像爱逛小程序上面的主播也是直接入驻的，再就是"京东"的电商主播。真正做电商直播的主播就是这一批人。

比如说"抖音"和"快手"，它们其实是基于短视频做直播的，账号能不能"起来"，首先是看短视频的流量，再进到直播间。短视频主播成长的快慢主要是看主播自己的差异化亮点在哪里。比如说他（她）特别美、特别有趣，或者说有一些定格的"点"，可以在整个 IP 做定位的时候设计进去。我们做"抖音"账号时，前期会给他去做一个短视频"人设"。有流量基础之后才会去开直播。直播流量来源是前期视频或信息流导流进来的。在"淘宝""抖音"和"快手"几大平台里面，播音主持的优势在淘宝里面一定是最多的，这是根据平台来分的。当然，播音主持会在不同的平台上有自己的一个优势。

现在做直播的人很多，更多的是偏向于一个类目垂直化的。像李佳琦、薇娅这样的主播已经是头部爆款，再去培养这样的主播是不太现实的，只能另辟蹊径。不管培养哪个平台的主播都不太可能快速崛起。像银河众星做的是明星直播，因为自带流量，请的是像汪涵、谢娜这些"咖级"比较大的。中部的一些明星做起来周期也会比较长，更不要说"素人"主播。素人主播在早期淘宝直播就有，那时第一批进来的主播是"淘女郎"。"淘女郎"受邀进来留到现在的也没有多少。

专家总评

主持人：

好，接下来进入本期"播博汇"的总评环节。

首先有请浙江传媒学院播音主持艺术学院教授、院长杜晓红老师。

杜晓红：

大家好！非常感谢曾老师热情相邀，让我有这样好的学习机会。"播博汇"每年组织专家学者对传播领域中的新生事物进行高层次对话，这样的话语研讨方式让我感受到播音主持理论和人才培养研究有高层次群体的力量支撑。真的非常好！

刚才进行的主题发言角度多元、视野开阔，信息量也非常大，既有来自学界研究者的观察与思考，也有来自行业从业者与行业管理者的实践体会与总结；不仅针对网络主播的技术实践，更针对网络主播思想与价值层面。具体来说，有来自直播、直播管理、网络主持多元化及国外人才培养教育的案例分析，特别直观形象。圆桌讨论环节中，对于电商直播现象的问题与激辩直触问题核心。我觉得这次研讨既深入又细致；既有学理性，又有实践指导意义。比如说苏凡博老师所在的广州大学播音系，他们的直播人才培养已经进入专业化、系统化的轨道；刘县长用自己的工作实践也做了很诚恳的表达，给我很多启发和思考。

浙传播音学院是一个传统的培养播音员主持人的学院。我也想和大家谈谈，我们学院介入直播人才培养的一些想法。

社会发展，旧的事物会消亡，新的事物会重构，能够经过历史检验的东西也许会永恒，但更多的是在发展中变化，在变化中发展。一个职业的产生和消亡都有其历史必然性，比如智能语音、电商直播，都是时代发展的产物。尤其是电商直播的发展，就像"忽如一夜春风来，千树万树梨花开"，仿佛社会各界都在为电商代言，有官员、名主持、演艺明星主持等等。这些现象的产生，迅速让大家把视野从研究"媒体传播方式"聚焦到"网络营销传播方式"。

其实从职业角度来说，播音员主持人是媒体人，其传播工作的政治属性、新闻属性、艺术属性非常强。直播带货主播是互联网营销师，它的职业性质中的商业属性是最为突出的，两者的职业特点和话语属性的区分非常明晰。院校很难培养出李佳琦、薇娅这样的电商主播，主持人转型、跨界要成功，也得有一个较长的过程。既然这两者的职业边界很清晰，那么我们为什么要介入电商人才培养的过程当中？其价值和意义何在呢？

首先，学科发展的根本是为社会与经济建设服务的。我们聚焦电商直播这样一种现象，是因为它在我们学科研究维度中，是可以被观照的。我们说，播音主持的学科属性主要由中国语言文学、新闻与传播学、戏剧与影视学三个维度构成。我们之所以把电商直播带货也纳入播音主持的学科范畴进行研究，是因为我们可以从口语传播的角度进行观察，从语用的角度进行探讨。因此，将电商主播的语言纳入我们的学科范畴来研究，是具有社会意义和现实需要的。电商主播的语言，是在网络营销语境下以销售者身份生成的，集传播广告和推销的商用性口语，他与播音员、主持人的语言在场景、角色、身份、语用目的、语言风格等方面有诸多的不同。

简单地说，播音员主持人建构的话语身份是大众传播者，与受众互动是让受众消费大众媒体机构生产的广播电视作品；而电商主播建构的话语身份是商品的销售者，与网民互动是让网民购买电商平台推销的各种商品。电商主播强烈的商业意识左右了他的语言方式，有些甚至是夸大的、极尽渲染的。尽管它们都是语言运用，但播音员、主持人和网络营销师职业导向不同，角色定位不同，素质能力构成的差异也大，在语言运用上也特征迥异。尽管在传播过程中，他们两者的语言目的不同，却同样需要语言表达基础的支撑、传播能力的支撑、认知能力的支撑。比如人格化的传播魅力、思想的引导性、价值性，情感的互动性、补充性，行为的方法性、影响性，等等。而对于这些品质的教育最有话语权的，就是院校。我们承担着传承语言文化、优化社会语言环境的任务和责任，这也是浙江传媒学院关注并且投入电商直播带货主持人培养实践的初衷之一。

其次，社会发展推动了新兴行业的兴起，作为服务社会的高校，不得不积极地关注或者说是投入其中。浙江因为有阿里巴巴这样"巨无霸"式的直播电商平台，网络直播的发展根基是比较深厚的。2020年疫情下的电商直播发展很快，简直是"一枝独秀"。特别是政府部门的支持和助推，使得杭州各地区政府积极引进从事电商直播业务的互联网直播企业，给他们减税，便利他们租用土地或者商住楼。一个朋友告诉我，区政府让他的企业回到他的户口所在地的区域去发展，可见政府多么重视。

今年4月，杭州市商务局也与浙江传媒学院建立中国（杭州）直播电商（网红经济）研究院和中国（杭州）直播电商（网红经济）产业教育学院、网络直播基地。桐乡市政府、义乌市政府、网络直播企业等都与浙传建立了网络直播基地。学校也已经超前建设了网络主播的实验室。我们学院还跟共青团浙江省委建立了浙江省青年网红研究中心，与钱塘新区及6个互联网直播企业建立基地，搭建了协同育人平台。政府的引领、企业的助推，使我们的人才培养快速发展。

后天，也就是7月28号，浙江传媒学院网络主播第二学士学位进行招生考试。首次我们招收30人，报名180多人，9月份学生就即将入学学习，学院也将成立网络主播的实训学院。平台建立起来了，学生的播音主持职业理想很坚定。他们愿意了解、适度参与，真正选择的时候，他们未必不会投入其中。对于网络主播人才培养，我们学院搭建了不少研究和实践平台，但结果如何，只能在探索中前进。

高校人才培养是以国家经济发展、社会服务为方向，以学生个人就业为导向。在新形势下，更应该多元地进行人才培养，才能跟社会接轨。大家知道，广播电视播音主持岗位本就是小众的岗位，总有一天它要回归本源。广电目前的状况，让我们的人才培养必须进入多维的渠道，更何况我们是播音主持学院的建制，人才必须是多维培养方能为就业打开渠道。

面对新形势，我的态度是不能仅仅局限于观望，要以立德树人为根本，以就业为导向，发挥高校教学、科研、服务的职能，运用自身优势，继承传统，守住初心，拥抱时代，多维发展。

实践，是推动事物发展的动力。实践路径、经验成果是最好的论证和论据。现在也有不少学校建立了电商直播方向的研究院和学院，已产生了不少的前期成果。今天的研讨成果也许会成为我们实践过程中的导引，也希望浙江传媒学院的实践成果能够为学科发展提供研究实证和样本。我始终觉得，走在路上也许会比观望更踏实，希望与会的专家学者能够给我们提供指导性意见。

最后我想重申一下，在社会发展的过程中，可能只有经过历史检验的事物才具有留存的意义与价值，事物的永恒性在于发展中变化，变化中发展。一个学科如此，一个职业亦是如此，其产生和变化都有其历史的必然性，需要经受社会与历史的检验。

谢谢大家！

主持人：

谢谢杜老师。接下来我们有请中国传媒大学播音主持艺术学院教授、博士生导师曾志华老师做总结。

曾志华：

各位朋友，下午好！

前天，"播博汇"公号推出论坛通知以后，我的一位圈外的朋友特意打来电话，专门问询说："你们准备开始培养直播主播了？"

我当时就乐了，我说："我们一直在培养直播主播啊。"

当然，我懂他的意思，他说的"主播"指的是直播带货的主播。

确实，"主播"这个词特别容易混淆。好在7月6号，人社部联合国家市场监管总局、国家统计局三部门联合向社会发布了9个新职业，其中直播带货主播有了自己的名称，叫"互联网营销师"。

回到我们这个论坛，向大家汇报一下。我们之所以举办这次的"云上播博汇",以"直播热""带货主播"为切入点,是因为我们认为"没有人是一座孤岛"。播音主持的专业教育、人才培养,当然也不是一座"孤岛"。我们知道教育为人类社会所共有,教育事业的发展也从来都受到社会生产力发展的制约。因此,我们有必要张望社会、张望现实。

今天下午特别享受!三个多小时的时间,我们借助各位张开的耳目,进行了一场可以说近乎360度的张望。

张望中,我们既看到了"红海",也看到了"蓝海"。

"红海"是什么?

首先是一堆数据。

比如说截止到2020年3月,电商直播用户的规模是2.65亿,刚才凡博提到,网络直播用户是5.6亿;国内MCN机构的数量,从2015年的150家发展到2019年突破了2万家。单就快手而言,MCN机构就超过了600家,主播有6000多位。另外,2019年7月,淘宝直播发布"启明星计划",将打造10个销售过亿的线下市场和200个销售额过亿的直播间;京东也同样宣布投资10亿元推出"红人孵化计划"。

再说说主播,也就是现在的新名词"互联网营销师"。我们看到,在直播带货间,李佳琦、薇娅不用说,头部网红粉丝可观,收入也可观。那些真正定义上的主播也加入到了直播带货的行列中。比如说四位"央视Boys"在五一节的网络直播中3小时卖货5.286亿,为复工复产出了一份力。

但我们同时也看到很多的网红解约风波不断,明星直播"车祸"连连。董明珠的第一场直播"翻车"了,不过,她锲而不舍;吴晓波的直播带货,60万的"坑位费",却只卖出去15罐奶粉。吴晓波开始反思。有人说直播开始"泡沫"了,也有人说今年上半年的直播主题透射出两个字——"虚火",等等。

张望当中我们还看到了"蓝海"。

"蓝海"是什么呢?

在如火如荼的直播带货当中,有一些主播开始受到格外的关注。

比如说以刘书军为代表的、以扶贫为主题的"县长直播"。我们都知道,2020年是全国脱贫攻坚工作的决战决胜之年,一个县农产品的销售情况将直接决定着这个县的脱贫"成色"。特别让人敬佩的是书军县长从商务部下沉到基层挂职。刚才他自己也提到了,他和另一位也姓刘的刘寒县长一起打起了一支口号——"二刘"县长推一流产品。他们利用晚上和休息时间,做起了带货直播。我想刚才书军县长的那番发言一定圈粉无数,我们的小群里也弹幕多多,大家都认为书军县长口才了得。但我更想说，以书军县长为代表的这种"县长直播"构建了政务传播的新模式。

再比如银河众星策划的"汪涵直播间"。不求上货速度，不过多煽动，而是用中等语速讲解着产品背后的文化。我看了几期：上安化黑茶的时候，汪涵谈起了黑茶的历史；上气味图书馆沐浴露时，他从中国的香气文化谈到西方的香气文化……平实、诚恳、建议性的口吻，推荐着一件又一件国货，形成了汪涵式的带货风格。还有书军县长刚才提到的李子柒，等等。有人说这是一种"高级形态"，也有人说是一股清流。我觉得这就是一种新型的带货模式。

红海、蓝海，是不是应了奥地利诗人赖内·马利亚·里尔克的（Rainer Maria Rillke）一句诗——"我看见了风暴而激动如大海"。

是啊，面对"直播热"的红火景象，我们每个人，尤其是做一线的，做播音主持专业教育的从业者，我们"激动如大海"，这份激动驱使着我们今天聚集在这里，一起四处张望。但是，激动过后更应该有的是理性和冷静。

作为从业者，我想我们是否应该在这场商业风暴中"见风使舵"、认清方向，有更大的格局、有更深的人文体察、有更良性的理性消费观？

其实现在的直播带货，从1992年的电视购物算起，去年是直播带货的"元年"，技术赋能带来了2020年也就是今年的"新纪元"，那么接下来法律法规和相关条令带来的应该是"内容重塑"。

这里我想"插播"一条消息：人社部委托中国传媒大学科研项目——关于互联网营销师的标准制定，已经立项了。在座的有不少的朋友都是专家团队的成员。

作为播音主持专业的教育者，我认为在这场商业风暴中，我们要"舵稳奋楫"！我们应该清楚教育自身的规律，那就是——今天教育的模样，便是明天中国的模样。刚才很多的老师都发表了自己的看法，包括书军县长也给我发来微信，说要初心不改。是的，我们作为播音主持专业的教育者，一定要"舵稳奋楫"。什么意思？"舵稳"，就是要加强定力，加强专业核心能力的打造；"奋楫"，奋力划桨，我们要蹚出人才培养多元化、专业知识服务社会、校企合作等等更多的路径。

最后想说，前面我引用了英国诗人约翰·多恩（John Donne）的一句诗——"没有人是一座孤岛"，这句话下面还有一句，"每个人都是小小的一块，连接成整个大陆。"

是的，我们当初有了做"云上播博汇"的念头之后，列出了邀约嘉宾的名单。认识的，直接发出了邀请；不认识的，通过朋友、朋友的朋友去联系，才得以让新朋老友相会在这里，组成了今天"播博汇"的阵容！

非常感谢每一位嘉宾！我知道时间很紧，但是我特别想念出他们的名字：

感谢刘畅女士、书军县长、徐硕先生、杨乐乐女士、周懿瑾院长、朱永祥老师、庄主先生、青时女士；感谢成倍老师、高祥荣老师、胡黎娜老师、金重建老师、姜燕老师、李伯冉老师、李亚虹老师、牛力老师、王彪老师、王硕老师、王婷老师、于琳老师、袁利娟老师；特别感谢杜晓红老师，是"翘"了别的会来参加我们这个会，做总评人的。

当然，还要感谢两个分会场每一位参会的朋友，感谢"播博汇"团队每一位同学的辛苦付出！

好了，让我们在一场头脑风暴后，各自找寻我们"思想版图"中最需要的那一块。

谢谢大家！

主持人：

谢谢两位总评人对我们本期"播博汇"的精彩总评。

刚才我们的嘉宾和总评人已经说了很多，时间关系，我想用两组16个字来作为本期"播博汇"的结束语。

首先是关于我们今天这个题目——"网络直播人才的培养"，刚才老师们已经谈到了16个字，"勇立潮头、静观其变、见风使舵、初心不改"。其次对于学界来讲，我想引用轮值学者苏凡博的话，那就是"拓宽视野、寻找理论、转变思维、紧贴实践"。

第十八期"播博汇"到这里就结束了，感谢各位的关注。在这里要预告一下，关于"'直播热'背景下主播人才的多元化培养"，我们在近期还将进行一场"播博汇"的研讨，研讨将聚焦于学界的思考、学界的反思和学界的更新。

感谢各位光临第十八期"播博汇"，今天的会议到这里就结束了。祝各位周末愉快，我们下次再见！

五、智媒时代播音主持人才的多元化培养

（"播博汇"2020年09月27日）

轮值学者：
　　孙　良（中国播音学博士、山东青年政治学院副教授）
主持人：
　　赖冬阳（中国播音学博士生，新华社记者、主持人）
观察员：
　　高祥荣（教育学博士，上海师范大学影视传媒学院副教授、硕士生导师）
　　侯　月（中国播音学博士，发展心理学在站博士后，东北师范大学传媒科学学院播音主持系教师、硕士生导师）
　　李峻岭（中国播音学博士，广东外语外贸大学副教授、硕士生导师）
　　王　彪（新闻传播学博士生，西藏民族大学播音与主持艺术教研室主任）
　　王　婷（国际新闻学博士，深圳大学艺术学部副主任兼戏剧影视学院院长、教授、硕士生导师）
观察学者：
　　成　倍（中国传媒大学播音主持艺术学院副教授、硕士生导师）
　　胡黎娜（河北地质大学教授、播音与主持艺术专业负责人）
　　米斯茹（四川师范大学影视与传媒学院副教授、硕士生导师）
　　金重建（浙江传媒学院教授、宁波财经学院播音主持系主任）
　　李伯冉（辽宁师范大学影视艺术学院副教授、副院长、硕士生导师）
　　马树声（山东传媒职业学院播音主持系主任、教授）
　　牛　力（中华女子学院文化传播学院教授）
　　肖　潇（哈尔滨师范大学副教授、硕士生导师）
　　于　琳（江西师范大学播音主持系副教授、播音主持系系主任、硕士生导师）
总评专家：
　　高贵武（中国人民大学新闻学院广播电视系主任、教授、博士生导师）
　　曾志华（中国传媒大学播音主持艺术学院教授、博士生导师）

"播博汇"现场实录

主持人赖冬阳简要介绍了议题和嘉宾,拉开了本期播博汇的序幕……

轮值学者阐述

孙良:

感谢主持人,也非常欢迎各位学界同仁参与本次学术沙龙。

我分享的题目是《新文科背景下播音主持专业融合式培养模式的思考与实践》。我的发言分成两部分。上半部分对播音专业的发展历史做一个简单梳理,从这个角度谈一谈新文科建设给播音专业发展带来的机遇;下半部分,向各位简要介绍我所在的山东青年政治学院文化传播学院播音专业正在进行的人才培养模式改革探索。

先从历史梳理说起。2004 年张颂老师写了一篇文章《播音专业教育 40 年启示录》。在文章中,张颂老师为 20 世纪播音专业的发展做了梳理,他称为"三次转型"。这三次转型牵扯到三个时间点,分别是 1963 年、1997 年和 1998 年。借用张老师的划分标尺,再做一点延伸,也可以对播音专业的发展做一个阶段性的划分。从 1963 年到 1977 年,可以称之为"草创期";1977 年到 1998 年是"奠基期",我们现在使用的教材、课程体系、教学模式以及很多经典著作,有相当一部分是在那个时期完成的,其中最具有标志性意义的是 1994 年《中国播音学》的出版;1998 年到 2014 年,可以称之为"快速发展期";而从 2014 年到现在是"调整分化期"。当然,这个调整分化期还处于现在进行时,什么时候进入下一个阶段有待于进一步观察。

把时间节点定在 2014 年是不是准确,还有待于进一步商榷。不过,2014 年前后的确有很多政策性的事件发生,这对播音主持专业的发展起了非常关键的作用。2012 年 3 月,教育部印发了《关于全面提高高等教育质量的若干意见》,意见的第一条概括起来就是一句话:坚持高等教育内涵式的发展。其中明确提出保持公办普通高等学校招生规模的相对稳定。我们知道,播音专业自从 1998 年从新闻传播学转划到艺术学之后,经历了一段超常规快速发展的阶段,办学数量、规模、人数有大幅度提升。有了这个《意见》,相当于给专业的高速扩充踩了一脚刹车（当然这脚刹车是给整个中国高等教育踩下的，并不单纯指向某一个专业）。换句话说，在经历了一段以速度、规模为主要指标的发展模式后，中国的高等教育发展要换思路了，身处其中的播音专业必然受到影响。2014年还有一件事值得注意：在这一年，百度的广告收入首次超过了央视，意味着互联网新媒体在和传统媒体的竞争中已经开始占据上风。其后几年的情况大家都看到了，互联网，尤其近几年移动互联网兴起所产生的传媒裂变，以及基于新的传播形态的内容形式、语言样态蓬勃发展。这对于播音主持专业教学、制度安排、培养模式、课程设置等方面都带来极大的冲击。

忽然想起来刚看到的一个信息，央视《新闻联播》最近轮番"上新"，最新的一位是郑丽。郑丽毕业于齐齐哈尔师范大学中文系。一位非科班出身的播音员坐上央视《新闻联播》的主播台，是央视领导的"灵机一动"，还是央视在播音员选拔和评价上对于播音主持专业的制度性依赖的进一步松动，这值得继续观察。

另外一个值得深思的政策性事件是2015年国务院下发的《统筹推进世界一流大学和一流学科建设总体方案》，也就是众所周知的"双一流"方案。"双一流"方案的提出从根本上转变了高等学校的发展思路和运行逻辑。规模和人数在高校发展评价中的意义明显淡化，而人才培养的规格、学科建设的成果、知识生产的质和量等成为衡量学校发展水平的重要标准。对于相当一部分高校来说，要想在"双一流"竞争中取得优势，对现有教学资源进行整合是必然选择。于是"马太效应"开始出现。原先在学科建设、知识生产等方面处于优势地位的学科得到更大程度的资源倾斜；而原先相对边缘的学科则有可能进一步边缘化，甚至在整个学校的发展中出局。

除了上述政策性事件之外，在播音专业的发展中也出现了一些其他问题。比如社会需求的结构性变化导致毕业生就业率产生变化；部分省市招生政策的调整导致生源人数减少，使得部分学校播音专业面临招生压力。

播音专业诞生于传播实践中，对于外部环境的变化非常敏感。所以，进入新的发展阶段后，无论是作为学科还是作为专业的播音主持也随之进行了调整。比如，2014年中国传媒大学播音主持艺术学院"三系一部"的改革；比如部分院校的播音主持专业开始改名，有的改名为口语传播系，有的改名为语言艺术学院（系）等；从教学内容上看，以表层技巧为核心的教学内容开始转向以中层素养为核心的内容。此外，还有一个方面值得重视，就是在学科与专业建设方面，出现了以"主持传播论坛""播博汇"为代表的学术共同体。这些学术共同体打破了学校的限制，在某种程度上甚至冲破了学科的限制，而是以相对一致的研究旨趣和研究视角形成。这些学术共同体在很大程度上激发了播音主持专业老师和同学们的学术热情，也产生了相当一部分有价值的学术成果。笼统地说，2014年之后的播音主持专业发展走向了更深层次的整合与探索，专业的内生发展动力开始在更高的层面和更深的层次上得到激活与释放。

从1963年算起，播音主持专业已经有57年的发展历史。按照中国人的传统思维，60年为一个甲子，60年为一个轮回。时至今日，播音主持专业似乎又迎来了再次出发的时间点。就在这个时间点上，新文科建设迎面走来。它所倡导的突破传统文科的思维模式、促进多学科交叉和深度融合、推动传统文科升级、从学科导向转向以需求为导向、从专业分割转向交叉融合等理念，对播音专业来讲非常重要。当新文科成为我国高等教育发展的政策性面向时，它所带来的政策空间拓展、专业评价标准改变、学术话语资源增容等方面的变化，也将为播音主持专业下一步发展提供重要机遇。

接下来，我把山东青年政治学院当下进行的一些探索向各位老师与同仁汇报一下。我们的探索叫做"创意传播与新媒体运营微专业的建设"。（开始共享屏幕）大家现在看到的就是微专业的培养要求。简单介绍一下我们专业建设探索的背景。我所在的山东青年政治学院文化传播学院目前有播音主持艺术、汉语言文学和广播电视学三个专业，三个专业分别属于三个不同的学科。很早之前学院领导就意识到，如果想把学院做大做强，这三个专业就必须走协同发展的道路。2016年，这三个专业获评山东省"高水平应用型专业群"。专业群的建设将三个专业融合在一起，以专业群建设为基底，三个专业在培养方案修订、具体课程设计、学生实践活动等方面进行有意识地交叉融合。在专业群建设过程中，我们渐渐发现，如果有一种较为固定的班级制度，能够把三个专业中有共同学习兴趣和发展志向的学生聚集在一起，对他们进行音、视、图、文一体化的专业技能培养，把专业能力训练和实践项目实施融合贯穿在一起，就能够以较快的速度和较高的效率打磨出一批具有新文科属性的传播人才。基于这种认识，以学科交叉、专业融合为特征的人才培养模式就成为我们学院发展和专业建设的自觉意识。到2019年，这三个专业又同时获评山东省一流专业。从这个意义上来讲，山青文传学院走了一条相对独特的发展道路。不是专业之间先发展再融合，而是边发展边融合，甚至是先融合，再发展。

从2020年4月到整个暑期，学院先后联系了多家单位，经过反复沟通磨合，逐渐形成了一套微专业的培养计划和课程安排。2020年9月，首期"创意传播和新媒体运营"微专业正式开班。微专业学制一年，课程总量是500课时，课程内容以实践课为主，考核方式不是采用试卷考试，而是从企业引来真实的运营项目，让学生真题真做。微专业计划推出后，受到学生的欢迎。原计划招生40人，最后实际招生是60多人，80%以上来自播音主持专业。再简单介绍一下微专业的基本要求。即采用行业案例、项目实训、创新创业实践相结合的方式，把广播电视学、播音主持艺术、汉语言文学等专业的相关课程融合在一起，通过导师指导和项目孵化，给予一定资金支持，培养学生在相关行业内的实战能力。这里有一张图，显示微专业课程的基本形式。目前，微专业课程板块一共有六个类别，分别是创意策划类、影像创作类、文案写作类、口语表达类、新媒体运营和管理类、整合营销和传播类。每门课程有各自具体的内容，将来有时间的话再跟各位老师做更为详细的汇报。现在微专业的建设还处在边学习、边实践、边总结的过程中。基本策略是四个融合，即"培养主体融合""课程融合""内容融合"和"过程融合"。微专业的特点为以下几个方面：人才培养以产出为导向，课程体系设计直接对接产业需求，教学设计以学生为中心。

未来我们希望能够进一步丰富课程内容，建设微专业课程群，同时加强微专业和主干专业之间的互通融合，进而将微专业发展成微生态，最终形成新文科背景下的多元融合式人才培养模式。以上就是我个人的一些认识和目前我所在单位实践工作的汇报，希望得到各位老师的批评与指点。

主持人：

孙良老师刚才就山东青年政治学院的微专业实践做了介绍。我想在各个不同大学的实际工作中，在各位老师的思考探索中，也都有各自的做法和认识。希望大家进一步贡献思考，共同争鸣。

观察员有话说

主持人：

今天有5位观察嘉宾，每位观察嘉宾会有15分钟的发言时间。

第一位发言的是深圳大学艺术学部副主任兼戏剧影视学院院长、教授，国际新闻学博士王婷老师。她将就"空间认知下的复合型播音主持教学及人才培养"这个主题进行发言。

王婷：

大家好！非常高兴受到曾志华老师以及"播博汇"的邀请。我其实关注"播博汇"很长一段时间了。我个人对孙良老师发给我的讨论分享话题"智媒时代下播音主持人才的多元化培养"非常感兴趣。因为，最近几年，我一直参与也见证了由高贵武老师等发起推动的主持传播论坛的发展。我发现无论是来自业界还是学界，大家都非常敏锐地关注到了当下播音主持学科及行业发展的困境，以及涉及主持人研究乃至整个主持传播业态和学界的发展语境生态，这也给了我非常多的启发和思考。

今天的讨论题目给了我一个很好的思考路径，即"从观念更新到课程改革"，尤其是在疫情特殊时期开展的网上教学，究竟会对播音主持的教学观念和课程变革带来怎样的影响和改变？我愿意结合我这近半个学期的教学实践和探索，尤其是疫情阶段的播音主持线上教学实践和大家做一个分享和交流。

在今年上半年疫情阶段，我正好承担了一门必修课《节目主持》的讲授工作。这门课是播音主持专业的核心课，其充分体现了播音主持专业教学及实践的一些特点，即演播室教学、小课教学、互动式面对面教学。可是疫情时期的线上教学，如何能让这些实践教学特色从线下转换到线上呈现？这无论是对于《节目主持》这一门课，还是对于整个艺术类实践课程来讲，都是一个非常大的授课难点和挑战。

我目前在深圳大学艺术学部分管三个学院的教学，分别是美术设计学院、音乐舞蹈学院和戏剧影视学院，可以说是深圳大学艺术类实践课程最多的一个教学单位。我发现，不仅仅是我所承担的《节目主持》课，今年的疫情对所有的艺术类实践课程都是前无借鉴的挑战，尤其体现在实践作品呈现、课堂教学互动、培养计划实施等方面。很多老师在最初的新鲜感尝试后，不免产生疑问：从线下到线上会是一种常态的教学状态吗？这种状态又会给我们未来的教学和课堂带来什么样的变革？这让我想到了今年4月份，教育部高教司的吴岩司长在首批中国在线教学国际平台启动仪式上的一番话，我觉得跟我们今天的主题特别契合。这段话实际上给我们指明了未来我们的教学观念和课堂改革的一个很重要的方向：到了后疫情阶段，我们这种线下教学或者混合式教学的状态"再也不可能，也不应该退回到疫情前的教与学状态"，这种线下线上相结合的"传统教学与现代信息技术融入的在线教学将长期共存并深度融合"，而这种深度的融合带来的不仅仅是一种物理的反应，它更是一种化学的反应。物理反应是什么？我理解就是线下到线上可视的、可见的改变；而化学反应，实际上就是我们今天的主题，它终将带来的是一种新的教学和人才培养观念和范式的变革。所以在这样的一个大的环境之下，去谈智媒时代下播音主持课程和实践变化的时候，我提出了一个也是我最近一直在关注的话题——"空间认知"。

为什么会想到"空间"这个概念？

首先，今年疫情阶段我在线上教授《节目主持》课的时候，最明显的感觉是作为主要教学空间的课堂和演播室，已经没有一个具体的有限的物理或地理意义上的空间概念了。无论是 Offline To Online 或者 Online To Offline，这种混合式教学的开展实际上隐含着非常重要的空间认知，就是我们面对的课程和教学空间改变了。

其次，线上教学，不仅打破了原有的课堂空间边界，更逼迫着我们去探索实现跨边界的教学融合。目前高等教育领域提出了"新文科"建设，我理解的"新"首先就是交叉和融合，交叉不同学科和不同边界，势必会带来一种新的融合。

第三，当我在疫情期间努力适应课堂空间从线下到线上转换的时候，我发现这个过程恰恰对应、契合了当下主持人行业、主持人能力和主持人实践的一个很重要的空间转换，即从有限的功能实施空间扩展到无限的价值传播空间。比如说今年疫情阶段，很多央视主持人开始在线上直播带货，包括原来在主持传播论坛中，很多老师提出当下主持人角色及名称的认知更迭，从网红、网络主播到现在的直播带货，看似名称、角色和功能的转换，实际上也是主持人角色功能和生存发展空间的另一种变更。对此，悲观者认为这样的转换代表着传统意义上的主持人角色功能和价值意义地慢慢消弭，主持人不再具有原来的主导意识、主位呈现和控场价值；而乐观者会认为正是这种转换，却为主持人的功能价值拓展了更加多元的空间和角色平台。我其实是持乐观态度的，我觉得随着空间的转换，无论是播音主持专业发展、主持人教学、人才培养及其价值呈现都会有更加多元的空间可能。

所以，我结合自己开展线上教学的感受以及所分管的艺术类实践教学的现实情况，提出了这个论题——空间认知下复合型播音主持专业教学及人才培养。这里的"空间认知"实际上隐含了我对播音主持专业从课堂教学到业界实践一系列相关命题的思考：一个是播音主持课堂教学在这样的一个后疫情时代，开始有了更多的教学空间模式探索。那么，如何从有边界的线下课堂转到跨边界的线上教学？另一个就是主持人现实实践的空间新动态，其同时引发了我对主持人人才培养的新思考：如何从有限的演播室空间拓展为无限的价值传播空间？

这个过程中，主持人角色到底是淡化还是泛化？主持人的功能意义是强化还是弱化？

概括起来，"空间认知"实际上涉及了三个层面。第一个层面是教学空间，怎么实现从线下到线上的拓展；第二个是实践空间，伴随着教学空间的拓展，同学们播音主持实践空间也会是从有限到无限的拓展；第三个是复合型主持能力和人才培养空间，或者是主持人的功能价值空间，尤其当新媒体新技术和业界有了更深度地融入，意味着我们所强调的"复合型"的播音主持人才或者多元的主持传播空间有了更广阔的开拓可能。

因此，在努力适应《节目主持》课程线上教学的同时，我也借助疫情特殊时期的教学探索，尝试了一些能够拓展播音主持教学和实践空间的方法。比如关于教学空间的拓展，我在慢慢摸索一种从线下到线上、显性课堂与隐性课堂相结合的课堂教学模式。显性课堂就是我们传统意义上45分钟的实体课堂，隐性课堂则是课堂之外的线下教与学。大家可能都会有同感，线上教学少了面对面互动教授的感觉，这对于偏重实践的播音主持专业课堂的吸引力、学生参与度和老师的把控力都提出了更高的要求。那么，如何唤起和提升学生的听课欲望，吸引他们的兴趣？我尝试将部分学习内容的主导权交给学生。比如在开学前，我曾在网上平台讨论区征求过同学们的意见，了解他们在《节目主持》课上想学什么？结果60%~70%的学生告诉我想学习 Vlog 和短视频，所以上学期节目主持课的第一次作业就是让学生根据命题制作 Vlog。

在学习和制作 Vlog 之前，我每节课会列出很多线下讨论问题：中国短视频和 Vlog 发展的基本脉络？举例说明专业主持人 Vlog 和普通网民 Vlog 的区别是什么？Vlog 和现场报道有哪些异同？当 Vlog 遇上新闻，你觉得传统的现场报道会有怎样的改变？大家看到的这张 PPT 和这份表格，就是同学们根据线下布置的问题，结合自己查找资料和案例分析，对比做出的 Vlog 出镜主持的特点。这也成为我在课堂上讲授现场报道这一章节和显性课堂上知识输入的重要切入点。当然，这种"跟着学生走"的课堂讲授势必会不断打破预先的教学计划，但其实整堂课的知识点和实践安排还是在我原有的教学大纲和内容体系当中。最关键的是，有了同学们的线下预先准备和隐形课堂的呼应，45分钟线上课堂上的理论补充有了更多互动讨论和实践空间。一学期上完，我算算全班21位同学大概做了近50部 Vlog 作品。此外，还非常有效地完成了线上访谈实践练习。

除此之外，另外一个线下隐形课堂的拓展，则是利用微信公众号给同学们提供一个全媒体表达的平台。我有一个课程专属微信号，我把这个线下平台看作是播音主持专业学生课余实践的"正规栏目",我自己有点类似于"栏目制片人",同学们的 Vlog 及其他实践作品会定期在公众号上发布。所有内容,从策划到制作都需要学生自己完成,其中需要整合视频、文字、图片,还需要采编播的能力,我只负责提修改意见和终审。我希望能够借助这样的方式拓展同学们的话语实践空间,协助学生提高复合型语言传播能力。因为,我总觉得,无论在什么样的媒体语境中,播音主持专业的课堂教学和人才培养还是应该侧重以语言为核心的多元化表达和传播能力的培养,其中既包含多样态的口语表达,也要尝试和了解全媒体传播规律。Vlog 是一种表达,制作公众号也是一种融媒体语言表达路径。

今天的发言时间有限,概括起来,空间认知下的复合型播音主持教学及人才培养观念和课程改革,需要我们打破传统认知中的边界意识,重新看待和理解播音主持艺术类课堂讲授和学生实践的边界限定内涵,这样的跨边界意识带给我们的不仅是一种混合式教学模式,更会是多媒体表达实践和语言传播能力的融合。从课堂教学看,它表现的是线上线下的空间转换,但更体现了一种互动教学和以学生为主导的授课观念;从播音主持人才培养看,话语能力仍然是主持人复合型能力培养当中的关键能力,但是话语能力不仅仅是对信息的客观呈现,更应该关注信息呈现背后对于话语关系和话语意义的整合、提炼和构建,从而在实践中不断增强话语的传播力、影响力。

以上是结合我上学期疫情特殊时期的一点授课感受,请大家多多指正。

再次感谢邀请,感谢"播博汇"带给我的启发,也非常高兴和大家交流,谢谢大家!

主持人:

好的,谢谢王婷老师的精彩分享。教学空间、实践空间、能力空间,这样的空间我觉得还没有听够。我们在实践空间和能力空间方面有什么思考、能有什么做法,更期待王婷老师等会儿在我们的圆桌讨论环节跟大家继续分享。

接下来发言的嘉宾,是上海师范大学影视传媒学院副教授、硕士生导师,教育学博士高祥荣老师。他将就"教师即课程——理解、感受和表达"这个主题进行发言。

高祥荣:

各位老师、各位同学、各位专家、各位朋友,大家好!

首先感谢"播博汇"搭建的平台、提供的机会。云上沙龙,众说纷"云"!今天我想和大家分享的主题是"教师即课程"。以下我想借用《朗读学》和《播音主持创作基础》中反映有声语言创作规律的三个关键词"理解""感受"和"表达"来展开我的发言。

对"教师即课程"的理解

1. 课程与教学论的发展

第36个教师节刚刚过去，对教师的赞美有许许多多，比如教师是蜡烛、教师是人类灵魂的工程师、教师是太阳底下最崇高的职业等等。现代教育学有个新理念、新观点：教师是课程。也许这个观点你既熟悉又陌生。在学校里学生一般会把课程和老师联系在一起，比如语文老师、数学老师等。毕业若干年后，也许我们在回忆学生时代、回想自己的老师时，虽然忘记了老师的姓名，但会清晰记得他们是语文老师还是数学老师。

新中国成立以来，在20世纪五六十年代，我国接受的是苏联的教育观点，教育教学四要素：教材、课堂、教师、学生。说起课程，也就是指具体的科目，或者指教材。教师被视为既定教材或课程内容的忠实的传递者和实施者，教师被隔离在课程决策与课程编制之外。

改革开放以来，在20世纪在八九十年代，我们又接触了来自英国、美国等许多西方学者的新的教育理念和观点。现代课程论专家强调，教师作为课程运行中的重要因素，他们有对课程理解与解释的权力，而且可结合自身的阅历和经验建构富于教师个性风格特点的新课程，从而为"教师即课程"提供了充分的理论依据。

2. 教学论和课程论的争论

新中国成立后，我们受苏联的教育观念影响，教育理论和实践中使用的是"教学论"。改革开放后我们吸收了英美教育理念中的"课程论"。在我国教育界，教学论专家和课程论专家曾经展开了学术争论。教学论专家认为，教学包含课程；课程论专家认为，课程包含教学。最后也莫衷一是，于是两者并列，有了今天教育学中的"课程与教学论专业"。说到这里，我们好像联想到了什么，这是不是和我们播音主持学科发展中，播音和主持谁涵盖谁的学术争论有相似的经历和结论呢？我们的专业从过去的"播音专业"发展为如今的"播音与主持专业"。

3. "教师即课程"的理念

美国课程论专家施瓦布（Schwab）的实践课程范式认为，"教师即课程

（The teacher is the curriculum），教师不是孤立于课程之外的，而是课程的有机构成部分、课程的创造者、课程的主体。"

英国课程论专家斯腾豪斯（Stenhouse）创立了课程过程模式，提出了"教师作为研究者"的著名论断，认为教师是课堂的负责人，教师拥有大量的对课程研究解读的机会。课程是立足于教师自身日常实践决策的课程，是超越了教学计划的课程，是在教学实践过程中变化和发展的课程，是在课堂中起实际作用的课程。

4. 课程是"跑道"，更是"奔跑"

我们再回到"教师即课程"的观点。"课程"是什么？看似简单的概念，定义起来往往很复杂。"课程"的定义有100多种（"新闻"的定义有500多种），比如"课程即教材、课程即生活、课程即经验"等等。从词源学的角度来看，汉语中的"课程"一词最早出现在唐宋的文献中。今天看这个词可以简单理解为"课业及进程"。

"课程"的英文单词是curriculum，而这个词又来源于拉丁文currere，意思是"跑道"，是一个静态的概念；后来一些国外研究者对这个词又有了新的理解，解读为"奔跑"，变成了一个动态的概念。而我们认为，更为理想的理解应该是教师带领学生在这个"跑道"上共同"奔跑"，教学相长，"教师即课程"，同时"学生即课程"。"教学过程"应该是"教程"和"学程"的互动统一。

5. 课程改革中教师的视域

依据课程理论，课程改革需要考察三个方面的因素：社会的变革、学生的诉求、学科知识的更新。我们正处在新媒体时代，以及传统媒体和新媒体融合的时代，时代向我们提出了许多课题和难题。播音主持专业的学生面对新媒体的工作岗位要求，往往觉得力不从心，对自身能力的提高有了迫切的需求。播音主持学科知识也亟待开拓创新。传统媒体中广播有频率，电视有频道，新媒体智能手机上有APP。APP可以理解为和频率、频道相似的概念吧？在"播博汇"第十八期云上学术沙龙中，我也表达了一些看法：新媒体时代为我们的播音主持学科专业带来了严峻的挑战，也带来了创新的机遇。面对直播带货热、追求流量热，第一，"随波逐流"；第二，坚守主流；第三，引领潮流。

"教师即课程"的感受

1. 在播音主持课程讲授中的理解感受

比如在《普通话水平测试》课程中，在60篇朗读作品中寻找"爱"的感受，在"字""词""朗读"考核部分寻找到播音员的播音状态，在"说话"考核部分寻找到主持人的主持状态；在《播音主持创作基础》课程中，对于基调和感情色彩的把握，寻找到"心灵之花"绽放或收敛的感觉；在《广播电视新闻播音》课程中，在"简洁明快"的新闻语言表达特点中，寻找高速公路开车的感觉，快速而又平稳顺畅；等等。相信每位老师都对不同的课程有不同的理解、感受，对同一课程内容也常常有不同的理解、感受。

2. 对本校播音主持课程体系的理解感受

上海师范大学播音主持专业的课程体系，吸收了上海戏剧学院以"表演课程体系"架构的"播音主持课程体系"。虽然都是"声台形表"，但教师应该有不同的理解和诠释，"声台形表"是传统表演专业的课程体系，"声""台""形"三者最终是为"表"服务的。但是，在播音主持专业中，"声""形""表"最终服务的对象是"台"。那么对台词的"台"应该有新的注解，表演中的"台"指"舞台"的台；播音主持中的"台"可指"电台""电视台"。另外，我们也把中国传媒大学的播音课程体系嵌入到人才培养的课程体系中，努力践行"有稿播音锦上添花，无稿播音出口成章"的教育教学理念，遵循话筒前的有声语言创作规律和表达艺术。

"教师即课程"的表达

教师可以对课程进行理解、感受和表达。不同的教师有不同的知识储备和不同的生活阅历，对同一课程内容往往有各自的理解、各自的感受和自己的表达方式。教师是课程资源的重要组成部分。

1. 教师的学识是课程

张颂先生曾提出对播音主持教师的实践、教学、科研这三大能力的要求。我们各个高等院校的播音主持专业的每一位教师，都有自己不同的阅历、经历和学历，同时又有各自不同的性格特点和语言表达方式，从而构成了每一位老师风格不同的"教师的课程"。对于播音主持专业的学生来说，他们的老师在学校里，同时也在广播里、电视里。比如，张颂老师即"播音课程"，吴郁老师即"主持课程"，沈力老师和赵忠祥老师等为"播音主持实践课程"。他们是播音主持课程的典范代表和文化符号。

2. 教师的品格是课程

加拿大现象教育学家马克斯·范梅南（MaxvanManen）在其著作《教学机智——教育智慧的意蕴》有这样的表述：我们从一位伟大的老师那儿"获得"的与其说是一个具体的知识体系或一组技巧，还不如说是这位体现和代表知识的老师的行为方式——他或她的生活热情、严于律己、献身精神、人格力量、强烈的责任等。热爱是最好的老师，我们每个人都有自己的老师，想必我们大家对此应该都深有体会吧！

3. 教师与课程思政

在全国高等院校推行和提倡"课程思政"的今天，在教书育人、立德树人的进程中，在培养学生形成社会主义核心价值观的教育中，教师作为课程，与课程思政紧密相关。习近平总书记说，"好的思想政治工作应该像盐，但不能光吃盐，最好的方式是将盐溶解到各种食物中自然而然吸收。"这个深刻而又生动的比喻启示我们：教师应该像高明的"厨师"，备好食材，把握火候，撒盐少许，努力为学生送上既有品味又有滋味的精神大餐。播音员和主持人是"党和政府及人民的喉舌"，播音主持课程的"课程思政"至关重要，而播音主持专业教师作为课程在其中发挥着极其重要的引导作用。

主持人：

好的，谢谢高老师刚才的分享。

今天我们的主题是"智媒时代下播音主持人才的多元化培养"。这个主题可引申出几个问题，就是我们培养什么样的人？怎么培养？对应这两个问题的时候，有些老师会谈宏观的理念，比如说刚才王婷老师提出来的"空间"的理念，还有高老师提到的"教师即课程"，这些理念确实让我们耳目一新。王婷老师和孙良老师还讲到了中观上的培养模式，有教学内容上的理念，还有微观上的在教学实践的安排、实践的反馈以及教学方法上的一系列具有实操性的细节内容。不管是宏观、中观、微观，各位老师都给出了阶段性的思考，也抛出了还在解决过程中的问题，非常感谢几位老师的分享。

接下来有请侯月老师，她将分享《人工智能主播信息传播特点以及人机协同理念下播音主持教学观念的转变》。

侯月：

大家好！我是侯月，在北国春城问候大家。

2016年被称为"人工智能元年"；2017年人工智能被写入了政府工作报告；2018年人工智能被第二次写进了政府工作报告，并强调要加强其研发应用。可以说，一场人工智能革命上演并愈演愈烈，人工智能不只是科技研发策略研究和社会伦理研究的主要阵地，还以其迅猛的发展影响了无数职业和专业领域，而媒体行业则一直伴随着新型技术的发展而起伏，所以这一新兴技术对于播音主持专业来说有很大的影响。无论是党和政府的喉舌、宣传员、发言人、排头兵还是形象代言，播音员主持人在行业当中还是占有重要地位的。

但是人工智能的发展有其特殊性，因为它是以语言输出和表达为模式的开发。比如现在大家已经看到的智能机器人播音员、天气预报员、微软小冰、信息播报机器人，还有智能机器人记者等，都在影响着这一庞大的媒体工作群体。我们了解到，（科大）讯飞2012年就已经开始采集主播的数据了，为人工智能的语音输出作积淀。2018年，也是在"播博汇"，邱浩老师在现场给我们做了分享。首个人工智能主播亮相之后，对于我们的专业和职业是一种冲击。在这一复杂的背景下，我们这个群体面临着一个全新的挑战，即人工智能对我们的职业发展和教育教学培养模式的现实冲击。

从2016年到现在，人工智能经历了爆炸式的发展。我们现在看到的人工智能主播已经是不断迭代和升级之后的产物，相似度极高的真人原型主播已经可以和真人主播合作来完成工作，并且进行一个有效的分工。虚拟的人工智能主播无论从形象到声音、从思维到表达都日趋完善。基于声音采集而形成的播音、配音和其他的声音产出模式，更是精益求精、高度发展。可以说，其应用的空间越来越广泛，目标受众的接纳度和认知度都伴随着整体社会对于人工智能产品的接纳度而提升。

在这一背景下，AI主播适用于什么领域？它的信息传播有什么样的特点？信息传播的效率如何、受众接受如何？人机互助的模式有没有可能实现？在现实的冲击下，主持人的角色和功能又要发生哪些转变？针对这几个方面，我做了相应的研究。我从人、工、智、能四个方面来概述一下人工智能主播的信息传播特点。

第一个就是人脑机制给人工智能主播信息传播带来拟真性。大家都知道机器不是人，但是机器正在无限趋近于人，并且在某些方面要优于人。机器的开发是基于对人脑的研发，而人脑机制就给了人工智能主播信息传播的拟真性。因为当机器的逻辑可以和人的思维同步时，基于大数据分析带来的标准化水平高、精度高的信息传播，就不会让受众产生距离感，而是在高度拟真的基础上，产生原来（仅有）人对人传播当中才会产生的信息的垂直接纳。我们都说真实性是传播的第一效力，人有的时候还是会选择他们想要传播的信息进行一些故事化的处理和印象性的传播，可是机器不会说谎，这是传播最真实有效的数据。另外一方面，人脑机制也可以通过模拟人脑情景建构话语逻辑。虽然现在人机对话还停留在比较粗浅的阶段，但是未来（人机对话）更加符合现实交往语境和信息传播语境，这是时间早晚的问题，而不是可能与不可能的问题。所以从这个层面上来说，人脑机制带给人工智能主播信息传播的拟真性。

第二，邱浩老师（在第十四期"播博汇"上）提到的，"邱小浩"上岗的时候说："我是邱小浩，我可以24小时持续地播音，我不会疲惫，不会出错。"人工智能主播的信息特点都是比较鲜明的，它的传播快速、及时，且不容易失误。而在这个基础上，我们原来所做的，包括传统培养的播、说、评、表这样的模式，人工智能主播在很大程度上是可以胜任的。而且庞大的信息库可以随时供人工智能主播取用。播报的过程零误差，不必备稿思考，不必按照主播备稿、上镜、录制、播出的流程来工作，让即时传播成为可能。所以人工智能主播的信息具有及时性、传播迅速的特点。

第三，智慧方案的集成赋予了人工智能主播传播的广度。因为人工智能主播是在人工智能技术发展之上形成的，因此可以将人工智能主播理解成"语音+思维+智慧"的方案，而这种方案给主播传播带来更多可能性。

第四，我们都知道技术发展是飞速的，可以不断地迭代和升级，而未来的人工智能主播将具有拟人的传播力。"传播力"可以理解为传播到达的范围，也可以指传播达到的效果。那么人工智能主播是否具有传播力呢？在我看来，人工智能主播的深度学习也可以提升它的传播能力，包括基于反馈和接收的原则来判断信息传播的内容和方式。深度学习、自我提升有效策略也使人工智能主播产品的发展能够积累受众对于人工智能产品的接纳度，传播效率也是可以不断提升的。

综上所述，人工智能具备高效性、及时性、广度和传播效率四个特点，给我们专业发展带来了很多挑战。

我也研究了人工智能主播的信息传播效力。

第一，从传播的角度来看，信息传播效果大于或等于主播传播。如果从基础的教学和实践两个维度，我们追求声音的准确性、功能性、声音的美学属性。人工智能主播在美学层面上很难被评定；但是准确度、功能性都是可以无限接近的，这要看整个设计的逻辑是不是与之相符。

第二，从深度理解和个性化传播的效力方面来看，人工智能主播的信息传播效果将要弱化。我们的播音事业是有历史的，从战火硝烟当中走出来的中国播音事业代表着党和政府的声音，是上传下达的声音利器，为党和人民的传播事业奋斗的职业特性融入其中。所以庞大的播音员主持人队伍除了追求标准的声音、艺术化的表达及风格特质，也是连接受众的非常重要的纽带。所以从这两方面来讲，我觉得人工智能主播的信息传播效果是弱化的。目前出现的诸多人工智能主播产品当中，受众比较质疑的也是信息的深度解读、场景的真实建构，还有人和人之间的互相交流的真实语境和情绪的共同感受，等等。

于是，我想提出一个现实的问题：人工智能主播，和我们培养的播音员和主持人相比，有哪些劣势？首先就是在跨领域推理和常识认知方面、审美能力与情感表达方面、抽象能力与自我意识方面是存在着差异性的。在此基础上，我提出了这样的一个观点：AI主播也好，智媒时代也好，它不存在谁替代谁，更有可能的是将机器纳入我们的传播领域当中，就是"人机协同"的模式——人播机助、机播人助、人机协同、人机互助的模式。

我们可以清晰地感受到在每一个媒介变化的背景下，我们的专业都有着新样态、新形势，包括专家们提到的新的教学观念、新的课堂设计，始终都是与媒介的发展紧密结合在一起的。AI主播在整个技术发展的层级上，未来有没有可能真正全面地走进我们整个行业领域当中，可能我还不能粗浅地去论断，但是可以在这种背景下，来探讨一些改变或者是一些转变。比如说，从传统播音员主持人的传播优势上来看，可以进一步提升个人的综合素质，增强与机器的协调发展，打造鲜明的主持风格和个性化形象。

我觉得需要有三个转变。

第一个就是教学理念的转变。应该在播音主持的专业课程当中加入"人工智能"或者是"新兴媒介与传播"这样的课程。杨澜老师出了一本书叫《人工智能真的来了》，杨澜老师是主持人，是文科生，但是她以自己的视角，从与图灵机（Turing Machine，即"图灵计算机"，是由英国数学家图灵于1936年提出的一种抽象的计算模型——编者注）的对话到探讨人工智能可能给人们生活方方面面带来的影响展开论述。我觉得对于我们专业的教学来说，应该让学生充分认识和感受到人工智能和媒介环境变化到底带来了什么，我想，理解技术才能更好地让学生将技术变成为我所用（的东西）。其次，在教学理念当中，对于学生的培养应该弱化共性、强化个性，增强对学生人性化和人格化的培养。最后，要深入思考未来要进入到传媒领域的播音主持专业的学生应该具备什么样的素质？承担的角色有什么样的变化？我想这些变化和预期当中的调整，就是我们进一步来调整教学理念的基础。尤其是今天听到了很多专家学者的分享，我想可能在未来的教育、教学当中，我们有更大的教学理念的转变和提升的空间。

第二个部分就是教师观念的转变。我觉得也是要做到三点。第一，要充分认识到当下媒介环境的变化。因为老师是引导者，老师如果不能与时代保持同频，是没法帮助学生在这个时代背景下发展自己的核心职业能力的。所以我觉得，教师应该比学生更早去学习人工智能、新兴媒体、融合媒体、短视频时代所带来的传播新状态和对于学生的现实需求。我想，未来的时代应该属于懂得使用技术为自己发声的人。其次，就是更加尊重学生的个性，不要抹杀学生的个性，但同时又要充分保证这一专业的核心能力没有衰退。我想，这个辩证处理的关系应该是挺难的。最后就是教师自身也要时刻具有学习观念，与时俱进。人机智能背景下，人机互助模式带来的角色转变，我觉得才能更好地引导学生持续进步。

第三个转变是对于学生来说，我也有三点思考。第一就是希望现在所有播音主持专业的同学能够充分认识到，播音主持专业生存和发展的大环境已经发生了深刻的变化。我们以往注重播、说、评、表的培养，现在可能更加注重思维，注重综合表达的能力和学习的能力。第二是学习和使用新兴媒体和新兴技术为自己的发展助力。最后，我觉得这个时代的发声者，一定是"看家本领"没丢掉，又能够与时俱进、头脑灵活地向前跑的人。人工智能当然能播新闻，可以24小时播出，不出错、不疲惫，但是我经常问学生，它能播出特点、播出人性、播出态度、播出共鸣吗？如果答案是不能，至少我们作为专业的学生和教师，应该反思一下自己有没有做到播出特点、播出人性、播出态度、播出共鸣。我想，在一问一答当中，也能够找到我们需要转变的理念和未来努力的方向。前几年，我总觉得人工智能主播出现之后，就是要替代一部分的播音员和主持人，要替代单纯的、重复性的、简单的、标准化的流程。后来思考得更多，技术的发展是要推动我们整个专业快速地向前走，可能我们要反思之前在培养的过程当中，有没有"播音腔"很浓重，千口一词、千人一面、千人一调？如果我们培养的播音主持专业的学生，更像真实、生动、有趣的人，而不是让他们更接近标准化的专业机器，我想是不是就更加体现我们的专业性了？

都说"纸上得来终觉浅"，我的这些观点是自己在工作当中的一些积累和总结，可能还需要进一步地论证和讨论。我们可以大胆设想，但我们要小心地论证；我们鼓励发言，更鼓励在这个时代背景下我们学术的交流和探讨。只有这样，才能共同推进我们的专业向前发展。我想，通过今天的论坛，我们可以思考如何保留我们专业最本质、最初心、最精华的部分，又能够呈现媒介发展的手段、方式和方法，为自己的教学工作反思和助力，也为未来我们播音主持专业的发展贡献力量。

感谢各位专家和学者，我在北国春城问候在云端相聚的各位师生同仁，我的发言到此结束。谢谢大家。

主持人：

好，谢谢侯月老师。大主题下，大家的不同观照角度都很有意思，侯月老师是从人机互动模式理念的角度来看人才培养。刚才侯月老师讲了三个转变——教学理念的转变、教师观念的转变和学生观念的转变。

接下来的这位嘉宾将就"媒体深度融合与播音主持专业的培养模式创新"这个主题进行发言，他是西藏民族大学播音与主持艺术教研室主任、新闻传播学的博士生王彪老师。

王彪：

大家好！我分享的话题是"媒体深度融合与播音主持专业的培养模式创新"。

我们可以看到，其实从去年年初开始，我们就提出了"媒体融合向纵深方向进发"的要求。"媒体融合"它是一个过程，不是一个结果，我们可能会长期地处在融合过程中来思考很多问题。所以今天的研究和思考可能都是过程当中的一个结果，未来的变化还会持续。

作为主持人、播音员，社会对我们的影响是方方面面的。当大的系统——广播电视发生传播格局、传播形态的变化时，播音员、主持人的变化也随之提上日程。从以往的研究看，近五年，有200多篇关于这个方面的探讨，但他们更多的是从各个侧面来研究，可能缺乏一种总体的反思，包括在大框架上突破的力度相对较小，偏于路径的依赖。所以，今天我想从以下三个方面来探讨：

媒体融合的影响

媒体融合的影响首先体现在传统广播电视失去其中心位置，我们叫"去中心"与"再造中心"，这样的影响会导致之后"全民主持时代"的到来。我们可以看到广播电视主持人的生存危机，我把它总结为这样一句话——失去了主流话语权与精英身份象征的有声语言传播者，掉入了一种多元文化杂陈的汪洋。在互联网上，我们可以看到不同文化圈层、不同文化形态和不同文化背景的交流群体，甚至有些是没有底线的。各种文化在这种"杂陈海洋"当中给主持人带来了巨大挑战（在以往，主持人还有一种"王者地位"）。最开始，比方说（MC）天佑出名之后，电视台会请他去做节目，这是一种传统媒体对他的赋能。而今天我们看到，互联网在反向赋能。比方说，在今年的五月份，四位央视最著名的男主播到直播平台带货。这个时候，互联网其实已经有了一种强大资本力。现在的多元文化主体的传播，有了自己的渠道、平台和追随者，它已经形成了自己的传播圈层。所以，它也在提示着我们：两种传播形态未来将长期共存，一种是传统规范化制度下，以大众传播为特征的传播形态；另外一种是个性化、平民化的，以人际性为特征的网络型传播形态。

第二是传播平面化、交互化。我们都知道大众传播是一种"拟态化传播"，我们在教授传统的广播电视主持的时候，会教大家"对象感""情景再现"等，这些都是一些主观构建，这种传播形态是一种"自我封闭"的传播。而深度融合之后，就是一种"平面化交互传播"，它体现为弱等级、非拟态、去边界的人际交互。因此，传统的播音员、主持人如果想要融入新的话语场，必须在语态、姿态、心态和状态等各方面进行调试，尤其是在一种交互的、不断循环的、活生生的生成性语言交互当中。他必须把握文化语境的变化，（进行）心理的不断调试，包括社会习惯的不同、受众预期的变化。可以看到每一个直播平台当中（包括这种网上的交互式传播），受众的变化都会影响传播的文化语境。所以，语言在这种交互性的传播当中，它是鲜活的，而且是极具个性的，同时也包含着价值。在今天的背景下，语言传播的价值属性成为语言传播是否有受众、是否有感召力以及是否有影响力的最重要的决定因素。

第三是受众的用户化。中外（学术界）对这个话题持有的观点不太一样，有些人认为它取消了传统广播电视的独霸权；有些人认为，在巨大系统编制、框架下的传播者，仍然具有一种钳制力，主流媒体仍然有主导的权力和统治的地位。而我觉得（至少）有三个方面是值得我们注意的。其一，由于媒体融合，广电时代的信号覆盖、地域保护与议程设置等优势被削弱了。其二，资本的转化特别快。在传统的广播电视领域当中，资本力、资本领域的资本和我们的影响力资本相互转化，是以"年"为单位来计算的。比方说，每年的广告洽谈会上的广告招商。而在传媒互联网当中，这种资本转化非常灵活、非常快速，是以天、小时，甚至以秒为计算单位。其三，评价机制受到挑战。我们都知道，对于以往广播电视主持人的评价，大多来自两个方面，一个是机构评价，比方说专业院校、媒体；另一方面是行业评价，比方说专家、同行。而今天的播音员、主持人的这种专业能力，更多是来自社会，来自我们的用户评价。

最后一个本质性方面的影响，是仪式化传播的消解。传统广电，尤其是电视，它属于家庭媒介，它处于家庭仪式化传播的主体地位。所以说，播音员、主持人在这种仪式当中占有核心的地位，有一种天然的、由仪式传播赋予的"敬拜""敬仰"与"圣感"。去年，我们可以看到，电视的开机率下降得特别快，新媒体传播呈现出一种社区化，这种"生活共同体"成就了"去等级的人际生活化互际交往"。所以，播音员、主持人在新的传播场景当中，身份在变化，从以往的具有象征性、神圣性的身份退却之后，进入了一种新的平民化的传播。这也就要求播音员、主持人要对自我的身份认知、语言策略、内容架构以及传受关系有新的认识和要求。昨天，中共中央办公厅发出了《关于加快推进媒体深度融合发展的意见》，有很多内容值得我们去借鉴。比方说，互联网思维、开门办报吸引广大用户参与以及主流媒体对人才的吸引力、竞争力，等等。这些都是对我们今后播音主持教学改革的一种信号，它间接或直接地影响我们教育教学的策略。

影响带来的人才培养的新要求

首先是对人际化交互与话语场营造能力的强调。播音员、主持人融入新的传播场域之后，需要具备"融入"和"影响"这两方面的能力。所以在这个层面上，心理学理论的理解与运用、社会经验的积累和提炼以及场景化语言学习尤为重要。这些是我们要强调的重点。

第二是信息素养与行业知识。有研究表明，"价值性"或者说"可获得性"

是我们人际交往当中具有吸引力的重要元素。那么，当我们失去了传统的价值赋能之后，我们需要有个体的影响力来带动我们的受众。比方说视觉的美感、实用知识、实际帮助、心理抚慰、自信增长等，这些是人际交往当中传播主体形成个人影响力的一种指标。我觉得主播未来的价值重点应该体现在两方面：一个是信息素养，一个是圈层的专业度。尤其是后者，我们在这种专业的知识领域中，对行业知识的处理、加工、提炼和纯化需要有比较强的实力。我们可以看到，现在以李佳琦为代表的带货的几个"王者"，他们的吸引力很大程度上来自对他们的所带货品的研究，就是一种专业知识的提升、一种凝练。

第三是素养型、复合型人才定位。人才需求从以往的技能化、职业化向素养型、复合型人才转移，强调专业技能、学识、潜力的普适性。为什么？因为网络社会化交往对于广播电视来讲，它不是一个自然进化，它是新的传播逻辑下的社会交往，所以人才需求也是一种专业结构形态整体上的改变，它不是局部的修补。所以，广电是原有的专业技能，它只能作为一种专业素养技能进入到网络当中。那么，真正实现突围的，我觉得是社会活动能力、引导话语的学识和应对变化的素养。

最后是有待商榷的技术驾驭与采编能力。因为以往的研究很多都提到了我们未来的播音员、主持人应该具有一定的采编能力，甚至有比较专业的节目策划与制作能力。我个人认为，技术的发展把我们从这种低级的技术束缚当中解放出来，把精力投入到更加高级的精神创造和文化创作当中去。所以，如果把改革看成是专业的叠加，把其他专业融入我们新的专业当中去的话，势必会稀释我们专业本身的高度和精华度。

对于未来人才培养的设想

第一是从"单向表达形象"到"交互型人才"的转变。在我们传统的播音主持教学中，对课程内容的设计大都是强调语言形式的深耕细作、表达技巧的倾向、语言生成的相对封闭、拟态交互和语言能力的共性倾向等。而交互式侧重于一种语言形式的适度原则，不是说没有，而是适度。那么，保持着一种朴实的状态，语言表达以内容取向为主，语言生成的要求就需要开放场景化的、情景式的交互式教学，语言能力要从个性倾向入手，同时培养我们的语言素养。

第二是从"职业技能型"向"知识素养型"转变。前者其实来自我们确定的工种职位，包括现在有些院校开办了体育解说、影视配音等。当然，不是说不对，而是我们要重新开始变化，它是一种精确能力的培养。其实，每个专业在建设初期都是这样的，包括新闻学，以前叫"报学"，后来叫"新闻学"，现在增加了传播学内容，它的发展脉络也是这样的。

第三就是从"大众传播"到"多类型传播"。在未来的融合传播当中，大众、组织、群体、人际等各种类型都会混杂交融。比方说现在的网络直播平台，它就是一种面向大众的，但是是人际交互性的传播类型。所以说，未来的人才，他是一个既可以应对全类型的传播，又能擅长于一个特征的这种类型的行家。

在专业设置上，我觉得一个是专业口径要拓宽。以前，播音主持更多是针对广播电视，包括一些舞台主持，那么现在应该拓展到"社会语言传播与交流"。那么，将传统主持教学归于什么？（归于）"语言表达大类"。同时，新增"语言交流大类"，其中包括语用学、心理学、修辞学、逻辑学等等。这些课程以前可能是通识课或者是选修课，以后要上升为专业必修课，同时在内容上做一些针对性的调整。第二，是"半开口专业的设置"。把语言技巧课程放在大二进行，这个时候，为校内其他专业的学生打开一个开口，让他们进入到我们专业来，吸收更多的来自不同学科背景、专业背景的人才。

关于课程设置，我有这样一些想法。一个是内容，我觉得播音主持专业学生的媒介素养应该是专业化的媒介素养，所以说它是在思维意识、能力、习惯感知等多方面的新媒体化，它不仅是能够使用新媒体，更应该是从内到外的一种深刻改变。同时，避免把社会学、心理学等这些学问大而全地叠加，而是把其中跟语言表达、语言交流、社会活动相关的知识摘出来，进行一个重组调整，加入到我们的课程当中去。大一以及大二上学期是素养型教育；大二到大三是一种技能性培养；最后在大四的时候，或者大三下半学期、大四上半学期进行什么呢？创新的前沿引领式的教学。

最后有几点反思。一个是因为国际上没有这种相关专业（指播音专业），所以，可能这种研究对国际研究理论的观照不足。第二，这种教学它实际上有一种地域的特性，所以说在地域层级定位上可能会有些差异。第三，因为它是一个过程，我们的媒体融合还在进行，所以，可能今天的理论放到明年、后年又需要做一个调整。

我们的播音主持教学究竟该怎么调整？总的来说，是适合当下的、放眼未来的，同时破除我们已有的路径束缚，看到真正的人才需求的核心，体现播音主持专业在未来的社会生活当中的核心价值。

主持人：

有句话叫做：用旧地图找不到新大陆。刚才我惊喜地发现，王彪老师不但懂理念，还给了我们一个新地图的画法，有很多具体操作层面的建议，让人耳目一新。

接下来，我们请最后一位嘉宾来进行分享。有请中国播音学博士，广东外语外贸大学副教授、硕士生导师李峻岭。

李峻岭：

大家好，非常高兴有这个机会在线上"播博汇"与大家共同分享我对于播音主持人才培养的一些思考。今天我想谈一下主播人才培养中的"智"和"媒"。当下的媒体正朝着智能型方向发展，那么它究竟需要什么样"智"的人才？如何看待主播人才培养的"智"和"媒"？

如何认识人才培养的"智"

我们之前对播音主持专业人才会有大概的业务能力要求，比如有稿播音和无稿播音。"有稿播音要锦上添花，无稿播音要出口成章"，这是一个近20年来我们专业领域中经常涉及的人才培养的标准，也可以视为一个规范圈层的共识。但是在如今媒介已经能够根据用户的兴趣、偏好定向推送相关内容的当下，我们培养的人才有没有与时俱进，更新"智"的因子？

媒体发展使得语言传播的人才，除了我们规范圈层内部的有声语言表达技巧之外，更加注重规范圈层外部思维空间的深化和拓展。而这些外部的深化与拓展，尽管在之前的人才培养标准里被提到过，但缺乏具体的量化性操作指引，体现在具体的课程设置、评价层级、实施过程较为粗放，弹性尺度过大，笼统性大于明晰性。教学中教师要求学生"依葫芦画瓢"的规范性内容较多，发散性内容有限，学生在长期"规训"惯性下，自身口语创造性表达的发展存在短板。整体来看，专业人才培养所应具备的前瞻性、预见性、开创性仍不够开阔。

人才培养标准动态性是否足够

有八个字大家非常熟悉，即"德才兼备，声形俱佳"，这是我们耳熟能详的一个标准，是我们专业培养学生的一种追求。但是在这样一种智能化媒介的当下，我们不禁想问，"德才兼备"中的"才"究竟具体指的是什么？近几个月，我一直在做各地融媒体中心调研工作，我发现，在基层的媒体机构，招进去的播音员或主持人，如果你只会播或说，已经不够了。为什么？传统意义上的广播电视台、新闻中心，都已经合并了，机构设置、编发流程等都发生了转变。最常见的状况就是你需要拿着手机和自拍杆赶到新闻现场，能报道、写稿，还能粗编一个小片子，可能不是精致化的处理，但是所有的工作都是由你一个人来做的。也就是播音员主持人除了会播、会说之外，他还必须会采、会制。这样的"技术+"已经体现了当下媒体融合对人才的新需求。因为媒介的现实就要求你加载其他各方面的能力，摄影摄像得会，各种音视频剪辑软件也得会用。

我们说报纸的记者拿着一支笔，他写得非常好够不够？以前够，但是现在可以说不够。为什么？以广东有名的南方报系为例，其重点打造的移动APP"南方+"已经不断在做报业记者出镜报道的实践。平面媒体的记者，如今也要求加载融媒体记者现场出镜报道的能力。从纸媒到智媒，媒介从业人员的准入标准发生着动态转变。我们作为播音主持专业的老师，如果说给学生的定位还是仅仅满足适用传统意义上播或说的工作，很显然学生出了校门，进入媒体后，他就会觉得面临着一种颠覆，包括观念的颠覆和现实的颠覆。市场所要求播音主持的"才"，一方面体现为播说融合，另一方面体现为全媒体化。新的诉求不断在延展，人才培养标准面临动态性的冲击。

我在思考一个问题，我们是追求"50+50=100"，还是"40+60=100"？

我们说"德才兼备，声形俱佳"，"声"和"形"按常规理解是各占二分之一，这是不是一个"50+50=100"的关系呢？当然，100、满分、优秀是我们追求的一种极致。但在实际中，不管是从教学还是从媒体实践来看，这种极度完美是一种理想状态，很难成为一种现实状态。而现实是什么？比如说我们看到一些网络带货主播，可能他们会有一些缺憾，会有一些在我们专业领域里被认为是不太规范、不太符合我们标准性的元素在，但是丝毫不影响他们的传播效果，不影响他们最后带货推广的成效，这和我们一直追求"50+50=100"的完美型目标思维形成了较大反差。智媒时代下的个人定制使得媒介特色更加凸显，过于沉溺在自觉完美的状况下，却容易失去原本我们可以有所为的特色。

162

如何认知人才培养当中的"媒"

1. 从"媒体"到"泛媒介化"

如果媒介融合的前期是由于技术先导导致市场反应,那么现在已经是从各级管理部门由上至下推动融合了。播音与主持艺术专业随着广播电视行业的兴盛而发展,那么当广播电视行业发生了巨变,当媒介环境发生立体的、交互的融合和变迁,这必然影响专业人才的走向和选择。比如目前沿海地区一些县级媒体没有编制的播音员主持人每个月的税后收入是多少?说出来大家可能不相信,不到三千元。但这就是2020年的最新状况。很显然,这样的待遇是无法吸引到具有足够梦想、足够冲劲的年轻人的,更不用说让他们长久停留,把专业作为事业来发展。同理,我们应该理解学生们不再天然地把从事媒体工作作为自己唯一和至高的专业选择,我们要正视专业的职业导向色彩淡化的趋势。人才培养的"媒"不一定是盯着媒体,而是让学生具备"泛媒介化"的素养和能力,拓宽对"媒"的理解。

2. 加法 or 减法

在人才培养中,我想应该是有加法和减法的。加法很多院校都已经谈到过,复合型、一专多能等等。关于减法,实质就是"断舍离"的问题,我们的课程有哪些是可以舍弃掉的。我有一个感受,很多专业学生花了很长时间去练习新闻播音、通讯播音,但是说实话,他们毕业了离开校园之后,可能根本就没有机会去播新闻、播通讯。一方面是岗位的限制,另一方面是媒介所需要的这类人才对于专业性的要求非常高,人才选拔往往定向在中传这类院校,其入口是非常狭窄的。如果全国那么多院校那么多专业,都把大量的时间让学生天天练新闻播报、通讯播音,最后学生面临的市场应用和专业习得就会脱节。当然,就专业策略上来讲,播报类练习的确可以有效训练学生从书面文本向口语文本转换的能力,但是从实践性和发展性的角度来讲,有效训练的途径绝非这一种,途径也理应和院校实际、人才应用结合得更紧密。比如我所在的广东外语外贸大学,几年前在做专业教学计划调整时,就已经把新闻播音这门课做了"断舍离",替换了另外一门对于我们而言更具成长性的专业课程。

主播人才培养的赛道

人才培养的赛道，一种是大而全的培养，一种是科目细分培养。我们说你去医院挂号的时候有骨科、牙科、眼科等等，分类是非常细的。我们凭什么要求播音主持类专业学生就无所不知、无所不能呢？这涉及素质教育和技能教育的关系问题。虽然我们一直围绕着语言表达为中心，但在人才培养中仍有不少核心问题。比如，以口头输出替换笔头输出；以广度练习替换深度学习；等等。最后你会看到学生声音不错，表达也不错，但是总感觉少了点什么？我想这是因为学生缺乏了在某一垂直领域深入沟通的积淀，缺乏了话语资本。

说到话语资本，我们不妨来看看清华大学的一门《中国近现代史》课，这门课其中一个章节是"中国近现代史的历史拼图"。仅这一个章节，授课老师布置了30本书，组成5个学生团队，每个团队里有6本书，要求学生组成6个小组，从6个视角进行交互性的认知和发言讨论。这还只是这门课程内容里面的一个环节。如果将我们播音主持专业与之进行对比，很容易发现在阅读量、思考量、输入输出量等方面的巨大差异。智媒时代下的主播人才急需提升信息观点的整合、分析、思辨和输出的能力。而这种输出能力其本质体现为在大量的听、读、说、写基础上的底蕴积累。即便声音好，表达不错，但如果说的内容是无源之水、无本之木，那么这样的话语阐释能够具有持续性的竞争力吗？我认为我们的专业教学应力争在相应的垂直领域实现听、读、说、写、再说的循环，从基础阐发、解释阐发、分析阐发到主题阐发，不断升维。

重新出发

"智"和"媒"的时代，人才培养应该回归到这12个字："志于道，据于德，依于仁，游于艺。"这是一个很宏大的理想，我想如果要实现人才的不可替代、人才的稀缺、人才的顶尖型发展，我们必须在道、德、仁、艺的维度上多思考，多做文章，多去努力。

我今天的发言就到这里，感谢各位的聆听。谢谢。

圆桌讨论

主持人：

接下来进入"圆桌讨论"。所有到会嘉宾都可以发言。这个环节共40分钟，每位发言时间控制在三分钟之内。

好，有请成倍老师。

成倍：

我跟大家简单汇报一下中国传媒大学播音主持艺术学院教学上的一些新动态。

我们团队主要承担的是衔接大二上学期《播音创作基础》之后的课程，包括了《播音文体业务》和时政国际新闻以及民生新闻的播报。本学期我们这门课有幸被评为北京市的优质课程。

我们主要做了三件事：第一件事情是着力培养学生创作的心理内在动力。心理内在动力的核心就是塑造创作者的价值观，也就是传播者的责任感、使命感。我们强调利他主义、乐于助人，培养同学们的情怀。在教学过程中，我们特别强调刻画人的价值，我们要做一个对他人有用的人，每个人都能体会到帮助别人的乐趣，这才是人的价值。第二件事情是叙事能力的培养。我们花一年的时间培养学生的叙事能力，就是通常所说的讲故事，不管是无稿的还是有稿的，主要是要教同学们观察社会。我提出"四万"——读万卷书、行万里路、见万个人、写万篇文，通过"四万"来呼应"四力"——眼力、脑力、脚力、笔力。我们提出的教学要求是：小人物、小动作、大情怀、大格局，有人、有事、有细节地去刻画人物的形象，去雕琢人性、人情、人品。第三件事情就是指导学生进行全媒体创作。我们给同学们布置了每周一个 Vlog 的作业。要求大家用短视频思维来叙事，就是在60秒之内完成一个完整的、有人、有事、有细节的叙事，尽可能运用浓缩的符号来表达丰富的情感。通过这三样，我们努力做到培养学生"三动"的力量。哪三动？第一，打动，即打动自己；第二，感动，即感动听众；第三，推动，即推动社会更加有序地发展。

这是我们团队做的事情，向大家汇报一下。谢谢。

于琳：

各位老师好，我分享一下我们江西师范大学在播音主持人才培养过程中的一些思考和探索。

拿到这个题目后我就在想,对播音主持教学来说,培养什么样的人才要看培养的人才服务于什么样的场景。智媒时代我们所处的每一个空间,或者说我们所运用的每一个终端都是一个媒体的接入口,那么在媒体的接入口下,我们话语服务的对象的状态已经有所不同了。这个问题在传统教学过程当中可能还没有涉及,这就需要进一步考虑。我们在想如何把这个理念架构到课程当中去。

在智媒时代,机器可以学习或者处于无限趋近于人的思维状态,但可以学习的是已经成为范式的东西,不能学习的是人的直觉思维、创意思维。在这个过程中,如果我们能够给学生创造情境,当他和不同行业的人去碰撞、去交流,就会有更多直觉的、创意的思考产生,这个是机器所做不到的,也是应该在课程当中努力去架构的。

江西师范大学是一所综合性大学,我们的学生除了学习全媒体的创作能力,像编导、表演、新闻等之外,还可以修第二专业。在第二专业的学习过程中,如果能以有声语言为载体呈现出来,播音专业的优势就会得到进一步的发挥。当然,在这个过程当中,实践是非常重要的抓手,所以我们在课程体系之上,努力打造一个融通各个平台的实践体系。课内我们希望学生以团队合作的方式进行实践训练,比如说学生可以针对同一个主题,针对自己的个性、爱好、特长进行发挥,为学生提供一种创造空间。我们的评价就不局限于技能、技巧,可能趋于综合。另外还可以参加一些学科竞赛,比如创新创业竞赛等,可以促进多学科的融合。我想这也是在进一步探讨如何能够融通学科、专业,融通实践的平台,融通师资队伍,融通评价的过程,是个体到群体、静态到动态、单一到趋于综合的过程。

胡黎娜:

刚才听了几位老师的发言,我特别有感受。孙良老师总结得很好,我同意他的总结。下面我说两部分,一部分是我们正在实施的,一部分是我的思考。

今天的主题是更新观念和课程改革。刚才高老师说了,教师就涉及教法。因为我们是边缘专业,最近在准备概论课,所以看了高祥荣老师的课,也看了高贵武老师的教材和姚喜双老师的书。语言学、传播学、社会学、心理学、艺术学、新闻学,我们都要掌握。那么我们专业和其他专业的区别在哪里?这是我想问的。我们和新闻、中文有什么区别?我们的看家本领主要是什么?要定了这个位之后,再来设计课程。

第二就是定了我们专业的看家本领之后,哪些课不能丢?郑强老师到我们山西任太原理工大学书记一职。他说每一个专业要重视本科教学，本科教学特点在于"蹲马步""打沙袋"。我们的基础是什么？包括了哪些内容、哪些课程？哪几门课程是我们专业不能丢的、区别于其他专业的？

第三，由静态到动态的课程设计和教学方法的转变。学生动态能力的提高，不只是静态的语言训练，还有思维方面的训练，像空间认识、空间驾驭能力、单一的空间和多空间的变换，这是我们在课程设置方面要思考的。因为我们从广播到电视、新媒体各个方面，我们区别于其他专业的课程动态是什么？

第四，因人而异的问题，这包括了教师和学生。生源质量和我们的师资能力面临着很大的问题。作为地方院校，我们的生源层次和中传没法比，和一类985院校没法比。地方院校要生存该怎么办？所以我们的课程设置要因人而异。课程目标和复合型人才培养要求这么紧迫，我们怎么样像刚才孙良老师说的，进行捆绑式的模块化培养？这里涉及师资培养问题，希望"播博汇"来领这个头。

下面我说课外教学实践平台和核心课程的对接。实践能力的提高非常重要，我们由静态到动态的训练，是通过课外教学实践平台来进行的。虚拟化场景的运用、阶段性课程作业评价体系的建立都非常的重要。

谢谢各位。

马树声：

各位老师好，非常感谢"播博汇"给我这样一个学习交流的机会。我是唯一一个来自职业院校的老师。随着时代的变化和社会的进步，播音主持人才的培养是一直在不断调整和变化，有句话说得好：唯一不变的就是变化本身。那么作为高职院校的代表，我简单向各位分享一下高职播音主持专业培养上的一些思路和做法。

第一，像刚才胡老师说到的，目前播音主持专业到底哪些是要守正、固本的？首先是专业基础。语言表达能力是播音主持专业的根基，播音主持的理论和技巧是内核，所以无论行业怎么发展，语音发声的科学规律、播音创作的基础理论、扎实过硬的语言表达功力是永远不会过时的。所以我们在常规教学当中还是要加大实训课程比例，加大实践训练量，打牢学生的基础。

第二，通过对接产业、拓宽就业来带动创业。高职专科的学生在就业上面临很多的尴尬，实话实说，我们不像985、211院校，不说中央台和省级媒体——他们都要求985、211的学历，很多地市台招人也都要求本科以上学历。所以我们很多学生在就业过程中被拦在门槛之外。面对这样一个实际问题，我们的做法是积极对接产业，不断拓宽就业方向。像传媒公司、新媒体艺术培训机构、电商产业等等，它们现在迅猛发展，对人才的需求量也比较大，对学历要求没有那么高，就给我们打开了另外一扇窗。从2011年开始，我们建立了包括婚庆主持、商务主持、广告、影视、动画配音、少儿语言艺术教育通道班，今年又开设了一个电商主播通道班。学生在大二就可以选修两个适合自己的通道班进行学习，这样学生就掌握了一技之长，为他的就业提供了一臂之力。我们还积极鼓励学生创业，为学生提供政策和资金方面的支持，让他们去成立培训学校、传媒公司、婚庆公司等等。

第三，产教融合，以实践教学创新来适应行业发展。产教融合是职业教育发展的重要途径。国家提出职业教育改革实施方案，对职业教育改革的力度也是越来越大。针对传媒行业的融媒体改革，我们在培养方式上做出调整，组建了一个群媒体专业群，对播音主持、新闻采编、传播与策划，网络新闻传播等专业学生进行联合培养。我们共享课程，把新闻采访写作、摄像与编辑、新媒体运营等课程与原有的播音课程组合在一起，形成全媒体播音主持课程模块。我们和大众网互联网传媒集团开展校企合作，策划了"追寻中国梦"主题采访实践活动。我们师生和记者们联合采访，把专业教学内容和行业岗位的要求有效对接，并且围绕大众网提供的平台，对不同形式的产品进行刊发推送，创新了这种全真型的融合实践。另外，我们还先后和一些企业开展合作，根据产业的需求进行人才培养，比如说配音方向、电子商务主播方向等，共同开发课程、共同制定课程标准、共建企业车间、共同制定教学计划、共同授课，实现了一个共建、共管、共育的人才培养目标。

米斯茹：

我特别迫切地盼望着说话的机会，因为一直以来我对于这个议题都特别感兴趣。

我主要想谈三点：首先，我们讨论任何问题都有一个视域范围，今天讨论的视域范围很有意思，就是"智慧媒介时代"；还有一个是"播音主持人才"；另外一点是观念的更新问题。就这几个关键词，我谈一谈自己的思考。

王婷老师刚才提出了一个非常重要的概念——"空间"。除了"空间"之外，我一直比较感兴趣的概念是"时间"。我们一直说，在钟表时间这样一种低速状态下，电子媒介时代的播音员主持人的时效性和准确性等是可以统一的。但是在网络时间——也就是在网络的加速时间所带来的时间景观中，似乎造成了一种文化社会与话语的断裂。在这样一个提升速度必然会重塑社会意识形态和社交价值的时代，播音员主持人的功用和价值到底体现在什么地方？

我特别想谈的是，在网络时代，当媒介技术成为一种原始资本的情况下，媒介技术不再是所谓的"工具性"或者说"过程性"的一种中介物，某种程度上成为一种社会生活方式的时候，播音员、主持人观念的更新可以体现在什么地方？对于播音主持专业来说，以前的UGC、PGC，到现在的多频道网络产品形态——像李子柒、巧妇九妹为代表的网络主播——的出现是一个提醒，某种程度上也是一种打击。我们不要自我矮化为"播音主持技术学"，我觉得，除了Vlog或直播带货营销策略之外，我们可以考虑的是播音主持艺术的原初层面——艺术的层面，让播音主持教育回归到艺术的本源。传播也好，语言也好，这些都很重要，但是能不能在课程设置中回到艺术本源中去，打造一个审美交往的艺术中介，播音员、主持人自身作为一个中介，实现播音主持艺术的再功能化。

主持人：

到目前为止，我隐隐约约地看到老师们其实都非常谦和。即使会提出不同意见，前面也要铺垫很长，然后才会说"我可能会提出小小的、不成熟的建议"。希望在这个环节里面可以把这个省略掉。

我也发现了某些不一样的观点，有的观点是强调要从"技能型"变成"素养型""复合型"的，比如说王彪老师；还有胡黎娜老师提出，我们搞那么多融合的时候，别忘了专业的核心在何处，这两者之间不能顾此失彼。这些观点中存在着交锋。我们希望通过交锋去发现、解决问题，找到解决问题的路径。这就是"播博汇"的价值所在。

接下来，有请肖潇老师。

肖潇：

"万物皆媒——人机合———自我进化"，这是智媒时代带给我们的思考。2018年，我主持的"青年创新人才培养项目"，课题的名称叫做"融媒时代下播音主持艺术的嬗变与重建"。我提到过，新时代下我们需要的播音主持人才，应该具备良好的即兴口语表达能力、个人魅力、丰富的阅历和动态变化能力，一定是一专多能的人才。

进入智媒时代，我们对播音员、主持人应该有更深入的要求。以前我对业务不精的学生说他们播读得像机器人。现在稿子读不好，还不如人工智能主播。因此，我们对学生的培养特征、特质也进行了调整。

从2017级的学生开始，分方向选课，课程内容设立不局限于传统媒体，还加入与新媒体相关的课程。现在都在讲一个词叫做"网感",我们的毕业生实习也加入了相关的内容,增加了《即兴口语表达》和《文案策划》等相关课程,让我们的学生适应毕业后的职业。相信各个省都是这样的,我们省台里有不少人已经"转战"到了新媒体,也是风生水起,这也在一定程度上影响着我们对学生的培养方向。做得好的主持人身上都具备了很多特质和鲜明的个性。他们之前在电视台做得也比较出色,不是因为做不好才转到新媒体,而是因为做得好才去"转战"。我们省台辞职的主持人杨州的"川藏线旅行"抖音小视频有趣、有料,而且还有信息。今年我们省台的主持人大赛上,选拔人才的标准已经不拘一格,包括有带货能力的主播,也在我们的选拔范畴之内。

时代的变化给了我们指引的风向标。我们应该认清自己、找准方向,不随波逐流,才能有一条路。不是说有好的表达能力就能带货,也不是说是好主持人就一定是好主播。

狄更斯(Dickens)在《双城记》中说过:"这是一个最好的时代,这也是一个最坏的时代。"面对新技术革命引发的全新的传播格局,弱小者被淘汰、被取代,"最坏的时代"是他们的切身感受;专业门槛抬高,强大者站在行业的巅峰脱颖而出,"最好的时代"是他们卓越的最佳投射。面对势不可挡的人工智能大势,也要充分考虑人工智能的不足和缺陷。教育是一门复杂的科学,但是所有复杂的体系都是靠简单的规则存在的。

金重建:

我们讨论的是"智媒时代的多元化培养",首先要把播音主持的定位搞清楚,这非常重要。定位是什么?以前说是"党和政府的喉舌",那么在互联网时代、在网络空间时代,这种定位还要不要?怎么来认识?我们党、政府和人民是一体的,把这个问题解决以后,我们再考虑语言问题。

语言很清楚。话语,写出来的是文字语言,说出来的是声音语言,包括有文字依据的和没有文字依据的。所有这些都是通过声音来表达的,所以被囊括在播音主持的范围。这个要很明确,再来考虑我们怎么跟接受主体去联系。你看"TikTok(字节跳动旗下短视频社交平台)",只言片语加狂放舒展的舞姿,带给人们欢乐轻松;"西瓜视频"分析国际问题,条分缕析,带给人们严肃沉思;还有"今日头条",它阐释"眼见不一定为实",颠覆了人们的自以为是。我们不是讲"感受"吗?不是讲"看到、听到、感受到"吗?而我们现在看到、听到、感受到的,往往还得打一个问号。在这个基础上,我们再去考虑语言,不要把这个"根本"给忘了,不要老是停留在技能上。技能我们要培养,但是，播音根本的东西是用一定的意识来带动你的语言。我想这个问题如果能解决的话，再去探讨网络直播、直播带货等，这都是好解决的。根本的东西如果不抓住的话，我们这个专业核心的东西就丢了。

所以，我觉得始终要记住：正确的政治方向、舆论导向、价值取向，这些要体现在所有的节目里。我有一句话叫"化整为零"。以前是"从上到下"，现在是"化整为零"。11月9号，康辉以出访团个人的身份通过短视频播出（指康辉拍摄金砖会议 Vlog——编者注）。但在报道的时候，是以党和政府喉舌的身份，把个人身份融入进来，"化整为零"地起到该起的作用。

王彪：

我想先对胡黎娜老师的发言作一个回应。

其实我也在思考这个问题，还是回到之前讲到的传播音主持教学内容上。不论技能型也好，艺术化也好，其实都是经过比较长时间的探索、调整，最后固定下来，经过了二三十年沉淀才比较系统、完备地形成了现在对传统播音主持教学的认知。那么新的媒体、新的融合出来之后，我为什么一直强调"我们在路上"，就是说我们要为新的播音主持学科进行构建，包括教学核心能力要怎么来架构。现在都处在探索阶段，不能因为探索出现了一些阻力、一些困惑，就再回到之前的路径上去。所以，也回应刚才米斯茹老师提到的"艺术性"，我个人觉得艺术性只是播音主持教学当中的一部分，甚至是很小一部分。我们更多的是在一种交互性的、人际性的、生成性的、现实的、跟社会不断连接的一种语言场中在进行我们能力的培养。

刚才肖潇老师放了一段视频，可以看到我提到的"社会活动能力"。如果说这个人走川藏线，仅仅是按照一般游客来表达、来讲述，那么我觉得也没什么可看的，因为这样的人太多了。应该在这些方面——比方说对四川、西藏，对途经的各个省份的文化、地理、风俗、人情、历史——展示独到的见解，这个视频一定会很好看。加上主持人本有的语言技巧、语言能力，就会更加吸引人。这个就是我说到的：以往的能力作为一种技能和基础，进入到互联网的交互传播中去，但是同时必须拥有专业能力和专业领域的知识，成为圈层化传播的带动者，或者说精神领袖、意见领袖。

新的学科建设还在探索当中，但是有一点是可以肯定的：不能再走老路，不能再走这种依赖技能、依赖艺术的单一道路。未来的学科构建当中，心理学、语言学、语用学、逻辑学、哲学、史学也要成为专业必修课。要形成一种在交互性、生成性的语言场中，具有自己独到见解、深刻思考、独到观察，然后具

171

有传播信息和交互能力，而且要组织语言场，把大家带动起来，形成一种影响力。结合中办提出的"要占领新的舆论阵地"，怎么占领呢？一，拥有传统的技能；二，拥有交互的能力；三，拥有话语权再构的能力；四，拥有社会洞察跟活动能力。

王婷：

　　我几次在主持传播论坛都见到胡黎娜老师，我特别愿意听胡老师发言，因为每一次当大家都讨论得热火朝天的时候，胡老师一句话就会把大家重新拉回到一个特别冷静的思考的状态当中。这一点，不仅仅是对处在焦虑状态的播音主持专业有意义，对于整个的行业来说，也需要不断停下来，甚至回过头来看看当初建立专业的核心是什么，播音主持专业区别于其他专业的东西是什么。其实，从我当时在中传新闻系读完研究生后留在播音系教书开始，这个问题一直纠缠了我十几年。我觉得如果我不是以一个播音专业，而是以一个新闻专业老师或者新闻专业的学生来看待这个专业，我还是认为专业核心是话语的能力。我刚才已经讲了，其实话语就是语言的应用，也就是"语用"，但是它又不仅仅是话语。

　　回到"空间"上来，空间理论中有一个对于话语非常重要的启发，就在于它强调如果当你不把空间设定为一个非常有限的物理和地理概念的时候，你的话语的概念性、精神性、思想性和关系性，决定了你所在空间的一个无限的语域，也就是主持人在表达当中有足够的思想性、观念性、精神性，而且我们的话语表达不只是为了信息的输出，也是为了建立一种良好的话语关系。所以，空间概念给我们的启发在于空间背后是一种关系。所有的空间，不管是教师作为空间的主体——课堂空间上教师是在建立一种师生之间的关系，还是作为主持人，从它出现开始就是人际传播中一个非常重要的标志性符号。所以主持人的出现，是在对大众传播向人际传播转化过程中确定了一个非常重要的关键性符号。

　　所以，我还是认为话语能力是播音专业的核心能力。话语不仅仅是语言，也是语言的应用。语言的应用有两方面分支：一方面在于话语的关系。也就是在整个的交往当中你怎么可以共情，根据你的观点、思想的传递，建立一种思想的共鸣，融入你的艺术性、审美性和思想性，甚至人文关怀的状态来建立思想的共情，这种东西就是话语的关系意义。另外一方面就是话语的能力，就是话语本身的信息意义，就是我们说的"传播力"。我觉得现在不是一个信息的时代，而是一个观点的时代。主持人区别于其他专业和行业的最重要的标志，应该是最会说话、最会表达观点，也最会传递观点的人。所以，从某种程度上来讲，我觉得话语能力仍然是这个专业应该极力打造的能力。

主持人：

我看到后台聊天中已经开始有交锋了，王彪老师、米斯茹老师、胡黎娜老师观点都不太一样。能不能请你们每人只用一分钟把观点阐述一下？米斯茹老师，我看您明确说您不同意王彪老师的观点。

米斯茹：

我不是不同意王彪老师，我是不同意王彪老师刚才说的那一句话。

我觉得在技术逻辑下都是一个"实然"和"应然"的关系。播音主持艺术成型为独特的、跟音乐艺术、舞蹈艺术等其他艺术一样的艺术传播形式，非常重要的一点，就是它应该在"应然"层面上发挥语言表达艺术和副语言表达艺术的功能。我为什么会说到"摆渡人"这样一个概念，在"实然"的技术逻辑统治下，谁也无法阻挡技术洪流之下的"此岸"。播音员、主持人作为艺术的中介应该具有一种"审美的摆渡人"的作用，把全然浸润在加速时间中的受众从这种媒介图景下带到审美的"彼岸"。虽然有点乌托邦，但是我觉得这应该是这个学科可以去思考的一个愿景。

王彪：

这个问题我以前也纠结过，但最终想明白了。播音主持虽然叫"播音主持艺术"，但是我们极少或从来没有把播音员叫"艺术家"，我们也没有把主持人叫"艺术家"，而是把他看作信息传播者。传播是交互的，不是单向的。今天的技术进步给了我们真正的传播空间。以前的交互是拟态的、虚拟的、"假"的，今天我们来真格的了。艺术本身是一个作品，可以被反复欣赏、鉴赏，但是我们从来不会把一个主持节目当作艺术品来反复鉴赏，而是取其内容。未来是"内容为王"的时代，主持人话语内容才是最根本的价值。

主持人：

刚才王婷老师说的是"话语能力"，从语用学角度看，话语交际功能起了很重要的作用。您可能更强调话语的交际功能，而对话语的审美功能并不认为是最迫切的，（审美功能）可能还在更高一层。

胡黎娜老师，您有什么要回应？

胡黎娜：

其实没有多少矛盾。刚才王彪说从单一到交互，我非常赞同的，他的一些观点很新颖。从理论层面说，确实是现实问题。只是我在实操方面，站在我这个级别层次的学校提出了这样的问题。我也特别同意王婷老师说的话语能力。但是艺术性，也不能忽略。播音主持专业是复合型专业。我们的表达手段具有艺术性，表现效果具有艺术性。只能说"我"表现的内容是新闻性的，但话语能力是语言性的。

主持人：

好，谢谢！李伯冉老师，终于轮到您了。有请！

李伯冉：

好的，谢谢主持人！刚才在听的过程中特别享受，听到了不同老师之间观点的相互碰撞，也让自己获得启发。我和主持人一样，两边的大脑在相互打仗，我在想到底该投哪方一票。其实反观我们学校自己在做的事情，恰恰是两方面的观点都有所融合。

我觉得探讨课程改革话题需要理清楚一条线索，就是从办学定位到办学特色再到为学生设定的人才培养目标。宏观的人才培养目标可以细化为多少个毕业要求指标点，覆盖我们的知识技能和素质？针对这些不同的指标点，我们又有什么样的课程体系来作为支撑？我觉得这是去构建完整的人才培养体系的思路。

对于我们辽宁师范大学播音主持专业来讲，我们给自己确定的办学定位和专业特色，简要地说，第一个是艺术性与传播性相融合。可能恰恰是老师们两方观点的结合。同时，我们还有一个比较特别的"标签"，我们是辽宁省目前为止唯一一个获批了"创新创业教育改革试点"的播音与主持艺术专业。这个事乍一听有些莫名其妙，播音与主持艺术专业如何和创新创业教育挂钩？之所以能够获批这样的试点，或者说我们愿意去做这样的尝试，是因为我们在专业建设方面有一个构想，那就是通过与专业深度融合的创新创业教育，来引导学生关注社会、深入生活；以"利他"的视角，将观照社会现实作为创新创业的出发点和落脚点，从而涵育学生的人文精神与科学精神，来培养他们正本清源、守正创新的艺术创作观念和用创新产品观照社会现实的产品思维，使学生兼具创新精神与专业能力；在培养创新精神与专业能力的同时，进一步去锻造学生健全的人格。

在培养目标的凝练上，我们给自己找到的定位是"创新应用型人才"。

服务于这样的人才培养目标，我们去设计课程。比如说，2014年设立了一门课程叫《主持人节目创作》，在2018版培养方案中，我们把它更名为《全媒体主持创作》。这个课程其实就是在做一种创新创业教育和专业教育的融合。主要基于两个背景：一是新科技革命推动下传媒行业不断向媒体深度融合发展的趋势；二是国家层面大力推动大众创业、万众创新的政策背景和高等教育当中创新创业教育不断推进的趋势。

课程思路大概有四点。一是参照项目运营模式来设计教学组织形式，引导学生实现从完成作业到创作作品，再到生产产品的观念的转变。第二个是依照项目实施计划来设计教学任务，采用了"项目驱动 PPL"（指教师指导学生在追求项目成果的过程中，通过项目实践掌握系统知识技能的教学方法——编者注）和"任务驱动 TPL"（指教师将教学内容设计成一个或多个任务，在课堂中以任务为驱动，让学生在完成任务的过程中获取相应知识技能的教学方法——编者注）相结合的教学模式。第三个就是以创业训练推动项目培育，实现以创新创业教育带动学生全面发展的理念，致力于将学习成果培育为成熟的创业构想。第四个是以校企联动的评价来推动成果转化，促成市场转化，或者是将教学成果沉淀为下一个教学周期的项目资源。

以上简要向各位老师做一个汇报，也是试图给出一个属于我们辽宁师范大学的解决方案。

李斌：

今天我们的主题是"人才培养"，关注点是多方面的——理念、教法、模式、成果跟困惑。作为浙传的一名青年教师，我想从我的观察来分享我们学校的一些做法。

在理念上，浙传一直坚持只要有需求就不断去开拓。比如说，杭州亚运会快到了，我们就做一个"体育解说班"；现在进入智媒时代，我们就做了一个"网络主播班"；在"一带一路"背景下，我们也开始做播音主持国际化人才的培养，在全国应该也算第一家。当很多院校开始做双语播音教学时，我们学校已经开始做留学生播音主持能力的培养了。据毕业生反馈，他们在国内就业特别好，不仅仅是做播音员、主持人，还可以做很多跟文化相关的工作。这个是我们理念上的优点，有需求就不断去开拓。

第二个方面我想谈谈教法问题。我是中传学播音出身，上学时老师的教法是以示范为主。但刚才很多老师也提到传统的教学法在当前播音主持人才培养中已经不适用了。所以我们现在采用的教学法更加多元，比如说项目式、实践式还有课题式。以课题式教学为例，这两年浙传很多老师拿下一些包括国家课题在内的大型课题，我们把课题研究融入教学当中，然后学生也可以亲身参与进去。

第三个方面我想谈谈模式。浙传播音主持艺术学院有三个专业（方向）：影视配音、礼仪文化和播音主持。目前我们主推的是以大赛来促进教学。比如说我们每年一度的"声优大赛"，还有现在在做的"礼仪城市大赛"，都是通过大赛把专业带动起来。

第四个方面是成果问题，我简单谈一下。其实播音学院有很多压力，也做出了一些成绩。比如说，今年疫情期间大学生整体就业形势不好，但实际上反而今年我们的就业是最好的，达到了全校第一。很多毕业生去了电视台和电台，但他们做的不光是主持工作，还有各种全媒体岗位，比如公众号运营和短视频创作。他们中还有抖音上的短视频达人、网综艺人、配音导演等（《声临其境》的配音导演就是我们的学生）。这就实现了语言传播人才的多样化培养。

最后我想说一下困惑。跟传统教学相比，融媒时代的教学真的不太一样。对学生的策划能力、编辑意识、导演能力、产品研发能力都有要求，这些都是播音专业科班出身的老师所给不了的。我也真的是不停地在学习。我相信王婷老师在做 Vlog 教学的时候，也一定是重新摸索了一些新的思路跟理论方向。还有刚才王彪老师也提到心理学、语言学这些课程的建设。我的困惑就在于，在这样的一个融媒时代，播音主持专业的课程体系该如何科学化？我们应该打造一个什么样的科学体系？师资的配备应该有什么样的走向？这是我的一些困惑。

轮值学者小结

孙良：

原本计划 40 分钟的"头脑风暴"环节，实际进行了将近一个小时。我想用三个关键词来形容此刻我的感受。

第一是"万花筒"。听到每位老师的发言和观点，都觉得是一束光照射进自己的头脑当中，但是光束多了还需要聚焦，接下来要做进一步地深入思考。

第二个是"聚光灯"。我们无论在谈什么都是围绕播音专业的教学展开的，我们都在关注播音主持专业未来的发展。

第三个是"大火炉"。我能够感受到大家思想的温度、智慧的温度，尤其是对于我们所从事的播音主持专业热爱的温度。在做开场阐释的时候，我提到了一个词——"学术共同体"。衷心希望这次讨论，以及随后而来的一次又一次的讨论，能够把所有老师和同学对于专业的热爱聚焦成一个大火炉，形成一个思想激荡、学术激荡的共同体，共同推动播音学科未来的发展。

谢谢主持人！

主持人：

刚才孙老师说，原计划 40 分钟，现在一个小时。其实他是在批评我作为主持人没有履行好职能。

确实，我也深刻感受到了智媒时代对主持人的挑战。今天我在主持的时候得同时看四块屏——手机监测屏、腾讯会议屏，还有两块电脑屏幕。四个屏上不同信息汇聚在一起，同时要把控流程，还要激活话语场，确实是一个挑战。但是我觉得很有意思的是，在这种挑战之下，大家都在想主持人如何应对挑战？播音主持专业培养模式又如何去呼应挑战？这就很有意义了。

接下来要进入最后一个环节，请总评人进行总结。第一位总评人是中国人民大学高贵武老师。有请！

专家总评

高贵武：

各位老师辛苦了！刚才三个多小时的研讨，我听完之后心潮澎湃，特别受教育，特别感动。看到有这么多人对于专业问题进行深入思考，看到咱们的专业、学科发展的繁荣景象，感到催人奋进。各位老师在发言中所表露出来的师道精神，对于专业、学生，特别是对于学生成长和未来表现出来的责任感也是非常令人感动的。同时，各位老师也表现出非常好的学者精神。学者作为社会的良知与思考者，会去捕捉一些重要的、亟待解决的问题，利用个人独立的思考给出见解。我们都是普通教师，但是我们今天所探讨的话题是"培养什么人、怎样培养人、为谁培养人"，这是习近平总书记都在考虑的问题。所以说我们的讨论体现出作为学者和知识分子的价值，这一点令我印象深刻，特别地感慨。

马克思曾经说过："历史的逻辑从哪里开始，我们理论的逻辑就应该也从哪里开始。"大家看到了社会现实中的变化，于是尝试在理论上做出回应与探索，这样的讨论在当下是非常有意义、非常有价值的。

说到人才培养，不光是播音主持专业，包括我所在的新闻传播专业，包括其他很多专业，在时代飞速发展的背景之下，特别是在技术越来越成为一个主导力量的背景之下，多多少少都面临着一些危机和困境。这也是历史为我们提供的一个机遇。就像我刚才讲的，历史的逻辑发展到这里，使我们有了这样一种可能，或者说有了这样一个空间去解决这个历史问题，这也是历史赋予我们的一种责任。

我认为，探讨专业发展面临的问题，要回归到教育发展和教育本质上面来。

从历史角度来看，自从有了现代意义上的大学教育，也就存在着不同的发展模式。最早的模式就是纯理论模式：大学培养人，纯粹是去满足大家求知的好奇心，是去培养具备独立自由的精神品格的人，而不是关注他的就业或者工作。随着现代教育的发展，又出来另外一种模式，要求培养的学生是要有用的，是要去实现价值、解决一定的社会实践问题的。在这样的思想之下，我们的专业，特别是以实践为导向的专业也就开始有了发展。到了今天，现代教育的发展越来越出现一些打破边界或者说是融合的趋势。在原有的两种模式上，我们又看到一种新的模式在诞生，这个模式就是跨专业、跨领域的融合，这是当今社会的主流。也是我们未来要去考虑的问题。

从学生未来更长久的发展来看，我们的教育应该使其具有能够适应多种工作环境、充分体现他们综合素质的能力。在关注技能的同时，还要培养合格的社会公民，培养社会的建构者。除了技能之外，知识和素养也是很重要的。老师们提到艺术层面、政治层面都是很重要的素养。

在当下这样的无边界环境下，多元化培养的课程体系如何设计？我觉得不妨用模块化的方式去处理。应该有知识模块、素养模块、技能模块，甚至应该有一些拓展模块，这是从课程上来讲。刚才老师们在讨论中还提到专业本身的特质与优势，有的老师从艺术的角度，有的从传播的角度，我个人认为要从一开始就思考适应社会需要、满足社会期待这样一个宏大的教育命题。如果说我们对于自己专业的基本问题，对于专业的本质和核心没有一个很好的把握的话，可能我们的发力会走偏，走偏之后会带来一些实践中的问题。

播音主持专业这么多年发展下来，一方面得到了社会极大的认可，另一方面也受到一些质疑，获得一些建议。这些问题都应该纳入专业的本质和核心上去回答。前两天在给陕西科技大学做演讲的时候，我就专门提到是不是要把专业最基本的问题聚焦，比如聚焦到"表达和交流"上面。表达固然不可少，而且表达的技能或专业是提高表达有效性非常重要的途径，它是不可忽略的。但是我们不能只停留在"表达"的阶段。"表达"是我们的手段和出发点，它并不是终点和目的。我们的目的还是要去交流，要去跟人互动，还是要形成一种影响，对于社会事务、对于个人思想观念等方面起到影响和推动。

如果说在基本问题上再去做更深入的思考的话，就要去关注对于"人"的培养。从这个角度去认识，我们培养出来的学生将来进入到行业就会更适应需求，更能够展现出他们的价值。

关于今天的话题，我想总结为四句话。

一句话是，目前的教育方法、教育体系是一定要变的。从新闻传播或者从播音主持的历史逻辑来看，它一定是变的。当社会有了广播的时候，我们是广播的播音；有了电视的时候，变成了电视播音；当有了网络新媒体的时候，自然也会发生一些改变，这是历史发展逻辑的必然，我们一定要适应这个变化。但在适应变化的时候，作为专业人士，作为教师与学者，我们不要忘了还要进行引领。不能说看到社交平台上什么是最火的、什么是最热的，认为它是最好的，就要照搬到课堂中来，要把它变成为学生必须掌握的技能。一方面体现出适应；另一方面要从专业标准和专业要求上体现出引领的价值或者是追求，这是第一句话。

第二句话，我们要把握面临的最基本问题。不把握的话就有可能走偏。如果过多地着眼于专业的工具性就会出问题。我们磨了一把非常亮非常快的刀，但是不知道用它来割什么。那么这把刀磨得再快，它的价值也不会体现出来。

第三句话，人才培养是要培养综合能力，而不是偏重于某一个技巧或技能。要综合地来考虑素养、知识、拓展等各个方面的问题。

第四句话，不管这个时代怎么变化，不管技术的力量产生多少可能，作为专业要固本守正，坚守住专业的品质。无论在什么时候，真正的专业都不会处在输掉的位置。新媒体时代人人都可以发声，人人都可以当播音员、主持人，但是在整个网络世界里，95%的内容、95%的流量都是掌握在3%~5%的人手里，而这3%~5%的人之所以能做到这一点，还是因为他们所掌握的专业，因为他们体现出的专业品质和专业能力。所以，在适应社会发展的同时，我们也不要忘了专业的基础和优势。

讲到这里，我想起来黎巴嫩诗人纪伯伦（Gibran）的一句话："无论我们走多远，都不能忘了我们是为什么而出发的。"

谢谢主持人。

主持人：

接下来有请下一位总评人，中国传媒大学播音主持艺术学院教授、博士生导师曾志华。

曾志华：

各位老师，各位同学，大家好！

前天，"播博汇"公号就开始激动地倒计时：倒计时两天！倒计时一天！转发在朋友圈时，我加了两句话：教师即课程，教师即研究者——明天下午，倾听教师们的智慧共享！

确实，围绕今天的主题"从观念更新到课程改革"，我个人的感受就是——一场饕餮盛宴，智慧的共享！

先说观念。

王婷老师谈到了空间认知的角度，王彪老师从媒体深度融合的角度——就在昨天，中共中央办公厅、国务院办公厅印发《关于加快推进媒体深度融合发展的意见》，侯月老师从人工智能主播信息传播特点的角度，峻岭老师谈的是主播人才培养中的"智"与"媒"，孙良老师把人才培养置身于新文科背景下……还有多位观察学者老师们都给我们带来了耳目一新的视角、认识、观点。

再来谈谈"课程改革"。

课程在理论上的定义有很多种，国外的教育学家，国内的研究者，各有各的角度。在我们这些普通的专业老师看来，课程似乎指的就是一门又一门的课，大课、小课、教材、指定稿件、指定链接、教学内容、教学计划、教学大纲等这样一些教学术语。而课程标准、课程实施、课程开发、课程发展这样一些概念呢，我们似乎很少思考，即便想过，也往往总是一闪而过。必须检讨，包括我自己在内，我们的课程意识太过薄弱。

去年这个时候，很有幸，我拜读了高祥荣老师的专著《课程论视域下播音主持专业教育研究》，"作为曾经的传媒机构工作者和如今的传媒教育工作者，在大学从事播音主持教学和实践工作中深感新媒体冲击下传统媒体的迷茫，也体会到了新闻传媒和播音主持专业教师及学生的困惑"，高老师带着他的困惑，进行了课程与教学论的学习，并选定了研究课题，从而嫁接起了播音主持学和课程与教学论，连接起了艺术学和教育学。最能激起我共鸣的是书中提及的，现代课程理论对教师与课程之间关系的观点，施瓦布的"教师即课程"——刚才高老师也是以这个为中心观点作了精辟的阐述的。

要论及课程改革，我想我们应该具备"教师即课程"的认识。尤其是对于播音主持专业的教师而言。如果这个认识不到位，智媒时代也好、新媒体时代也好、融媒体时代也好，播音主持人才培养的问题都会是一个大问题。

为什么这么说？

我们知道，在施瓦布的实践课程范式中，"教师即课程"这个观点，否定了教师只是单纯作为"课程传递者"的工具功能，超越了教师与课程的二元分离状态。是的，播音主持的专业教学绝对不能降低到技术、技巧层面，我们也不单纯是教会学生正确的发音位置、内三外四这么简单。对于有大课更有数不清的小课的播音主持专业的学生而言，我们自身就是课程的有机组成，就是重要的课程资源！

华东师范大学课程与教学研究所吴刚平教授将课程资源分为素材性资源和条件性资源两种。

素材性资源指的是作用于课程并且可以直接成为课程的素材或来源的。比如教师的知识、经验、技能，情感态度、思维方式、价值观人生观世界观等。

条件性资源指的是作用于课程但并不是直接形成课程本身的来源。比如决定课程实施范围和水平的人力、物力、财力、时间、场地、媒介、设备、设施和环境，以及对于课程的认识状况等。

我想，身为专业教师，我们都希望作为重要课程资源的自己能够是优等的资源，为此，我们会在很多方面努力提高修为：读书、攻读学位。但是，在素材性资源的经验上，我们是否做到位了呢？

我认为，对于播音主持专业的教师而言，经验应该包含两种词性，一是动词词性，二是名词词性。动词意义上的经验，不仅仅指我教了多少年书，这门课上了多少轮，这样一种经历。这里的经验应该特指我们拥有一线的实践经验过程。如果说过去我们可能有理由、有借口：去传统媒体有一定的条件，还需要一定的时间，播音的课又太多了，忙不过来，等等。现在，在这样一个人人都有麦克风，人人都可以上传作品的年代，我们似乎再没理由不去实践、不去体验了吧？

张颂老师总是说"实践、教学、科研"，这是播音主持专业教师应该遵循的"三位一体"的科学路径。

所以，尽量多地拥有实践经验吧。这个实践，既可以是镜头前、话筒前的有声语言表达、创作，也可以是在媒体机构参与的策划、评审、培训等工作。再加上平日里，多听、多看、多记录、多分析研究，在了解整个媒介生态环境的基础上，我们"名词意义上的经验"就一定会丰厚起来，也就一定能在专业课程实施的广度与深度上助力，条件性资源也就随之"高端、大气、上档次"。

当我们的素材性资源和条件性资源开始形成良性循环，成为优质资源的时候，我想，教师即课程，我们对学生的成长是有价值的，对我们自身的发展同样也是有价值的。

何其美好！

有这样一个比喻：如果你去看病，有两个医生，一个看病只凭自己的经验，另一个不仅凭自己的经验，还参考其他医生的经验，并随时关注医学学术的进展，研究病因病理，你希望让哪个医生为你看病呢？显然是后者。换到教学领域，就是以学术的态度研究教学，以专业的态度开展教学。这个思路是由斯坦福大学教授、大学教学学术主要创始人、卡内基教学促进会前主席李·舒尔曼（Lee S. Shulman）提出来的。

今天，我们大家齐聚云上论坛，分享自己的经验，还听取其他老师的经验，并一直在关注智媒时代——5G、云计算、人工智能、大数据等技术发展对主播人才培养的影响。这不就是李·舒尔曼倡导的教学学术的态度吗，也是一种积极、负责任的专业态度。

感谢每一位智慧共享的老师！

感谢每一位参会的朋友！

最后，以朱光潜先生的一句座右铭作结束语吧。

六个字："此身、此时、此地"——朱光潜先生对这六个字的解读是："凡是此身应该做且能够做的事情，绝不推诿给别人；凡是此时应该做且能够做的事情，便不推延到将来；凡是此地应该做且能够做的事，决不等待想象中更好的境地。"

——各位老师各位同学，我们共勉！

主持人：

好的，谢谢两位总评议人的精彩评议。

今天，"播博汇"又创造了一个纪录。播博汇本来是在线下举办，现在搬到了云端。本期是我们搬到云端之后举办的第二期。本期云上"播博汇"，两点开始，到现在快六点了。四个小时，超长的"播博汇"。但是，大家都意犹未尽、兴致正酣，这就是"播博汇"的魅力。

四个小时的云上"播博汇"，到现在可以说是画上了圆满的逗号了。因为，通过这样的学术交流，观点交锋，思想碰撞，又一次践行了"播博汇"的宗旨：关注学术、关注一线、思考真问题、进行真交锋。从今天的表现来看，应该是实现了。本期"播博汇"把讨论聚焦在我们身在其中的这个真实的时代。播音主持人才多元化培养，是媒体环境变化、就业需求变化、职业成长逻辑变化所带来的必然变化。多元化培养，是紧急而重要的真问题。会上的发言来自各位学者和专家的切身实践和思考，进行开放自由而又严谨的真交流、真交锋。一期学术交流，能实现这几个"真"，我觉得应该是可以称得上"圆满的"。

为什么说是逗号？是因为我们的交锋其实才刚刚开始。开启了思考的历程，就不会停止，交流交锋之旅我们还会进行，探索还必须继续，学术创新一直在路上，没有句号，只有逗号。

再次感谢各位老师、各位学者，还有线上的观众，让我们一起形成合力，为专业发声，为学术张目。

感谢大家在双节之前来参加"播博汇"，祝大家双节快乐。

第二编 02
|回响·回想|

写在前面的话——

人的成长，离不开一些关键的人生节点；
媒体的成长，离不开一些里程碑式的栏目；
国家的成长，离不开一些重要的历史时刻。
在中华人民共和国建国七十周年之际，
2019年，"播博汇"推出《回响·回想》系列访谈。

声音在耳边回响
记忆在脑中回想
——让我们与亲历这些重要时刻的播音员、主持人一起，
重温那些珍藏在时光宝盒中的历史片段。

一、蔡伟：恢复高考，有这种好事

人物介绍

蔡伟，恢复高考后的第一届大学生。毕业于北京广播学院（现中国传媒大学）77级播音本科班。毕业后先后就职于江西人民广播电台和广东人民广播电台，从事一线播音专业工作，屡获殊荣。之后出国定居加拿大，创办了"标准中文学校"和国际汉语教学专业网站。回国后于2006年起在深圳大学从事播音主持专业教学工作至今。

时代回想

1977年的冬天，在邓小平同志的亲自过问下，关闭十年的高考大门重新打开。这是从未有过的一次在冬天举行的高考。全国570万考生走进考场，录取人数为27万人。那次不同寻常的考试改变了无数人的命运，也改变了我们这个国家的命运，具有划时代的意义。

本期策划、采访：张庆

中国播音学2014级博士

深圳大学艺术学部戏剧影视学院播音主持艺术系教师

戏剧与影视学语言传播和播音主持方向硕士研究生导师

张庆：

今年是建国70周年，播音主持行业中有很多从业者为祖国的建设作出了贡献。作为中国传媒大学（原北京广播学院）播音主持本科专业的第一届学生，您能回忆一下当时的情景吗？

蔡伟：

我们是广院77播，咱播音专业的"本科"资质还是我们入学之后经学校支持由我们学生打报告给教育部才改成的。我们入学的时候，三个班：编采、摄影、播音。三个班一样的高考，到了学校之后，告诉我们编采、摄影是本科四年，播音是大专三年。我们就觉得这太不公平了，凭什么播音就是大专层次呢？不能这样歧视我们这个专业。我们学生发起，提出来申请本科，后来就有了今天。

张庆：

我很好奇，当年也是像现在这样，要参加艺考才能进入广院播音系吗？

蔡伟：

那个时候根本不叫艺考，没有这个概念。因为播音生没有单独提溜出来作为特殊的专业，跟所有的文科、理科是一样的考试。而且，有没有"播音"这个专业、有没有"北京广播学院"这个名字，所有的招生信息当时我都不知道。

我当时是在江西瑞金县广播站工作，是广播站站长告诉我有这么一个学校可能在招生。我那个时候在广播站已经工作2年了。我家在南昌，1968年跟我爸妈下放到瑞金的，在瑞金读完高中，又赶上知识青年下放。所以那个时候，在县广播站做播音员的时候，我还是知青身份。知青的身份有什么特别呢？别人每个月上食堂吃饭都是交钱、交粮票，我作为知青，没有钱和粮票，我得自己从生产队带油带米去。当时的播音条件跟现在没法比，完全不是一回事。当时完全是一种古董式的设备，磁带录音机的按键是得用力按的弹簧按键，力气大了一蹦老高。高音喇叭是在电线杆子上架着的，各家各户家里有入户喇叭，那叫"舌簧喇叭"，挂在一个房间的墙角天花顶上。播音员早、中、晚三次广播，别的时间也不能闲着，要跟着技术员去修舌簧喇叭。所以那个时候还有一手技术活——修舌簧喇叭。

张庆：

那个时候参加高考是不是也有一些条件，每个人都可以去参加？

蔡伟：

几乎每个人都可以，没听说有年龄限制。文革后恢复高考，十年没有招生了，这十年当中，"老三届""新三届"加在一起就是十届的学生。不过，有很多人对高考完全放弃了，没有想到还有机会去考大学。很多的年轻人都下放到农村，去得早的有的在农村扎下根，结婚生孩子成家了。能想到考大学的在当年其实也并不是很多人，就我的中学同学当中，那一年参加高考的人很少，我们全县考上北京的，就2个人。

可能是"近水楼台先得月"，我在某一天的播音当中，得知恢复高考。啊，有这种好事?!作为我个人来讲，我是很想读书的。高中的时候我是班长，当时在瑞金中学，我的班主任是英语老师，叫赖仕才，他对我特别器重。可能觉得我在语言学习方面有天赋吧，赖老师特别愿意培养我，很希望我能报考英语专业。他对我说："蔡伟啊，外语是一门特长，不管以后革命形势怎么发展，都会有用的!"他把自己床底下珍藏的灵格风唱片和手摇留声机借给我，鼓励我学标准的英语发音。我听了他的话，一直坚持学习英语。在农村干农活儿那么累，我也一直带着英语课本，坚持学习。一年挣工分（一天干10小时农活，挣10个工分，值7毛钱），扣除口粮还攒下了50多块钱。当时我就从生产队账上提出来现金去县城买了一个半导体收音机，听福建台的英语广播讲座，一直坚持学习。到1977年底，听说恢复高考，我很高兴，上大学的梦想就要实现了。当时没有任何的招生资料，什么学校、什么专业，我们都不知道。听说一个人可以填报3个志愿，我就"蒙"，第一个志愿我填北京外国语学院，第二个志愿我填上海外语学院，第三个志愿我填广州外语学院，当时有没有这些学校，不知道，都是奔着"外语"去的。

张庆：

后来你怎么就被分到了北京广播学院（今中国传媒大学）呢？

蔡伟：

不是"分"，当时的报考的三个都是外语学院。那个时候我们上面是76级，还是工农兵学员，记得很多政策都是模糊的，我们也不清楚。当时广播站的站长看了我的入学申请，他就皱眉头：哎呀，你这学外语……当时他就想，你学习完还是要回县广播站工作的，到时候毕业回广播站来，我们还给你开英语广播吗？不可能啊，你怎么也得报一个跟我们广播相关的专业我才能批啊。我说我也不知道有哪些学校和广播相关啊，他说有啊，北京广播学院啊！不过，今年招不招生就不知道了。你先报考试试看。我当时就把北京广播学院放在了第三志愿。后来听说考得不错，三个志愿同时都录取我，由于广院面试过我，我也表过态，最后被录到广院了。

1977年底说的恢复高考，马上第二个月就考了，完全没有时间复习。一直到北京广播学院入学后，大大小小经历了9次考试，究竟哪一次是考大学的那一次考试，我的印象中已经记不清楚了。因为报了两个专业，外语和播音，都有口试，所以可能我考的次数就比较多了。1977年12月考试，过了个年，1978年2月春季入学。速度为什么这么快？后来看资料才知道，国家说"拨乱反正"要快，所以当时是春季入学。那个时候的大学录取率很低，后来有资料显示好像是4.7%左右，像我一样，我们班同学基本上都是一个省录取一个。

因为沉寂了十年的时间，埋没了太多的年轻人。所以不到半年之后就又招了一届，就有了78级。我们77级大约有三分之一的同学在上大学之前就是做播音员的，如贵州台的张红胜、湖北台的刘静，班长汪良在北京台播了九年，在中央台播长篇小说《新来的小石柱》。还有来自青海钢铁厂的炼钢炉前工孙立强，穿着军装来的文艺兵查蓓丽（张培），在清华食堂卖馒头的杜宪，高中毕业不久的马玉坤、薛飞、张沈平、王羽，有云南西双版纳建设兵团的闻闸，有中学当老师的白羽、杜守仁、张莉、刘乔叶，有湖南木偶剧团当演员的肖晓琳……来自各地的幸运儿、佼佼者。我们作为第一届广播学院科班毕业的学生是真荣幸啊！齐越、夏青、张颂还有孙敬修爷爷，这些先辈们在世时都给我们上过课。徐恒、方明、铁城、葛兰、林如、虹云、徐曼、王欢、常亮、陈醇•关山……播音界几乎所有名家前辈都教过我们。老师教的东西、学校学的东西应该会多一些吧，大家都知道自己能上大学来之不易，特别珍惜，求学之心真是如饥似渴，校园学习的风气非常浓。

张庆：

您还记得，从大学毕业之后，您第一次播音的场景吗？当时您好像是分配到了江西电台？

蔡伟：

不记得了，很久了。因为我一直在话筒前工作，毕业实习是在中央台播音部，后来毕业到了江西台。到了台里就觉得自己身上有一种责任感，要把播音的专业性突出来，要把播音的水平提升起来。当时应该是有这样的一个意识，强调业务、强调专业，可能是我们那个年代的一个标记，党叫干啥就干啥，干一行、爱一行、专一行。毕业后的八十年代，我在江西台干了8年，也算我业务锤炼成长的一个重要时期，受到了从领导到听众的一致好评。九十年代又调到广东台干了9年。这不，最后在深圳大学从事播音主持教学工作又13年了。

张庆：

在这么多年的播音实践工作当中，您回想一下，选取某一期有代表性的节目，记忆最深刻的，您会选取哪一期节目？

191

蔡伟：

这也是做播音工作，特别是新闻播音工作特别遗憾的事情。因为干这个活儿，每天都十分重要，这一期做完了，下一期紧接着就来了，日常的工作都很重要。特别是一些大型事件的直播活动，很多很多，如每年的两会啦，各种大型活动啦，1997年香港回归，1998年抗洪抢险，等等。你要说某一次记忆深刻的，还真的说不上来，所以说遗憾呢。

欸！我突然想到了一期没有播出的新闻，那个记忆是比较深刻的。大概八十年代，当时全国通缉的"二王"杀人犯，流窜到了江西，武警马上实施抓捕行动。这个时候台领导让我赶紧进直播间，做突发新闻直播。等了半个小时还没消息，我就出来歇一会儿，紧接着又赶紧进直播间准备，随时待命。稿子是事先写好的，我也熟悉一下稿子，准备播出。结果台长进来了说："蔡伟啊，出来吧，咱们不播了。"当时他的神色有些不太高兴。后来才知道由于纪律，新华社才有首发权，地方台不可以抢发。这一次的突发新闻就没有播出。

张庆：

从1977年高考改革广院有了播音本科到现在，一晃40多年了。我们正好都在学校教学，您能说一下，你们那届和现在的大学生活有什么不同的地方吗？

蔡伟：

人人都是从年轻过来的是吧！要说不同，可能有一个思想状态不同吧！

那时我们人人都深切体会能上大学不容易，幸福来之不易，有的同班同学年龄差异超过十几岁，有的甚至结婚生子了。以至于我们老师都打趣说，哎呀，这帮学生可得好好教啊，教不好都不是误人子弟而是误人父母啊！所以呢，那时候的学生自主学习的能力特别强，珍惜光阴的愿望特别强，钻研学问的劲头特别强，分辨是非的观念特别强，争强好胜的毅力特别强，吃苦耐劳的精神特别强，教学效果特别好，校风学风也特别好。所以，从那以后国家建设的各行各业，各大学1977、1978级的学生作为一代文化集群，堪称栋梁之材，享有很高的威望和声誉。

记得我们现代文学课的黄侯兴教授说的，"大学出去之后，你可能还考不了满分，但你该知道了以后该怎么读书、怎么做学问、怎么做人。"真是这样，我感觉我一直都是个学生，就想一生去读自己喜欢的书，做自己喜欢的学问，做自己喜欢做的人。

采访后记：

　　从单位说，我跟蔡伟老师是同事。但在他的面前，我只能算学生辈分。2006年开始，我就一直和蔡老师是同事，他在学生中的口碑很好，教学勤勤恳恳，认真负责。他在广播学院读书时，就十分痴迷于普通话语音和播音发声的学习和研究。可以说，这10多年来，深圳大学播音系的播音发声教学，蔡老师一直都在带领着我们不断前进。经常在办公室里和蔡老师聊天，我也总能吸收到许多他对专业的见解，还有很多广院的历历往事。总是听蔡老师说，他是一个不安分的人，从江西台到广东台，再出国，后又回到了他热爱的专业，从起点开始转了一大圈，还是回到了原点。可能，这就是热爱吧！

　　作为北京广播学院第一届播音本科生，蔡老师和他的同学的故事还有很多，篇幅所限，执笔至此。希望我们每一位从事播音主持教学、研究或者一线的同仁们，能够不忘初心！

二、卢静：用真情主持春晚

人物介绍

卢静，中国传媒大学播音主持艺术学院教授、硕士生导师，国家级普通话水平测试员。1983 年毕业于北京广播学院新闻系播音专业，2003 年毕业于北京师范大学研究生院心理学专业。1983 年进入中央电视台，曾担任《新闻联播》《经济生活》等节目的播音员、主持人，曾主持 1984 年中央电视台春节联欢晚会。

时代回想

1984 年中央电视台春节联欢晚会是第二届中央电视台春节晚会，由黄一鹤、张淑芬担任总导演。这届春晚被公认为是最成功的一届。晚会上第一次出现了港台主持人和演员，第一次出现了小品，春晚的固定结束曲《难忘今宵》也是在这台晚会上首次出现。这届春晚的主持人是赵忠祥、卢静、马季、姜昆、姜黎黎、黄阿原、陈思思。

本期策划、采访：阎亮

中国播音学 2015 级博士

中国传媒大学教师

阎亮：

1984 年央视春节联欢晚会是公认的史上最成功的一届，被誉为"革新之作"。那年的春晚主持是直播吗？

卢静：

是直播。这也是我入台以后第一次主持这么大型的直播晚会。那年我刚分到电视台半年多，还不到24岁。1984年的春晚主持人共有七个人，港台内地影视界各有代表。这届春晚之所以说是"革新之作"，是因为它有很多个"第一次"：第一次出现了港台主持人；第一次出现小品节目；第一次出现固定结束曲——《难忘今宵》。这首歌的前奏响起来的时候，先由我和赵忠祥老师现场朗诵这首歌的歌词，然后由李谷一老师演唱；还有一个"第一次"是黄一鹤导演说的，第一次让台里的播音员担任主持人。所以黄导说那一届是"里程碑式"的春晚。

阎亮：

您刚入台不久就担任春晚主持人，是不是觉得很意外？

卢静：

是这样，没想到。为什么选我？也许是因为当时我是组里最年轻的女播音员吧。黄一鹤导演能选我，是我的幸运，更是台领导对我的信任，我特别感激他们。

阎亮：

1984年春晚的七个主持人每个人都有不同的代表性吗？

卢静：

是的，我和赵忠祥代表电视台，还有一个电影演员叫姜黎黎，台湾来的黄阿原，香港来的陈思思，还有姜昆和马季。这也是当时的一个突破，两岸三地的主持人同台贺新春，既有政治意义，又体现了国家文化艺术的变化和繁荣，是一场特别符合当时国情的晚会，意义非凡。

筹备晚会的过程也是令人难忘的。节目组组建以后，所有的创作人员都集中到了友谊宾馆一起商量讨论晚会的每一个环节。我也很早就进到节目组了，和导演组的老师们一起商量节目内容流程、主持词和设计谜语等等。正式直播之前有无数次的修改和彩排，直到直播开始的前几分钟还在修改。现在大家在网上看到的晚会录像都是剪辑版的，实际上现场还有很多内容，比如我还负责读观众来信、猜谜环节等内容。我和姜昆老师用幽默的对话来宣布谜语，公布谜底。虽然我们是新闻播音员，平时播音正襟危坐，但在这台晚会上我和赵忠祥老师也尽量用平实的口语化语言来主持，尽量做到生动活泼，体现出过年的轻松喜庆气氛。

阎亮：

您主持春晚的时候心里是什么感受？

卢静：

参加这届春晚我的心情可以用一个词来形容，那就是"真情实感"。

八十年代初，改革开放初期，整个中国都充满着一种积极向上的活力。文艺界也是欣欣向荣，蒸蒸日上，充满朝气。我和大家一样，满腔热情。"两岸三地同台"更让我心潮澎湃。这种心情其实也和我本人的生活经历有关。上世纪六、七十年代我家因"海外关系"而备受屈辱，亲人离散不能团聚，我的姥姥直到去世都没能和自己在海外及台湾的子女见上一面。

改革开放，两岸三地同台，我的心情格外高兴。这话听起来好像是空话，可当时就是我的真实想法。这台晚会有台湾来的，有香港来的，我就觉得终于可以团聚在一起过春节了，有"海外关系"的人终于可以不受歧视了。我的姥姥如果活到今天，就能见到自己日思夜想的儿女了。当时心里是百感交集。当晚会上张明敏演唱《我的中国心》的时候，我流泪了，对于我来说歌词真是字字入心。

正是因为我的这些经历和情感，使我在晚会上说的每一句话都是发自内心的、充满感情的，更是全身心投入的、忘我的。虽然我当时还年轻，没有什么主持大型晚会和直播的经验，但凭着这份真情和投入，我没有出错，圆满地完成了直播任务。当天晚上，这台晚会的每一位参与者、每一位演员、每一个环节都是有条不紊、环环相扣的，非常成功，台上和台下融为一体。晚会进行到最后的时候，当《难忘今宵》的前奏响起来的时候，我的心情更加激动。那是发自肺腑地朗诵，每一句话都充满了真情，我真的是为我们国家的变化而高兴，为这台晚会的成功而高兴，为几个月来大家的辛勤付出而高兴。所以我和赵老师朗诵的《难忘今宵》每一个重音的强调都是有不同感受和意义的、是发自内心的。

1984年春晚播出的时候真是"万人空巷"。所以我觉得，一个晚会的成功必须要与受众的情感、心理、情绪状态同步，与观众有共鸣。1984年的这台晚会就做到了。后来这台晚会还获得了广电部的特等奖。

阎亮：

刚才您说主持春晚是您毕业后半年的时候，说说您在北京广播学院上学的日子？

卢静：

那可是一生的印记呀！

首先大学四年对我的影响非常重大，是我人生的一大转变。我认为，大学四年给我打开了一扇门，因为之前从来没有接触过这行，更不知道还有个大学叫广播学院。当时没有想到这一行会发展到今天这么繁荣。那时候很少有人了解播音这一行，电视台的工作是什么也不清楚，因为那时有电视机的家庭很少。所以选择这一行，我现在觉得真的是非常幸运的。其次，它让我发挥出了我身上的另外一面。我从小是一个不善于表达的人，不喜欢在人前讲话。我家里人都是学医的，父母一直希望我学医，从来没有想到我会干上这一行，我去面试父母都不知道。高考复习期间，我的母亲是不允许我看课外书的，主要是担心我看课外书分神，影响数理化的成绩。可我还是喜欢看，那时看课外书都是偷偷藏在被窝里看的。

当我到了广院，在老师们的教导下，在同学们的影响下，我逐渐懂得了语言表达的魅力，逐渐学会了怎样运用语言，怎样让稿件"锦上添花"，让受众喜爱和接受。再有一点就是我在广院度过了非常愉快的四年。我非常幸运地遇到了我的老师和同学。入学以后，我觉得我的同学们包括师哥师姐都是那么优秀，每个人身上都有值得我学习的地方，都是我学习的榜样。比如说那些学文科的同届毕业的同学们，历史、地理就比我学得扎实。比如说那些工作后考上大学的哥哥姐姐们，都是非常有阅历的，他们看的书、他们对社会的认知，我都特别佩服。

阎亮：

您总是能看到别人好的一面，肯定是愉快的。

卢静：

是呀！大学四年我从没有和谁红过脸或者生过气，同学们相处得特别愉快，我感觉大家对我都很好。我想，善于发现别人的长处和优点，并虚心向人家学习，才能让自己进步，也会感到快乐。这也是母亲从小灌输给我的理念，终身受用。

阎亮：

您那时能考上广院有什么爱好或特长吗？

卢静：

我能考上广院，现在想想不是偶然的，也是有很多因素共同决定的。你知道，我小时候酷爱听收音机，可以说到了痴迷的程度。每天放学第一件事就是打开收音机听广播，边写作业边听，吃饭睡觉都听，为这事我母亲没少批评我。我现在回想起来，虽然当时我是毫无目的地听，但是播音员们的声音和播讲状态可能已经潜移默化地影响我了吧。其实，我和电视也算是有渊源的，据说五六十年代，全北京有电视机的家庭很少很少，可是我奶奶家里就有一台。"文革"前，我和奶奶及亲戚们同住在西四的一个大四合院里，我还隐约记得奶奶家电视上播放的苏联芭蕾舞的画面，特别美。还记得电视上有个阿姨在说话，现在知道了那可能是沈力老师。可以说，我从刚出生就看过电视，哈哈哈……这在六十年代初是一件多么难得的事呀。你说这也算缘分吧?!

另外一个因素就是父母对我的培养，我特别感谢我的父母在人生观、价值观及艺术素养方面对我的教导。在我很小的时候，我的父母就会读外国名著给我和妹妹听，还给我们听很多中外名曲的胶木唱片，有著名的交响乐、歌剧，像《梁山伯与祝英台》，他们都是边听边给我们讲解音乐背后的故事的。还有那些世界著名的童话故事，安徒生童话，格林童话里的《白雪公主》等等，特别美好，还有《爱的教育》。这些故事让我懂得了什么是真、善、美。我还记得父母给我们读的那些书都是装帧非常讲究的，但却泛了黄的、竖版的繁体字的老书。听童话故事现在可能不觉得有什么奇怪，可在六十年代，那些书和音乐都是"毒草"，是禁书、是"封资修"呀！我们只能偷偷地听。每次听我都特别紧张，生怕外人听见被举报，小心脏怦怦乱跳。当时家里被抄家，一贫如洗，我们的衣服满是补丁，但是母亲宁可节衣缩食，宁可牺牲只有一天的休息时间，也要带我和妹妹去学画画、乐器、滑冰、唱歌……，乐器和冰鞋都是从旧货商店买的旧货。另外，母亲还鼓励我"放下身段，放下面子"，去工厂农村劳动，多向别人学习、多动手、多吃苦。我上初中时还学过做木工、盖房子、修农机、电焊，等等，还当过"赤脚医生"。母亲教我扎针灸，还在自己和她身上试针。她常跟我们说"艺不压身"。这些素质教育让我终身受益，也在不知不觉中为我从事播音主持这一行打下了基础。

阎亮：

我曾经看到过这样一个报道，说您是新闻播音员里面第一个微笑播音的？

卢静：

改革开放后的八十年代初，我们这几个从广院毕业的大学生，比如杜宪、薛飞、张宏民、罗京、李瑞英，当时都在试图尝试不同的播音风格和表达方式，都希望用自然亲切的方式播音。可以说每个人都有自己不同的风格和特点。对于我来说，也许是我的性格特点决定的吧。了解我的人都知道，生活中我就是一个爱笑的人，很少板着脸。这也是我刚才说的为人处世的理念养成的习惯，因为我喜欢有亲和力的人，我也希望自己成为这样的人，我希望与人相处是轻松、愉快、和睦的。这种微笑是我发自内心的、是表里如一的、是真诚的，一点都没有造作的因素。上学的时候，老师教导我们播音要有真情实感，要有"对象感"，所以我特别重视每次播音开始时的问候语。每次我都会想象坐在电视前的某个人并且真诚地向他（她）问好。我觉得播音一定要"言为心声"。

虽然在学校的时候，我们没学过电视播音，但是我知道电视和广播一样就是要用心真诚地跟观众说话，真心和观众交流。在1984年、1985年的时候，我跟随国家领导人出国访问，第一次看到了国外同行们是如何工作的，镜头前如何对观众说话的，感觉很亲切，很受启发。于是我就特别重视新闻每一次开头的问候语，语气、语速、语调都会认真处理，从不敷衍或一带而过。每次我都会想想我今天要说什么、怎么说更好、说给谁听。这个方法有几个好处，一是能让自己放松，二是定准基调，三是比较自然。比如有时候我和张宏民对播，我可能会和他商量说"今天咱们前面怎么说"。尽管编辑已经写好了开头语，但我们都会适当修改。当时台里的领导们给我们发挥的余地也很大，让我们没有后顾之忧。记得我还曾经主持过一个叫《经济生活》的栏目，二套的，实际上这是如今经济频道的前身。开创的时候组里大多是年轻人，在领导的带领下大家齐心协力摸索着干，领导给大家创造了宽松的氛围，让我们这些年轻人大胆创新、大胆尝试、不怕出错，我们的主持风格也非常轻松活泼。我们编、采、播一起干，还和编辑一起学习制作特效，让节目更有艺术性、可看性，制作出了不少好节目。

阎亮：

那您可以算是央视首批经济节目主持人了吧？

卢静：

嗯，可以这么说，我和张宏民是央视首批经济节目主持人。那段经历也是让我特别怀念的。由于我们经常参与前期的编采，稿件也经常自己写和修改，所以我们的语言会非常灵活，因为自己参与写稿或改稿，心里就有底，自己说也就非常轻松。我记得有一期节目叫《首届地坛庙会》，我参与采访并且出镜主持的，还用带北京味儿的语言配音。这在当时都算是创新吧。这个节目还获得了一等奖。

阎亮：

1983年毕业进台里之后多久开始播新闻的？

卢静：

很快，一开始录节目预告，后来我和罗京先是播《午间新闻》，不久就播《新闻联播》了。刚开始每次播音都会和前辈老师搭档，由老师们带着我们播。刚上联播时，赵忠祥老师经常和我一起搭档。我至今都非常怀念和感激在中央电视台的那段工作经历，感激台领导对我们的包容和爱护，感激曾经和我合作过的每一位同事，他们对我的帮助都非常大，让我很快成长进步。

采访后记：

对卢静老师的访谈，愉快地进行了整整一个下午。

其间话题很多。卢静老师人格立体，思想丰满，经历丰富，颇有见地。我甚至有些违背访谈规则地总是插入一些自己的想法、表达一些自己的观点。当然也是希望能够得到卢静老师的赞同和认可。对此，卢静老师始终报以真诚和热情的态度。她真挚的眼神和思考的表情，让人印象深刻。是的，在我看来，她就是这样一个善于表达又愿意倾听、坚持自我又尊重他人的老师。

在那样一个炎热的下午，与她交流让我感到秋风拂面般的凉爽，同时还可以不是客套而是真的边吃边聊，不会拘束，也不会觉得失礼。我想，可能这就是卢静老师的真诚、纯粹、亲和与感染力吧！

访谈中我偶尔也在思索——为什么要回顾过去呢？应该是为了开阔展望未来的眼界和鼓足站在巨人肩膀上面对未来的勇气吧！

三、李东：当时我们被逼到了墙角上，才有了"珠江模式"

人物介绍

李宏图，播音名李东，享受国务院特殊津贴专家，曾任《大众信箱》节目主持人、广东电台《大众生活》节目副组长、社教部副主任、新闻台节目部总监、新闻中心主任、广东电台副台长。其广播作品曾20多次在省和全国的评选中获奖，先后发表过100多万字的学术论文，专著有《广播节目策划论》《广播节目创优论》，其中《广播节目策划论》获全国广播电视学术专著评选一等奖。

时代回想

1981年元旦，中国广播史上第一个主持人节目——《空中之友》在中央人民广播电台上线，由徐曼主持。同年4月，广东人民广播电台推出了由李一萍主持的《大众信箱》节目，这是我国第二个广播主持人节目，广播主持人很快形成"北徐南李"的格局。一年后，李东加入与李一萍搭档主持。

1986年12月15日，广东创办了珠江经济广播电台，迈出了创建经济台等系列台的第一步。珠江台提出了"大众型、信息型、服务型、娱乐型"的办台方针，还实行以新闻、信息为骨架，以"板块节目"为肌体，主持人直播，并采取多种形式争取听众参与、进行双向交流的传播模式，人们称这种节目形式为"珠江模式"。

珠江经济台的成功，在国内外产生了很大的影响。许多地方陆续开办了经济电台，主持人、大板块、直播、热线电话、听众参与等节目形式被广泛采用。在"珠江模式"的推动下，受到电视冲击的我国广播事业重新焕发了生机。李东身为"珠江模式"浪潮中的亲历者，见证着珠江地区传媒事业发展变化的每一个脚步。

本期策划、采访：苏凡博

中国播音学 2012 级博士

广州大学新闻与传播学院副教授、播音与主持艺术系系主任

苏凡博：

李老师，您好！感谢您接受我们的采访，我们想请您从亲历者的角度，给我们谈谈有关"珠江模式"的一些话题。

李东：

我只是"珠江模式"创建的亲历者，谈"珠江模式"应该找周无忌、余统浩、曾广星这些时任领导，还有李一萍、陈阳等一批最初的策划者，他们才是"创建"的功臣。

苏凡博：

您过谦了，您应该算我们国内最早出现的一批节目主持人了。当时广东的广播节目领全国风气之先出现了主持人节目，您认为原因是什么？

李东：

当初出现有很多解读，可以理解，因为一个新生事物出来之后，总有各种各样的看法。有些人认为是我们接近社会发展和受众需求变化，推动我们广播电视节目探索；有些人认为，因为我们广播靠近港澳和台湾地区，节目主持人这种形式是模仿海外，从香港那边模仿过来的；也有些人认为，广播电视媒体自身基于收听率不断下滑情况，这是一种新的改革、一种新的探索。这些都有他的道理，但是，我的看法是，任何变革总是以技术的进步为先导的。节目主持人浪潮的兴起，离不开核心的因素，就是技术，电话的介入使广播电视从单向传播有条件变成双向传播，这是很重要的因素。没有这个技术条件，我们仅仅是在语气上、语调上、形式上模仿不可能出现根本性的变化。

苏凡博：

之前不是有听众来信吗？

李东：

听众来信，从受众来看是一种终端，不是即时的互动的关系，是不真实的一种关系。那个年代里面我们当播音员都不是用真实姓名，都是播音名，听众

来信是听众联系组收到关于你的信件，不是给我的，是给这个机构的。听众的信拆开了以后，是作为公共信件来整理的，觉得有必要给我看的，才给我看。所以那个时候，和受众的关系不是真正的实在的一种联系，跟现在我们真实的姓名，通过各种渠道和听众建立起来的这种联系，不是一码事。

苏凡博：

能不能把当时的媒介环境和当时你们采取的变革的过程介绍一下？

李东：

当时广东的广播电视处境很困难，尤其是广播，用我们的话讲，已经被逼到墙角了。具体表现就是和香港广播电视的竞争，当时香港的广播最有名的是《18楼C座》，一个时政节目，是用角色模拟的方式来发表言论、发表评论的，大家觉得很新。播出的时间是中午12点，一到这个时间广州大街小巷基本上都是这个节目。晚上就是香港电视的天下，所以就有了"鱼骨天线"这样一种非常奇特的景观。因为香港电视不能在内地落地，怎么办呢？通过一种广播天线可以接收信号，这个天线的形状像鱼骨，所以我们叫鱼骨天线。家家户户都在阳台上竖起那么一个鱼骨，密密麻麻的。政府一开始决定清扫鱼骨天线，可是一扫人家就去搞一个小铁锅，发射天线、接受天线在屋顶、在家里就行了。最后政府意识到，用这种控制的方法是不行的。后来经总局批准，选取了广东作为一个试点，允许正式落地。条件是什么呢？就是同等条件，我们的央视也要在你那儿落地，而且广告采用分成的方法，允许我们在香港电视里面插播我们的广告。由此形成了我们队伍内部一种非常强烈的改革愿望。

苏凡博：

怎么改？

李东：

第一是节目元素的改革。《大众信箱》当时还只是《大众生活》里面的一个环节，它没有实现大板块。《大众信箱》成功了以后，接着我们就觉得这个版面制约了《大众信箱》组成的这个舞台，就决定找大板块，为节目组提供更宽的舞台，便形成了一个小时节目，也就是整个节目的改革——大板块。有了大板块经验以后，我们再把大板块的经验扩展到一个频率，就创造了珠江经济台了，珠江经济台出来之后就把这个称之为"珠江模式"。

苏凡博：

原来模式是怎样的？

李东：

  单向广播的模式，就是记者采访，编辑编稿，播音员录音，录完音以后，然后就播出。播出了以后，听众有没有听，听完之后有什么评价，基本上不了解。唯一的渠道就是通过听众来信，或者是不定期召开的听众座谈会，来听听意见。

苏凡博：

  "珠江模式"为什么会引起轰动？您认为"珠江模式"的历史价值和现实意义是什么？

李东：

  今天回过头来看，珠江模式的现实意义在哪里？它就是内容生产的一次突破。我们中国的广播经过"文化大革命"以后，在内容这一方面已经严重脱离社会、脱离群众，都是高大上、高强调、语录歌。那么"珠江模式"为什么引起轰动？用当时老百姓的一句话来讲，我们没想到广播能够这样办。为什么？因为一下子拉近了和群众的距离，真正体现了和群众的一种平等的关系，真正实实在在地能够为群众提供一些服务，仅此而已。那么正是在这一点上，对今天来讲，依然有非常强烈的启示作用。近20年，我们各个媒体都在搞融合发展，大家都在拼渠道、拼平台，但没内容。受众选平台选渠道，最终选择的是什么？内容。碎片化、浅层阅读，这是新媒体的特点，不是我们传统媒体的特点，现代媒体的发展，它不是把传统媒体降到社交媒体，降到自媒体。我们的专业体现在哪里？所以高校的教育，你们责任更重，不仅仅是语言技巧，我觉得更多的是思想素养。你的专业技巧有多熟练，决定了你的舞台有多宽广；你的思想素养有多强有多高，决定你的职业寿命有多长。

苏凡博：

  当时"珠江模式"的变革，对于整个主持人群体来说，变化（影响）也很大的吧？

李东：

  节目主持人的出现，和听众建立起人与人之间直接的联系，节目只是成了一个平台，那么这里面又丰富了节目样式的多样化。我们过去是服从节目平台，有什么节目我们就做什么节目，不可能变化。但是人与人之间的交流、沟通的丰富性，使我们感觉到这个节目还可以这样改。比如说访谈节目、服务节目，节目手段将新闻手段与娱乐手段融合，这些变化使我们完全服从于人与人之间的交流的实际需要。从这点就说明如果今天播音主持还是沿袭过去，研究节目而不研究人的传播、不研究人的沟通，那肯定适应不了今天的这种信息（传播的特点）。

苏凡博：

生产流程上面是怎么样改变的呢？

李东：

生产流程的改变是革命性的。过去我当播音员的时候，我只负责播音。记者采访，编辑编完稿，领导审完稿，我就拿着稿件备稿，然后录音员帮我录音。在录音过程中，外面还有一个负责监听的人，拿着同样一份稿件来监听里面有没有错，合适不合适。在"文化大革命"最严密的阶段，在监听完了以后，还得再增加一个审听的环节，审听完了以后，封存，播出。在这个流程里面，播音员是处在一个非常次要的位置，为什么我们曾经有"肉喇叭"的说法，就是他仅仅局限在这个环节里。那么今天的播音员在节目运作过程里面是处在核心的位置，整个管理从预前的管理变成了预后的管理。

苏凡博：

这个变革也有一些阻力吧？

李东：

这种节目制式的运作，按原来那种提前审查，已经不适应了，它要充分尊重播音员主持人在节目核心过程里面的作用，全部文稿只能成为它的资料。那么当时争议比较大的就是要不要给播音员和节目主持人提供这个平台、要不要走到这一步，关键问题就是，到底播音员和节目主持人是录播还是直播。

苏凡博：

那时候能直播吗？

李东：

那个时候我们已经开始直播了。当时很担心，让播音员直播，他会不会胡说八道。刚好相反，我自己的工作体验也好，回过头来看也好，过去的播音员节目主持人有些缺乏对播音主持专业技能的训练，他只会播音，没有多元的专业技能，如果没有了稿以后，他不是胡说八道的问题，是张口结舌的问题，他不会讲啊。所以从这里我们反复强调要培养专业技能，没有专业技能，你适应不了这种变化。

苏凡博：

以前是播的能力，变化之后就变成交流能力了，还有对节目的策划能力了。

李东：

对，一个优秀的播音员、一个优秀的节目主持人，不仅仅表现为语言的专业技能，还要包括综合素质，像新闻学、传播学、心理学、社会学、美学等知识。既要强调专业技能，又要强调综合素养、学养。

苏凡博：

在如今媒介融合趋势下，您如何看待传统媒体与新兴媒体之间的关系？

李东：

所谓融合是内容的融合。广播电视媒体大面积下滑，大面积亏损，为什么？既有历史原因，也有现实原因。所谓历史原因，就是我们大量同质化的东西根本没有去解决！整天说改革观念，但是我们观念根本没改过来。我们的国家为什么会有那么多电台电视台呢？是因为上世纪七八十年代，频率频道是稀缺资源，各个台都在抢频率，所以就形成了广播电视爆发式的发展。这种局面曾经引起过国家的关注，曾经整顿过一段时间。为什么中央要整顿？因为内容大量趋同化。"同质化"就是那个时候提出来的。

今天，数字技术、网络技术起来以后，频率资源已经不重要，完全可以通过移动数字来传播了，结果又马上搞起了一批新媒体。传统媒体建了一批新媒体，原来的同质化没解决，又增加了一个更严重的同质化的问题。据昨天公布的一个数据分析，说传统媒体的数字还在下滑，新媒体呈上升趋势。但是你别忘了，所谓新媒体的那个经营效益就是从传统媒体那边挪过来的，仅此而已。市场就那么大。原来传统媒体你不行了，拉到新媒体来，那么这里边问题就多了：传统媒体经营不理想，节目没有投入，人员队伍涣散，内容生产更加没有搞头。

苏凡博：

面临这些困境，传统媒体的出路在哪？

李东：

目前媒体都怎么混呢？第一是贷款，实际上就是通过贷款的形式，用国家来养的方法。每个台都贷了几个亿，这就恶性循环了，越来越糟。第二条出路是什么呢？出租物业。出租物业这个比例在你整个事业的比例里面占很小。第三条出路就是直接把系列台和政府对口。因为现在媒体的很多钱都是政府宣传推广方面的钱，直接和政府对口，承接政府的宣传任务，然后把政府的拨款拿过来。这三条都不是产业链，都不可持续。

苏凡博：

现在这个新媒体环境对主持人的要求有哪些不同？

李东：

相对于新媒体，传统媒体可以依靠资源在深耕这一块做出它的特色。深耕，对整个播音员、主持人的业务素养、思想素养的要求大大提高了。我们过去不用考虑这些问题，这些都是编辑记者考虑的问题，今天我们走到第一线去，我们要解剖一个新闻事件、解剖社会现象、回答社会问题，我们自身没有这种相当高的素养和学养，是办不了的。这是我们很关键的一个问题，它决定了我们播音员和节目主持人的生存周期，你能干多长。第二，在情感方面，尤其是人文关怀上，应该具有比过去更强意识。因为他不再是个人，他代表着媒体去关注社会、关注群众。我们的社会正在转型期，有很多矛盾，有很多问题。不是说我们的社会不好，不是说我们的社会政府没有管好，而是尽管政府管了，还会有没能够完全覆盖的空间，这就要求我们媒体去主动关心、去关怀。那么当节目主持人走到群众面前的时候，你有没有这种敏感、有没有这种情怀、有没有这种魄力都决定关系的密切程度、关系到节目的运作水平。第三就是语言的专业技能了。你首先要让受众喜欢你啊，达到现代传播的要求。你要能够和你的受众交朋友，要能够和你的受众一起闹、一起唱，要能够为你的受众去表演角色。

苏凡博：

新媒体环境下，对主持人的语言要求是更高一些了，还是降低一些了？

李东：

由于技术的发展，我们今天整个作业环境比过去要复杂，所以整体来讲，对专业水平的要求是比过去高了。我赞同李希光的一个观点，新闻与传播的教学，对专业技能的训练，要严格到像医学院、商学院、法学院的专业训练的那种程度。而我们远没有到这种程度，所以我们业界的人、我们的学生在这点上要更自觉。不过有些东西更宽泛了，比如说管理的力度改变了，从过去的他律变成自律，更轻松了。包括整个内容的掌控、节目的氛围、节目的进程，主动权交给了节目主持人。从这个意义上讲，管理的力度上是宽了，但是从自律的要求来讲，比过去更严了。

苏凡博：

如何看待目前新出现的关于"全媒体记者"的称号？

李东：

现在传统媒体里面还有一个概念，叫"全媒体记者"。实际上从运作来讲，这是做不到的。两个做不到：第一，我们的记者不具备这种素养。比如说，我是一个记者，我采访一个事情回来，先发新媒体，发一个标题，新闻碎片化。然后换个角度发广播新闻，接着剪片发电视新闻。我没有这个能力，也没有这个时间。第二，如果一定要走这条路，那么就需要台里轮训，轮训完了以后考核，谁具备这种素质，谁就当全媒体记者。最后肯定谁也不愿意干，为什么呢？因为这背后你要回答我一个问题，我轮训完了，我具备这种技能，你给我多少工资，我做了三个人的工作呢。所以说不大可能。

播音主持这个专业是我们国家的一种特色，是非常特别的一个专业，因为市场急需而出现。现在市场发生变化了，所以就要考虑，这个专业何去何从。需要你们提早考虑这个事情。

采访后记：

"珠江模式"掀起了当年中国广播改革的热潮，并开启了广播历史上的"黄金年代"。提到当初改革的原因，李东老师认为："我们被逼到了墙角上。"当前，在新媒体的冲击下，传统媒体似乎又一次"被逼到了墙角上"，"珠江模式"或许能给我们当前的困境带来启发。

我对李东老师的访谈进行了三次，整理出来的访谈文字将近 5 万字，并在此基础上形成了多项科研成果。在和李东老师交往的过程中，他也逐渐由我的同事（李东老师曾在广州大学新闻与传播学院任特聘教授）变为了亲切和蔼、无话不说的兄长，在此也再次表示感谢！

是的，我们是在回顾过去，但我们也同样是在谈论处在历史拐角处的中国广播的未来。当下的我们是否也已经被逼到墙角了呢？

四、雅坤：我老伴说"你跟八点半过去吧"

人物介绍

　　雅坤，原名佟雅坤，中央人民广播电台播音指导，享受政府特殊津贴。1961年进入中央人民广播电台，先后担任《文教新闻》《新闻和报纸摘要》《各地人民广播电台联播》播音员。1987年成为中央人民广播电台首个综合文艺节目《今晚八点半》节目主持人，1993年《今晚八点半》特别节目《春灯乐》获得首届播音主持政府奖。1995年播音作品《永不消逝的歌声——纪念人民的音乐家王洛宾》获得第二届播音主持政府奖。雅坤是中央人民广播电台首位现场报道国家领导人出访的播音员、首位赴日本NHK进行汉语教学的中国播音员。其播音作品《古诗新韵——介绍室内乐<春夜洛城闻笛>》《古钟新声》获得亚广联娱乐节目奖。代表作品还有：《阅读和欣赏》《边关军魂》《保卫生命》《香港百年》《东方神话——从哑女到神童》等。

时代回想

　　1986年，改革开放进入快速发展期，人民生活水平得到很大提高，社会文化生活也更为丰富。中央人民广播电台为满足人民群众对广播文艺的需求创办了综合文艺节目《今晚八点半》。这是中央人民广播电台推出的第一个综艺性版块节目，每天播出一次，每次55分钟，固定在第一套节目20：30分播出。

　　1987年1月1日，节目一开播就广受欢迎，一个月内收到的听众来信就突破了两万封。1989年《今晚八点半》共收到听众来信27万多封，是1988年听众来信的 2.5 倍,约占中央人民广播电台听众来信的 70%。《今晚八点半》节目有两大突破,一是开创了广播综艺节目的先河;另一个是开创了广播文艺节目树立主持人个人形象的先河。

本期策划、采访:刘超

中国播音学 2016 级博士

浙江传媒学院副教授

刘超:

1986 年以前您在新闻播音岗位上已经干了 20 多年,被誉为"新闻部飞出的金凤凰",怎么想到转型做文艺节目主持人的?

雅坤:

我一开始是不愿意的。当时在新闻播音岗位上干了很久,也很熟悉,而且《新闻和报纸摘要》又是非常重要的节目。我没想过要当主持人,也不知道主持人是怎么一回事。有一天文艺部主任熊生民找到我,问我愿不愿意去他们那儿,说要开办一个新节目。当时我就婉拒了,那时候我都 40 多岁了,做一个新节目心里是没底儿的。第二次熊主任找我,我就说身体不好,承受不了这么大的工作量。可熊主任特别关心我,让他爱人帮我找中医,给我调理,我就特别感动。他第三次找我的时候,我就答应了。

刘超:

"三顾茅庐"啊,熊主任为什么认准您了呢?

雅坤:

他说我播新闻也好,录的一些专题也好,有一种"说"的味道,新节目需要一种新的语言形式,所以想到了我。

刘超:

由"播"转变为"说",您适应吗?

雅坤:

特别不适应。当时没有这种综合文艺节目,也没有范本给我们参考借鉴,全靠自己摸索。我 1986 年下半年调入文艺部,节目是 1987 年元旦开播。这期间我和贾际两个人每天都试录,怎么听都像播新闻。有段时间加班到晚上 10 点才回家,我老伴儿气得说"你跟八点半过吧"。最后节目开播了,我们还是没找到"说"的感觉,只能硬着头皮上。大概播出一个多月了,熊主任突然跟我们说,听着像那么回事儿了。

刘超：

您觉得主持人语言与播音员的语言有什么不同？

雅坤：

主持人的语言更亲切，更有人情味儿，就像朋友之间聊天儿一样。我们以前播新闻是把国家大事告诉听众，特别是一些党的方针、政策，需要一定的高度。可是现在不一样了，你是跟听众在聊天，你要关心他，就不能那样说话了。

刘超：

您是怎么把握这种人情味的呢？

雅坤：

要将自己放在与听众同等的地位，进行真诚地交流，想听众之所想，急听众之所急。当时《今晚八点半》收到的信件中，不光是点歌啊，听众遇到一些烦心事都会给我们写信。当时我记得有一对儿青年要结婚，女方找男方要彩礼，男方觉得不应该。他俩就给我们节目写信，说"八点半"同意给彩礼男方就给，"八点半"不同意那就不给。

刘超：

听众拿主持人当知心人了，您是不是也会站在听众的角度来思考自己的主持方式？

雅坤：

是的，我们跟听众交流的时候一定要设想一下：他是做什么工作的？他在哪儿听节目呢？他想让我们做什么？他给我们写信的时候心情怎么样？他为什么给我们写信？

这样想清楚了，你的语言就有针对性了，听众就觉得你就是在跟他谈心，真的关心他。比方说，有的战士在老山前线猫耳洞里写信；有的小朋友在台灯下写信，他们的诉求都不一样。

刘超：

《今晚八点半》获得了空前的成功，据统计全国有5亿听众听过您的节目，一开始您预料到了吗？

雅坤：

完全没有。当时只是觉得这个节目挺好的，可以听歌、听戏，还有很多文

211

艺信息。后来一下子收到那么多信，有各种职业的，有各个年龄的。节目组的同事们每天都要阅读听众的来信，这是很重要的工作。有个小朋友给我写信说："雅坤阿姨，我猜您是瘦瘦高高戴副眼镜"，听了节目给我画像呢。

刘超：

您回复他了吗？

雅坤：

我在节目里说："小朋友，你说的雅坤阿姨啊，个子不太高、也不瘦，确实戴了副眼镜，但是是老花镜。"

刘超：

太真实了。

雅坤：

主持人和听众应该真诚地面对，听众来信跟你说心里话，你也应该认真、坦诚地对待他们，他们需要的是实实在在的主持人。一个主持人是不是真实、真诚地对待听众，听众是完全能够感受得到的。有一次我得了重感冒，嗓子很沙哑，但也没人替我，我哑着嗓子把节目播完了。在节目中贾际就说："听众朋友可能听出来了，我的搭档雅坤今天嗓子哑了，她得了重感冒，但是仍然坚持把这期节目播出了，她说向大家道歉了。我也希望雅坤能够快点好起来。"听众以前哪儿听过哑着嗓子说话的主持人啊，但我们就实话实说，听众不但没有责备，反而写了很多慰问信，有的听众亲自送药到中央台，有的还寄来了偏方，我们都特别感动。

刘超：

所以说，"真"一直是您追求的方式。

雅坤：

对，朗诵也好，播音也好，主持也好，都要动真情。我刚参加工作时齐越老师就是这样教导我们的。后来他也评价说："雅坤的播音和她做人一样真！"这是齐越老师送给我最好的礼物。

刘超：

除了人情味儿和真实感，《今晚八点半》还有哪些成功的要素？

雅坤：

过去是我播什么，你听什么。《今晚八点半》鼓励听众参与节目。听众在节目里可以点播自己喜欢的文艺内容，认识自己想认识的文艺界名人，了解自己想了解的文坛轶事和动态，文学爱好者还可以把个人作品寄到节目中播出。这种互动在以前是没有的。听众参与节目了，就觉得那就是他自己的节目，觉得特别亲近。每天晚上我都说："听众朋友，八点半到了，欢迎收听中央人民广播电台综合文艺节目《今晚八点半》。"这个名字就特别好，听众就觉得每天这个时间就是我的，我明天这个时间还听，就像约会一样。

刘超：

这个约会很稳定啊，十几年时间。放到现在您也是流量明星了，在当时您和贾际都是节目的品牌。

雅坤：

主持人应该是稳定的，比如我和贾际一块儿出现，十几年时间。我们的语言也是亲切的、自然的、真诚的，这也是一种稳定。时间长了，就成了你的个性、你的风格，你这个节目的风格。一提到贾际、雅坤，就想到《今晚八点半》，听众也会很稳定地听你的节目。

刘超：

以前我们认为个性就是与众不同，可您说的个性是一种稳定的、长时间呈现出来的样态。

雅坤：

你不能为了与众不同而胡说八道，你得和节目相吻合，对什么人，说什么话要清楚。比如说有的主持人在节目里开玩笑、讲笑话，有些很低俗，你不能拿这个当个性。个性和你的经历、学识、性格都有关系，特别是中央台，你代表着国家形象，在节目里不能随便说话。播音员主持人的语言应该是有示范性的，不然听众，特别是小孩子都跟着学，那就不好办了。

刘超：

您当时主持节目是有稿件的而且是录播，可是现在的广播直播节目主持人大多是没有稿件的，这是时代发展的必然趋势吗？

雅坤：

刚开始我们找不到主持的感觉也是因为有稿子，后来我和贾际除了主持之外，还要编辑一期周末版，慢慢地对稿件的依赖没那么强了，主持节目也更自如。所以稿子不是你的负担，看你怎么用。

主持人应该把规范性的东西说得很生动，又要把很生活性的语言表达得得体、规范。主持人的语言除了要用口语之外，还应该追求艺术性，不能把街头巷尾的话不加选择地拿到节目里播，那样的话节目的格调就显得太低了。主持人的声音啊、字音啊、用词啊还有语言的逻辑性啊，都应该是打磨过的。

刘超：

您的播音主持作品非常多，得奖也很多。但给您带来最大知名度的还是《今晚八点半》，怎么看待您和这个节目的关系？

雅坤：

是这个节目成就了我，这个节目的成功与中央台的影响力也分不开。一个节目没有好的主持人不行，一个主持人没有好的节目也不行，他们是相互依存、相互影响的。你不能说我是什么样的，节目要跟着我来，主持人要主动去适应节目。以前是播新闻的，之后你主持文艺节目要根据节目的性质来调整自己。

播新闻的，要了解国内外大事；主持文艺节目，要了解各种文艺常识，多听各种文艺节目。还要多读听众的来信，那时候，拆信、看信都是工作的一部分。不能说我这是点歌节目，我拿着信皮儿、磁带、光盘就能上节目了。所以说，有这样一个平台、这样一个节目，要珍惜。

采访后记：

2015年6月，雅坤老师到杭州演出，我和学生马恺阳、王璟、徐铭昊一同去观看。演出之前徐铭昊到化妆室请求合影，当时雅坤老师冲他淡淡一笑，只说了两个字"稍等"。小粉丝回忆说："两个字就让我听傻了，怎么有这么好听的声音啊，集中、醇厚还不刺耳，穿透力特别强！"晚会结束后，马恺阳和王璟更是激动地说："原来吐字也可以这么美啊！"之后几个小同学都特别重视语言的基本功，练声不辍。榜样的力量真是胜过我每天的唠叨。

这几年雅坤除了参加各地的朗诵活动，还帮人民教育出版社录制了中小学语文课本中的古代诗词；录制国学经典《诗经》《道德经》《弟子规》《千字文》；近几个月还要为《辞海》录制标准读音。我的博士论文就是以雅坤老师的有声语言艺术为研究对象的，所以不止一次地要打扰她、采访她。我发现，她从不把过去的辉煌放在心上，除了一些重大的事件之外，得过的许多奖项她都不记得了。我们只好一边查资料，一边帮助她回忆。本来是占用了她的休息时间，她却反过来感谢我，还谦虚地说："播了一辈子还有很多问题没搞明白，还要好好总结与学习。"

雅坤就是这样，简单、谦和、从容、淡然。这样的方式，让她和方明搭档几十年，创作出无数经典的有声语言艺术品；让她和编辑叶咏梅成为工作中最好的伙伴儿；让她和比自己年轻19岁的贾际像朋友一样配合默契、相得益彰；让她对待90后、00后的小粉丝也是亲切、柔和、有求必应。在这份从容与淡定中，雅坤获得了无数荣誉，赢得了千万掌声。一次无心插柳似的转型让她受到5亿听众的喜爱。

认真地做好自己的事，让一切都顺其自然、自然而然，这正是"夫唯不争，故天下莫能与之争"。

五、瞿弦和、张筠英：以前"风流"不是什么好词儿，一般都是带贬义的

人物介绍

　　瞿弦和，1944年出生于印尼苏门答腊，6岁随父母回国。1965年毕业于中央戏剧学院表演系。国家一级演员。曾任中国煤矿文工团团长、中国戏剧家协会副主席（现为顾问），首批享受国务院特殊津贴的专家，中国十大演播艺术家之一；曾获首届中国话剧金狮表演奖，文化部"优秀话剧工作者"称号。第八、九、十、十一届全国政协委员，现为中国诗歌学会朗诵演唱专业委员会主任。

　　张筠英，毕业于中央戏剧学院表演系。著名译制片导演、表演艺术家、教授、中国十大演播艺术家之一。中国戏剧家协会、中国电影家协会、中国电视家协会会员，北京朗诵研究会常务理事。童年时代主演电影《祖国的花朵》、在天安门城楼代表全国少年儿童向毛泽东主席献花，是其难忘经历。

时代回想

　　《风流歌》是当代作家纪宇的长篇抒情诗，创作于1980年。当时，改革开放刚刚起步，共和国大地百废待兴，一片生机盎然。《风流歌》语言生动优美，内容悠长宏大，从时代发展和社会进步的角度，既表现出年轻人对人生和理想

的思索与追求，也抒发了各行各业的人们对"风流"的诠释，展现了一种积极昂扬、自强不息的"真风流"。

《风流歌》最初发表在《人民日报》，后来经由瞿弦和、张筠英的朗诵，中央人民广播电台配乐播出，风靡全国，尤其是在大学校园的青年学生中广为流传，激起心灵风暴。

本期策划、采访：曾志华
中国传媒大学播音主持艺术学院博士、教授、博士生导师

瞿弦和：

《风流歌》是著名诗人纪宇的作品，创作在改革开放初期。当时给我们的是《风流歌》之一，后来他还写了之二和之三，但是我们觉得最有意义的还是之一。

因为那时候刚开始改革开放，人的思想也刚刚打开，视野更开阔了。早年间"风流"这个词一般都是带贬义的，比方说"这人真风流"，它肯定不是什么好词儿。而纪宇写了这《风流歌》以后（尤其是经由瞿弦和、张筠英朗诵，在全国广为流传之后。——编者注），就让人们对"风流"一词有了一个更完整、更正确地理解。

张筠英：

那年纪宇写完了《风流歌》，特意打听我们家住哪儿，他就上家来了。他说，我想让你们俩念我这篇《风流歌》。我一看，哟，好长啊！他说，电台那边我已经联系好了，电台推荐的也是你们。我就想到家里来，跟你们俩接触一下。

就这样，我们俩在央广录制了这首诗。《风流歌》播出以后没想到那么受欢迎。那时候流行听众写信，当时全国各地给中央台写的信是用麻袋装的！听众来信要求重播，不断要求重播。我们也应约写了一些朗诵《风流歌》的体会等等。这是1982年。

后来我出去拍《干杯，女兵们》（电影《干杯，女兵们》，张筠英担任副导演。——编者注）的时候，武汉人说，"哎，你是不是念《风流歌》的张筠英啊？"我说，"哎哟，这你还知道啊！"他们说，"是啊"，那时候很风靡这首诗的。

对了，因为想听的人特别多，结果电台和民主促进会还专门出了盒带，并且专门做了一个发布会。为了一个盒带举行发布会，那时候很少啊。发布会上，纪宇去了，我们俩去了，还去了好多人。

新时代了，在一次活动上我们邂逅了纪宇。一个当年瘦瘦的小青年，如今

217

也是一个中年的大胖子了！一见面他先问我们：《风流歌》你们还有机会念吗？我说有机会念啊，但是您能不能再修改修改，增添一点现在这个时代的东西，比如我们的航母、歼击机，包括两个一百年啊、目标啊，等等。纪宇一听，说，"好，我明白了。"很快他就拿出了新稿，加进了新的内容，押的还是江阳辙，一韵到底，朗朗上口。现在尤其是今年，我们在很多场合都朗诵这首诗，（因为）今年是新中国成立70周年。

瞿弦和：

说到这首诗，首先我感觉它让人对"风流"有一个正确的全面的理解……什么是风流，谁不爱风流，该怎样把你理解，该怎样把你追求，这才是真正的风流……以及中华儿女们的风流是什么样的，等等，这是非常积极的一个主题，我很喜欢。过两天中国教育电视台在民族文化宫有个诗会，我们还要去朗诵这首诗。

对了，8月16号，我还有一首新的朗诵诗，是熊伯伊的《四季读书歌》。熊伯伊是民国时期湖北崇阳的一个儒医，他不仅酷爱阅读，也能诗善文。他写的《四季读书歌》……春读书，兴味长……夏读书，日正长……秋读书，玉露凉……冬读书，年去忙……，我也很喜欢。我让他们特意做了一个音乐，在每一段配乐之前，我都用可以代表这个季节的动物叫声，比如春天的鸟叫，夏天的青蛙、蝉叫，用这些动物的音响带入到这个季节。反正就琢磨呗，尝试不同的感觉。

朗诵每一首诗，每一次都不可能也不会是一样的。同一首诗在不同的场合朗诵也不会一样。主要就是一个人读诗要不断地去想、去琢磨：我怎么样改一改？我今天读的时候可以做一些什么样的改动？这样就有乐趣了，也是一种追求吧。

比如这两年，我们做了个"世纪诗人作品音像工程"，申请了国家艺术基金，文化和旅游部特别支持。我们建立了一个平台，就叫"世纪诗人平台"。

我们怎么做的呢？一个诗人90分钟，选择他的15首到20首代表作或是成名作。每首诗找一个人把它朗诵出来，也有唱的。这个朗诵团队是老中青结合的，有教育界的老专家，有电台电视台的主持人、演播家，有戏剧界的话剧演员，有电影电视界的影视演员，还有在学校里边教课的老师们、刚刚毕业的大学生，还有业余的朗诵爱好者。选择什么景呢？诗人的故居，诗人工作过的地方，等等。另外，根据诗人这首诗创作年代的特点，我们还会找到适合这首诗的景点，让诗形象化地立起来！

"世纪诗人作品音像工程",这是留给后代的,我觉得跟只是录音带或者是 U 盘或者是书本都不太一样,它是一个完整的立体的形象。将来你们的播音主持教学呀,还有国外的孔子学院,都用得上。当然这是一个艰苦的工作,是没有劳务费的。国家艺术基金只提供给你什么呢?拍摄场地、拍摄器材、编辑、版权等这些东西。这项工作其实也是抢救性工作,我们还真"抢救"了几个:做时李瑛他还健在,我们采访完不久,他走了。在世的,比如说贺敬之 90 多岁了,"九叶派"唯一健在诗人郑敏也 90 多岁,我们要赶紧做呀。哈哈,其实我们自己也都七八十岁了,但我们要发挥余热,把这批好的作品留给后人,这是很有意义的一件事。

采访后记:

暑期七月下旬,"曹灿杯"青少年朗诵大赛颁奖典礼上,坐在我前排的瞿弦和张筠英老师正装出席。当时天气还挺热,一问,原来两位老师不仅要颁奖,还有节目。"今天您二位朗诵什么作品啊?"我问。他俩几乎异口同声,"《风流歌》!"

当配乐的前奏响过之后,瞿弦和、张筠英老师开始朗诵:

风流哟,风流,什么是风流?

我心中的情丝像三春的绿柳;

风流哟,风流,谁不爱风流?

我思索的果实像仲秋的石榴。

……

几十年没有再听这首诗了!一时间,站在侧幕的我不由得感慨万千……

"声音在耳边回响,记忆在脑中回想"——

20 世纪 80 年代初的大学校园,颇有些文艺复兴的气势。黑格尔、尼采、康德、叔本华的书开始有了中译本,大家在惊喜雀跃的同时,也发现了文辞语义的艰涩难懂。朗诵则不然,不论你普通话是否标准、是否有朗诵技巧,只要有激情、有状态,就可以拉开架势当众表现。于是,朗诵成了大学校园里尤其是中文系学生首选的一项课余活动。记得一次朗诵会,一位带着口音的男同学将"张志新"的"张"读成了近乎"dāng"的音,台下笑声哄起,但朗诵者本人却听而不闻视而不见,依然投入并淡定地朗诵完他自己创作的诗稿。

大学四年,我一直兼任着学校广播站播音员的工作。除了每天用大喇叭唤醒校园、播送各个系、各个年级通讯员写来的稿件外,还有一件事是我自己给添加的，那就是从中央人民广播电台播出的节目中选取好的节目、好的音乐录下来，再在全天"第三次播音"——傍晚的时候播放出去。记得那天第一次在收音机里听到《风流歌》时，我整个人都凝固了，站在那儿屏息静气听完了这首长达十五分钟的朗诵诗！——哦，原来阳刚正气与阴柔温婉可以这样交相辉映，原来浅唱低吟和激情澎湃可以这样有机融合，原来发自内心的真情实感才是朗诵艺术的真谛！

当我从难以名状的共情空间里出来之后，第一个念头便是，录音，录音，赶紧录下来，让全校所有人都能听到这么好的朗诵！那个时候没有互联网，找不到回放，但有重播。在图书馆的报刊室找到当周的《中国广播报》，在央广的《文学之窗》栏目中查找到重播的时间后，终于如愿以偿。据说，不少同学是一边端着饭碗，一边在大喇叭底下听完了这首配乐诗朗诵的；也据说，从那以后，男女双人朗诵的形式开始多了起来。

采访完瞿弦和、张筠英老师后，我找出当年的录音磁带，请阎亮帮我转录成数字音频。尘封了几十年的声音再次在耳边响起——尽管转录后的音质有些折损、有些句子也带有时代的特征与局限，但夏青老师的报头，沉稳清亮、层次分明；两位朗诵者的声音则透着那个年代特有的激情，满满的正能量……

还是暑期，八月中旬，在瞿弦和老师和平街的工作室。当我向瞿老师说起当年的情形时，我说，您和张老师的《风流歌》可是我们这一代人的青春记忆啊！瞿老师笑了："也是我和夫人张筠英的难忘记忆！"

六、钱锋：空中立交桥，那段激情燃烧的岁月

人物介绍

　　钱锋，1987 年毕业于北京广播学院（现中国传媒大学）播音系，后在海峡之声广播电台工作，先后担任播音员、主持人、编辑、记者，于 1994 年获得首届全国广播电视主持人"金话筒奖"。在播音主持行业工作 16 年间，累计获得包括全国播音主持政府一等奖、全国广播"十佳"主持人、中国广播节目特等奖等国家级奖项 40 余项。2009 年调入广东外语外贸大学，任播音与主持艺术专业副教授，从事高校教学与研究工作。2013 年出版教材《广播栏目与广播主持》，2019 年获得广东外语外贸大学新闻学院首届"师德模范"称号。

时代回想

　　在对台广播史上，海峡之声广播电台于 1989 年 7 月 1 日播出的《空中立交桥》节目，一经推出便引起巨大反响。《空中立交桥》节目通过开放式的广播板块设计及聊天式的主持人样态呈现，达到"电波"与"心波"的共鸣，成为沟通海峡两岸的纽带。在全国第八届优秀广播节目评选会上，《空中立交桥》被评为特等奖。这是举办全国优秀广播节目评选以来，第一次把特等奖授予综合板块节目。专家们认为，《空中立交桥》节目所树立的主持人群体形象标志着我国主持人节目已经发展到了一个新阶段，节目所采用的"模拟直播"制播方式是

具有改革特点的创造。今天，《空中立交桥》的辉煌已经过去 30 多年，但回望当初的成功与创新，仍能给今天的主持人节目变革提供一些启迪。

本期策划、采访：李峻岭

中国播音学 2015 级博士

广东外语外贸大学新闻学院副教授、硕士研究生导师、播音与主持艺术系系主任

李峻岭：

在中国广播史上，有两个著名的"空中"节目，一个是中央人民广播电台的《空中之友》，一个就是您当时在海峡之声广播电台主持的《空中立交桥》。您跟我们说说当时《空中立交桥》筹备开播的情况吧。

钱锋：

嗯，徐曼老师的《空中之友》是我们最早听说的广播主持人节目了，后来大家比较熟悉的是 1986 年 12 月中旬开播的珠江经济广播电台的主持人节目。我们的节目应该说也受到它们的影响。

1988 年末到 1989 年初，我们当时的节目组组长弘力（于 2010 年在上海病逝），他带着我们另一个主持人去广东采访，准备做春节节目，在广东听说了珠江经济台的制作模式，就去台里参观，看到珠江经济广播电台的节目做得热火朝天的，他特别激动，回来以后就跟领导说，原来广播节目还可以这样做，然后就在全编辑部做了一个分享。分享完了以后，台里决定说我们也实验性地推这么一档节目出来，鼓励大家报名参与。我是属于那种开始没报名，后来给吸纳到这个组里的。因为实验性嘛，当时我们人特别少，最开始是三个人，后来第二年是五个人。我们这一拨想把新节目做起来的人在台领导的带队下，先后到珠江台、上海台学习。当时上海台主持人节目做得比较成熟的是蔚蓝老师的节目《蔚蓝信箱》。在当时特定的历史环境下，听到她特别贴心地、语重心长地跟听众进行交流，完全是口语化的、心贴心的表达。那时你就觉得她说的都是自己的心里话。主持人这样做节目，她的状态不是"端着"的。

在前期充分考察后，我们的《空中立交桥》节目于 1989 年的 7 月 1 号开始试播了，1990 年元旦正式播出。正式播出时，人员增加到五位，节目一周四组，后来又逐渐增加了人员和节目组数、时长。《空中立交桥》栏目一共设置了四十多个子栏目，每天的核心栏目都不同，节目组为此专门创作了 30 多首栏目曲、间奏乐，这也是中国广播节目中第一个采用这么多自创音乐进行栏目形象设计

的。节目从一开始就采用采编播合一的主持人形态，的确是从一开播就创下了很多的第一。

李峻岭：

当时节目播出首先收到的反馈是什么？

钱锋：

推出了以后先是在国内的听众中引起比较大的反响。我们以听众的来信来判断的话，全国很多地区都有听众来信，除了福建，还有新疆、黑龙江、辽宁、安徽、江苏、浙江、江西、福建、云南、广西等地。一些听众纷纷问：这是哪个台的广播？广播还能这么做？有的听众还产生这样的一个疑惑：我们听的不是"敌台"吧（笑）？我们国内的电台能这样做节目吗？欢声笑语的！后来一些专家说我们是属于在国内推出群体性主持人形象的一个代表。我们最早是三个人，后来是四个人，多的时候我们五、六个人都有可能同时出现在节目当中。当时如果人多的话，我们就把电台最大的一个演播间给打开，然后竖着所有的话筒，站在那个地方大家一起来做节目。节目中采取多人组合，比如四人或多人主持群体，比后来电视上出现的多人主持早了近20年！节目中我们主持人把听众的称呼改为"听友"，以此减弱传播者与受众的距离感，而"听友"的称呼后来在全国各广播电台全面开花，也可以说是缘于《空中立交桥》。

李峻岭：

当时一期节目最多能有五、六个人出声？（惊讶）

钱锋：

不止，有的时候六、七个都会出现！甚至有的时候我们会把我们的记者邀请到节目当中来，大家所有的表达就是以说为主。我们的组长弘力，还有一个副组长刘武，他们一个原来是做文艺节目的编辑，还有一个是专门做评论节目的；一个形象思维特别好，一个逻辑思维特别好，两个编辑在做节目的时候就跟我特别不同。我那会儿完全是一个新兵，还不怎么懂广播，是他们两个在带着我。我是学播音的，他们跟我最大的不同是什么？就是他们比我要松弛！弘力他原来是干什么的？他是部队演出队的演员，所以他十八般武艺什么都会，唱啊、跳啊、说快板啊，什么都会。在做节目的时候，他特别强调我们在进入节目状态之前，你得先给人心理的兴奋，所以每次做节目之前他先给我们讲笑话。讲完了以后，大家"哈哈哈哈"，乐完了以后他说：好了！状态对了！我们去做节目！然后浩浩荡荡的一拨人就开始到录音间去！

李峻岭：

您觉得自己在做《空中立交桥》节目前后有什么变化吗？

钱锋：

在做《空中立交桥》节目前，我的定位是播音员，虽然那个时候所有的节目几乎都说：我是主持人谁谁谁。但还是用别人给你写好的稿子，你没有任何改动的权利。我们当时还有个审听编辑，会把要播出的开盘带一盘一盘都听完，听的时候如果发现你给改了一个字，你也得去重新录！那个时候，主持人在节目中的自主权限是非常有限的。《空中立交桥》真的是放开了，不再安排审听编辑，整个台只有这一个节目是这样。那会儿我们节目组每次做节目前，都要开一个编前会，今天有哪些内容，我们怎么控制，控制多长时间，我大概准备的文稿多长……然后大家互相之间了解他人准备的话题和内容，以备节目中临时串接，准备组织语言。这种准备特别细致，甚至大家坐在一起，你情绪不对，组长都会说，你状态不对，你今天还能上吗？这些经验都是非常宝贵的。

李峻岭：

"编辑+播音员"组成一个主持团队，这在当时真的是非常创新的做法吧？

钱锋：

嗯，《空中立交桥》节目一开始就是两个编辑加我一个播音员组成一个主持团队，我们也经历了一个摸索过程，在节目中进行的是一种采编播合一的探索。这种尝试我肯定是有弱项的。为什么？因为在那之前我一直是一种"播音"的状态。在当时，我们处于一种尝试着逐渐能自如地说的过程。尝试着说是一种什么状态？也还是磕磕绊绊，甚至一开始的时候他们两个都笑我，说"你老端着"！现在可能很多人理解不了什么是"端着"，就是那种一本正经，"我是主持人钱锋"（认真模仿，一字一顿）。然后我说我已经很努力地在说了，他们说"不！你端着！你过后再听！"为了让自己"说"，我大概用半年的时间学"秃噜字"，就是故意不清楚地吐字。想想很好笑，大学四年练吐字清晰，为了像说话，还得丢弃原来练习过的方法，努力让自己回归生活状态。

过了多少年后我再听当时的录音，才真正理解什么是"端着"。现在想起来，包括他们俩一开始也有点"端着"："我是弘力""我是刘武"（一字一顿地模仿），也还是没有完全地松下来。直到节目运作了一段时间以后，三个人在心理上交融在一起，跟听众也彻底交融在一起，才算真正地松下来，真正地不"端着"了。

李峻岭：

《空中立交桥》节目开播后反响热烈，现在回想起来很多细节，那真是一段激情燃烧的岁月吧？

钱锋：

那个时候是我们电台增音组（电台的技术部门）的同事先开始听，听完了就觉得我们这个节目特别有意思，然后传达室每天收到的给我们节目的信也是用特别大的袋子装着，装完了以后送到我们节目组。我们节目组成了那会儿全电台唯一一个需要经常加班的组，经常晚上八九点了，甚至十点、十一点了，我们办公室的灯还在亮着，所有的人都在拆信、读信。读完了信还要从信件当中再找出一些值得回复的，我们节目专门有个周末版跟听众去进行信息的回复，有的时候我们还会直接动笔去回复听众。

李峻岭：

亲自动笔给听众写回信？

钱锋：

是啊，过去我们做的很多事，都是发自内心地去做，可能现在的学生会觉得不可思议。比如说有一个大连的听众说她跟老师借的书还有磁带什么的给弄坏了，她希望我在福州给她买一套，我就真的去给她买了一套寄过去！我一直属于那种身体不是特别强健的，回来的时候骑车骑一半，骑不动了，我就推着车走了一个多小时推回到我们电台，我就能做这样的事，你说现在你换一个主持人让他这样做，他肯做吗？尤其是内地的一个听众，跟我、跟台里没有任何关系，她提出这样的要求，我会去做。

还有一个在江西的台属（家里有亲属在台湾），来信说他在养老院里，他们是集中管理，生活质量不高。我那会儿也没有谈恋爱，我说我是女的，我去哪给你弄男士生活用品啊，然后我就给他寄了50块钱，还给他寄了很多邮票。那会儿我工资很低的。后来他所在的养老院还给我回了一封信，说他们会妥善帮他管理这笔钱，他有需要的时候会给他。反正我就觉得那会儿我们做的所有的事情都是发自内心的。

李峻岭：

当时接到来信大概有多少封？

钱锋：

那时候一天就能有几百封，后来统计差不多是收到了10万多封信啊。其实

225

我们的节目它真的是有一个预热的过程,是逐渐地一点点地被大家知道的,然后慢慢地到我们电台来的全国各地的听众也多了,比如说有听众出差到福州来,她就会想:"我跟你们有一个交流",就到台里来了。

李峻岭:

作为一档对台广播,您觉得《空中立交桥》成功的原因是什么?

钱锋:

既然做对台宣传,台湾那些节目我们听了不少,听他们对大陆、对东南亚的广播,听他们的传播形态。从他们的节目中我们也在判断,比如说他们就特别强调一种松弛状态。可能两个主持人开场的时候,俩人先互相之间开玩笑,慢慢代入再开始进入那天节目的主题。通过这些可以从一个侧面知道他们的评价标准是什么?他们的思维特点是什么?这可以帮助我们来判断,做对台宣传,你不应该是灌输式的,要拉近这种亲近感,让人觉得你这样的态度我愿意接受。

面向台湾听众,我们是把过去的一种表达方式做了转变,把以往很强势的一种表达转变成很贴心地、很自然地去说的一种状态,把两岸的关系融在这种表达中去说。我们节目组里另外两位主持人都是编辑出身,他们特别提到什么呢?我们三个主持人,每个人都要建立自己个性化的形象,这个形象,既是个人符号,同时也是跟节目紧密结合在一起的。比如主持人弘力专门设立了一个子栏目:《生命随想》,就谈生活中遇到的一些事,比如说邻里之间的关系、朋友之间的关系、青年对未来的一些选择,真的是很贴心。台湾那头的听众听到了以后,会觉得所有的这些原来你们主持人也都会遇到啊。主持人不再是那种灌输式的形态。

李峻岭:

三位主持人在这个节目里都有不同的定位?

钱锋:

对,另一位主持人刘武他也有一个子栏目:《立交桥漫步》,通过漫谈的形式谈两岸关系、谈国际局势,输出主持人的观点。考虑到我是年轻人,又喜欢朗诵,给我弄了一个子栏目:《爱的诗束》,很浪漫的。主要读一些小杂文一类的,那会儿还不叫鸡汤文呢(笑),诗歌一类的也比较多。同时,我们这三个主持人在节目中是有机穿插结合在一起的,互相之间都有串接,互相搭设台阶,不是各说各话。我们是参与的,有搭话的,就像聊天一样铺展开来,主持人各自的形象通过子栏目和节目中的其他表现,慢慢地就建立起来了。

李峻岭：

　　每个主持人都有自己的个性标识，这个提法在当时应该是非常新的，毕竟在当时，主持人这个概念也是属于新鲜事物。

钱锋：

　　嗯，当时中央人民广播电台《今晚八点半》节目组听过我们的节目，他们觉得以他们的标准，我们这个栏目的主持人确实是比较业余的一种表达方式（笑）。比如主持人弘力是烟嗓，烟嗓到了一种什么程度？就是有点公鸭嗓那种声音。人家说你看这个台胆儿真大，这样的声音都可以用！我再举个例子，当时我们台新闻部要上一个专题，是很正的那种，新闻部的主任让我去给他们播，我们当时的节目组负责人就坚决不让我去。他说这会破坏主持人建立起来的形象，说我在《空中立交桥》节目中树立的主持人形象是很温婉、很善解人意的，到那个节目中是一个特别不苟言笑的形象，这是完全不一样的。

李峻岭：

　　这个理念在当时也很新，很多台经常改版，主持人也是调来调去的，可能今天让你做这个，明天让你做那个，这就没法考虑到主持人形象的统一连贯性问题。

钱锋：

　　没去新闻部做那个专题节目还把当时新闻部主任给得罪了！我记得他特别生气，编辑部开会的时候，他不指名地把我给批评了，"有的人，年纪轻轻的，觉得自己有名了就怎么着，分配的任务不愿意接………"其实真不是我啊，是我们组长不让我去！组长说你去了以后，你树立起来的在这个节目中的形象，一下子就没了。

李峻岭：

　　主持人形象和节目形象要统一，主持人形象要有周期性、连贯性。

钱锋：

　　对，我再给你讲一个，我以前去采访过某音乐台的总监。他对当时电台频繁改版持不同意见。他说你看国外的一些很成熟的广播节目，可能十几年二十年三十几年，都在。为什么？这是一个标牌。而我们不断地在改版过程当中，忽略了什么？忽略了我们对受众的培养期。

李峻岭：

您从事高校教学工作也有很长的时间了，您过往的业界经历跟后来的播音主持教学是如何结合的呢？

钱锋：

说这么一个例子吧，我记得虹云老师有一次接受采访的时候很生气，说有一些人对工作就不尊重，录音间里，直播间里，说你玩完了该我玩了，她说这怎么能是玩啊？党和国家给你这样的一个权力，让你在话筒前工作，你表达的不是你自己呀！所以就从敬业精神来说，我觉得这是点点滴滴积累起来的。虹云老师就说过，她们那一代播音员的道路是"金子"铺就的。什么是"金子"铺就的？就是你的业务能力是多少人来给你做铺垫，让你去成就。我就经常对学生们强调说，做媒体一定是大我，不是小我。

李峻岭：

播音员主持人的路是用"金子"铺就的。这个"金子"，并不是指单纯拿资金去包装。

钱锋：

无论节目组里有多少编辑、记者，最后出名的都是播音员主持人。对吧？编辑记者全是幕后的，搞电视的话，摄像什么的也全是幕后的。主持人敬一丹就讲过一个例子，她说三峡截流直播的时候，大家看着风风光光的，连续几个小时，她跟其他的主持人和大家合作，最终把直播做好了。当她看到最后滚动的那些字幕，一个一个的人名，她说她眼泪都出来了！有多少人默默无闻在后边给你付出，最后这些人都没有你有名气啊。此外，我们说的这种"金子"铺就的，还包括外出采访的机会，不给你这样的机会，你能采访吗？你采访完了以后回来坐到话筒前，你的体会就不一样了。所以我一直强调我们怎么来做好大我。

李峻岭：

对于在读的播音主持专业的学生，您有什么寄语？

钱锋：

对于学生我是希望他们都好好的，无论你以后是不是从事这个专业，都应该好好学文化课，收收心。我跟很多年级的学生都说，这个专业应该是孤独的而不是热闹的，你不要老想跟别人打成一片、搞好关系。自己的孤独是什么？

就是你要懂得自己独立地去学习。我想跟所有的学生说明这一点，学文化不仅是学现在花花世界的各种技能，文化是决定你未来能走多远的压舱石。

采访后记：

　　和钱锋老师成为同事已有 12 年的时间，钱老师在工作中表现出的那种认真、严谨常常让我心生敬意。把一门课、一个班交给钱老师，同时也就意味着放心、踏实，因为钱老师一定会尽其所能让学生们学有所获。

　　这次借着"播博汇"的"回响·回想"专题采访的机会，得以与钱老师再次详谈，也让我得以回望这个载入中国广播历史的著名节目《空中立交桥》的辉煌岁月。《空中立交桥》节目的主持人们，呈现出一种源于生活、高于生活的"广播真实"，主持人的群体形象既翔实丰满却又不喧宾夺主，节目中的似无却有、小中见大的种种表现，都践行着让受众易于接受、乐于接受的出发点，这种清晰的节目思路与扎实的专业水平着实让人称道。而"回响·回想"系列访谈的推出，我想就在于从历史的声音中汲取养分，在播音主持的传承中孕育力量，不忘初心，砥砺前行。

七、小艾同学：北京奥运，我在！

人物介绍

  小艾，本名陈姗姗，2009年毕业于中国传媒大学播音主持艺术学院，现为中央人民广播电台主持人，与海阳搭档主持《海阳脱口秀》。2008年北京奥运会及残奥会期间担任国家游泳中心"水立方"现场体育展示中文播报员。

时代回想

  第二十九届奥林匹克运动会于2008年8月8日至8月24日在中国首都北京举行，来自204个国家和地区的1万余名运动员挑战极限、攀越新高，刷新了38项世界纪录和85项奥运会纪录，多个国家和地区实现了奥运会金牌和奖牌零的突破。中国作为东道主，为把北京奥运会办成一届有特色、高水平的奥运会做出了巨大努力。完善的比赛场馆设施，出色的组织服务工作，赢得了奥林匹克大家庭和国际社会的广泛好评。其中，体育展示播报员作为传播北京奥运赛事信息的重要角色，发挥着不可或缺的作用，小艾在北京奥运会及残奥会期间担任国家游泳中心"水立方"现场体育展示中文播报员，由其创作的体育展示播报范本被国家体育总局存入档案，至今还在使用。

本期策划、采访：李斌

  中国传媒大学中国播音学2018级博士生
  浙江传媒学院教师

李斌：

回忆起 2008 年的北京奥运会，很多人都会油然而生一份骄傲感与自豪感。您当时直接参与到奥运会的赛事报道当中，这一份感受更为深刻、更为特别吧。

小艾：

2008 年我研究生还没有毕业，当时奥组委想从传媒大学培养一些能进行体育赛事展示的播报人员。说到"体育展示"，这在当时是特别新的一种说法。"体育展示"是指在比赛现场，既有现场播报，也有现场评论的一种有声语言表达。

我当时的工作就是"体育展示"，而具体的体育项目则几经调整。

对于女生来说，一般很少会对某一个体育项目产生强烈的热爱。所以当时要求报一个自己喜欢的项目，我就说："我只会游泳，那就报水上项目吧"，后来就安排了考试。考试的内容是看一段录像，再给你一些稿子，接下来你需要做一段评述。考试之后，老师把我安排到了水球组。我当时对于这个项目很陌生，但也特别好奇，于是我就买了很多有关水球的书来看，去了解它的各种比赛规则，去了解这项运动有哪些经典人物。到了最后正式协调分组的时候，我居然又幸运地被分到了跳水组。我的第一反应就是，这挑战性太大了，因为跳水有很多术语，比如一些"专业代码"。我有点不知所措，但同时我又产生了一种兴奋感，因为跳水在奥运项目当中是一个全民关注的项目，我也对它充满热情和期待。

李斌：

接到了这个任务，当时做了哪些准备？

小艾：

当时我们做体育展示这块根本就不知道应该做些什么，现场怎么做欢迎词，怎么做比赛规则介绍，赛事的过程要介绍些什么，颁奖的时候应该是怎样的顺序？这些都需要去准备。当时我们团队就在"水立方"那边，每天要不停地磨合，不停地进行模拟实战演练。

我记得我当时做了很多功课，汇总成了一个方案，类似于对跳水、游泳以及花样游泳等项目体育展示所做的一个"范本"，里面包括各种各样的句式，还有面对不同情况该如何表达，以及应急方案的应对策略等。后来我听说这个"范本"还被"载入史册"，被保存到体育总局的档案里，据说现在还在使用，我感觉挺自豪的。

另外，跳水的学习过程也很有意思。体育展示部的经理知道我们对跳水一窍不通，所以就给了我们一个任务，让我们去学习比赛规则。当时在我们隔壁，就有一些水立方运动竞赛部门的老领导，他们都是有着几十年经验的运动员或跳水教练，还有一些资深裁判。记得那些天我们天天泡在办公室里向他们请教，他们也特别和蔼可亲。在交流的过程中，他们会告诉你怎么"看"这些动作，怎样去分析，如何调节比赛现场的气氛，等等。其实跳水比赛有极端的一面，也就是在比赛过程中要保证绝对的安静。可一旦运动员入水之后，你又必须及时烘托现场气氛。他跳得好，你为他欢呼；他跳得不好，你要去平复全场的情绪。这些都考验着现场功力。

李斌：

所以就不断地学习和吸取，从而应对困难和挑战。

小艾：

对，那段过程就是不断地看，去学习和吸取。体育展示的作用是帮助现场观众了解运动员的动作的过程。比如"107B"，你必须介绍说"107"和"B"分别是什么，"107B"是向前屈体翻转三周半。这些你在现场都得做个解释。这些知识已经深刻地成为大脑中的记忆，到了现在，有时候看跳水比赛，脑子里还会一下子"翻译"出他跳的动作。

除此之外，还有一个挑战。在决赛的时候，电视转播的广告时间是固定的，它是要精确到秒的，但是现场解说，你不可能去控制运动员的时间进程，运动员他有快有慢，你无法控制，这个时候你唯一能调节的就是播报的语速。可能导演会告诉你，运动员还剩下几分钟，或者几秒钟，这个时候我们就要去调节自己的状态，而且还要保证所说的话是清晰流畅的。这的确很难，这种状态跟电台的直播状态也很类似，那就是你必须时刻保持高度的注意力。

李斌：

说完了准备工作，我们来说说奥运现场的具体工作，有哪些挑战？

小艾：

因为之前经过测试赛，所以我大致知道节目流程。在具体的比赛过程当中，你的抗干扰能力一定要特别强。当时我们头戴耳机，听导演"发号施令"，比如说这一步该干什么，下一步要做什么，还包括一些具体的要求，以及临时可能会出现的状况，比如说运动员可能因为伤病要延迟，等等。这时你必须向现场做一个说明，而且播报的语体还要大气端庄，状态从容。

在实际的比赛过程中，信息来源是非常庞杂的，你会不停地接收到各种信息：有竞赛方面的，还有临时的突发状况，有导演的提醒，还有现场其他工作人员比如裁判向你交待一些问题，等等。但最主要的是，你还要时时关注赛场上的情况，不能因为跟别人交流耽误了进程。所以你的注意力要很集中，同时又要能应付各方的问题。

我在奥运会解说的是跳水，到了残奥会，我就去做游泳项目了。游泳项目，对现场的解说会提出更高的要求，因为运动员可能每一分每一秒都在发生变化，你必须随时随地为大家介绍。比如说现在谁稍微占有优势，谁领先了一个身位，这些都是要为现场观众播报清楚的。因为现场观众不一定看得清楚，或者他不了解场上的具体情况，你就需要用最简单、最直接、最专业的术语去让他们了解比赛实况。

李斌：

专业术语很多，这难度一定很大，会不会担心出错？

小艾：

有这方面的担心，所以你需要想办法去"借力"。当时现场是有中文、英文和法文三种语言的播报。英文播音员做过2000年奥运会解说，是一位比较专业的体育展示播报员，所以我会先借鉴一下她的讲解，听一听她是怎么分析的，然后像同声传译一样介绍出来。我印象最深的是，有一次临近颁奖，所有成绩都已经公布了，但是突然说有一个运动员犯规了，必须把他的成绩取消，于是就发了一篇特别长的英文公告。我当时就对自己说：行，那就同声传译！于是"英播"说一句英语，"法播"跟着翻译一句，紧跟着，我用中文说一遍。说的过程的确有难度，因为你不光要了解通告的意思，还要将它迅速转化成专业术语，听起来要可靠、正式、专业。

李斌：

这不光考验临场应变能力，还考验英语听力甚至是同声传译的能力啊！这一项工作真是充满挑战！现在回忆起这些经历还会有什么特别的感受吗？

小艾：

还是会觉得骄傲和感动。参与到这么大型的赛事当中，而且是以传媒人的身份工作在第一线，这样的回忆真的是既难忘，又深刻！后来，每年的8月8号或者是四年一度的奥运会，我们当时的那个工作群组就会再次活跃起来，大家会回忆当时发生的许多事情，还有人会上传一些当时的照片。我觉得这样的

233

一份经历，对团队中的每一个人来说，都是刻骨铭心的记忆。尤其是跳水这个项目，留下了很多骄傲的记忆。2008年北京奥运会跳水项目一共产生了8块金牌，中国就拿了7块金牌。所以在每一次播报颁奖仪式的时候，特别是播到金牌的时刻，播到"中国队"的时候，就会不由自主地，特别昂扬地喊出来。那一刻，你会觉得荣誉感"爆棚"。而当升国旗奏国歌时，你真的会感觉全身汗毛竖起来，会情不自禁在心底升腾出这样的感觉：我是一个中国人，我们国家太厉害了！我们的运动员太棒了！

李斌：

北京奥运真是承载了太多人的激情和梦想。我想知道，除了获得这样一份荣耀感，奥运会体育展示的经历，还对您产生了哪些影响？

小艾：

不可否认的是奥运会的那一段经历，对于我现在做直播有很大的影响。当时的认真、踏实、严谨的作风，让我受益颇多。比如说，当时我们要做体育展示内容的一些表格，要求严丝合缝，每一段话要卡到不同的时间点。其实这跟现在的直播节目很相似。现在在直播当中设计每一个板块的时候，我都会想，它的逻辑是什么，要怎样合理地分配时间，要做好哪些准备工作，会有哪些不确定的因素，要做出预案吗，等等。我的做法是，一定要做！这都是奥运经历带给我的宝贵经验。

李斌：

今年是新中国成立70周年，如果让您为祖国母亲准备一份礼物，会准备什么呢？

小艾：

为祖国母亲准备一份礼物，我还是想从最平凡的工作脚踏实地做起吧。还是那句话，把本职工作做好，时刻牢记身上所担负的，作为一个媒体工作者、一个新闻工作者的责任和立场。如果要给祖国母亲送一句祝福，那我想说，祖国，我永远爱您！

采访后记：

采访小艾师姐，是在中央人民广播电台录音间。师姐说那里安静，不会有人干扰，然而整个采访过程一点儿也不"安静"。用师姐的话说，"两个主持专业的人在一起就有说不完的话！"本来约好半小时的采访，可是在现场，两个小时竟然一闪而过。

　　采访的过程中，师姐分享了很多的经历。比如，她小学六年级曾经用磁带录音，把讲的故事录下来，还会加上前后的报幕和串联语。没想到，多年以后她真的成为一个靠"说话"而工作的人。

八、邓革："儿子十岁前，我从未给他做过早饭"

人物介绍

邓革，辽宁广播电视台《全省新闻联播》节目主播，主任播音员。1997年毕业于浙江传媒学院播音专业；中国传媒大学播音与主持艺术硕士（MFA）学位；国家级普通话测试员。从事新闻主播工作22年。多次获得国家、省级播音主持奖项，2009年获全国广播电视播音主持"金话筒"奖；2013年担任第十二届全运会开闭幕式现场解说。

时代回想

全运会的全称是中华人民共和国全国运动会，是中国国内水平最高、规模最大的综合性运动会。全运会每四年举办一次，首届运动会于1959年9月13日至10月3日在北京举行。中华人民共和国第十二届全国运动会于2013年8月31日至2013年9月12日在辽宁省沈阳市举行，历时13天。本届全运会开闭幕式以"全民健身、共享全运"为主题，以精简、朴素、节约为风尚，大力改革，开创新风。本届全运会开闭幕式的现场解说是邓革、铁辉。

本期策划、采访：杨颖慧

  中国播音学2018级博士生
  辽宁广播电视集团主持人

杨颖慧：

  2013年第十二届全运会在辽宁省举行，当时是怎么定您为解说员的？

邓革：

四年一届的全运会能够由辽宁来承办，对辽宁人来说也是莫大的光荣，所以全省上下都非常重视。当时开闭幕式的现场解说是由我们辽台的领导推荐，由省委宣传部领导和开闭幕式导演组共同确定的。人选的推荐过程我不是很清楚，就记得有一天，领导通知我去一趟奥体中心附近的全运会组委会办公室。当时并没有告诉我去做什么，事后才知道，当时在场考核我的是开闭幕式的杨嵘总导演和我们辽宁省委宣传部的张玉珠副部长。当时给了我厚厚的一大摞稿子，上面的大标题是《第十二届全运会开幕式现场解说词》，只给了五分钟的准备时间，然后现场试播，之后告诉我回去等通知吧。第二天就正式通知我参加排练了。

杨颖慧：

与之前您做过的大型活动解说相比较，解说全运是怎样的感受，有没有让您记忆比较深刻的事？

邓革：

在此之前只有过两次解说的经历，应该说形式有所不同吧。第一次是在1999年国庆五十周年的时候，在北京展览馆举行大型成就展，当时的国家人事部（现人力资源和社会保障部）到辽宁来招收三名展区的解说员，两名中文的、一名英文的。我当时也幸运地入选了，在北京展览馆工作了四十天！第二次是在2002年，辽宁省举办首届"声之韵"新年音乐会，我当时作为主持人进行了现场解说。但是这两次解说，无论规模还是观众人数，都无法和全运会开幕式相提并论。所以在得到正式通知后我的心情既兴奋又忐忑，说实话，在直播间播新闻，无论收音机前有多少听众，我都已经习以为常了。但是，在十万人的奥体中心做现场直播，还真的是人生第一次！接下来的排练过程都是紧张有序进行的。如果说有什么记忆深刻的事情，那就是解说词一直在不停地改动，差不多每排练两三天导演就给我一份新稿子，到了正式开幕那天，我手里的稿子摞起来差不多有一尺高了！

杨颖慧：

您毕业后初到工作岗位上时工作环境和工作内容是怎样的？

邓革：

我是1997年从浙江广播电视高等专科学校（现在的浙江传媒学院）毕业后就直接进了辽宁人民广播电台的大门。当时还有"播音部"这个独立的部门，我的部门领导是辽宁省著名播音主持艺术家房明震老师,他也是我迈进这个职业的启蒙老师。20 世纪 90 年代后期,广播电台刚开始兴办系列频率,简单来说,就是刚开始诞生"经济频率""交通频率""文艺之声",等等,那时整个电台能出声的播音员主持人数量还很少,播音部的十几位播音员就是整个电台的宝贝,所有节目都得播。《新闻联播》是所有节目中分量最重的,责任也最大,所以新人是不能一上来就播的。我大概是入台半年左右,领导才开始让老播音员带着我播《新闻联播》。

杨颖慧:
您在 2009 年获得"金话筒"奖,当时的情形还记得吗?

邓革:
现在回想起那年的获奖,感觉还是有些惊喜的。那一年我的作品能够送到全国去参评,对我来说已经是一个很大的激励和鼓舞。因为那一年我刚刚 33 岁,在播音员主持人这个群体中仍然算是新人、年轻人,还有很多学习和提高的空间。所以,这个"金话筒"奖一方面是对我个人专业水准的肯定,但更重要的一方面,我觉得它是对这个群体中每天披星戴月、数年甚至数十年如一日的早新闻主播这个岗位的认可和肯定!

1999 年,我们台原来的播音部取消,所有播音员主持人都固定到各个频率和节目,我从那时开始专职播《新闻大视野》这档节目,也是从那时开始广播类新闻节目实行编播一体,主播也要承担一部分编辑的责任。我们的节目是每天七点开播,但所有编辑都要求四点半到岗开始工作,我就是从那时开始了早班生涯。2004 年我儿子出生,产假之后我就又开始上早班了,那时候是没有替班主播的。所以,儿子从出生一直到上学,我从来都没给他做过早饭!这一点是挺亏欠家人的!到 2009 年获奖时,我已经上了 10 年的早班,所以这个奖项在我心底也觉得是对这么多年坚守在这个最辛苦岗位上的一份回报吧!

杨颖慧:
您刚才说工作的缘故从来没给儿子做过一顿早饭,那您的儿子和家人经常听您的节目吗?儿子会不会很骄傲?

邓革:
是的,我的父母和我家先生经常听我的节目。儿子倒是不怎么听新闻,但是我会讲故事给他听,对于这个职业,我从来没有刻意在孩子面前多说过什么。在他上小学三年级以后,广电合并,我的岗位也变成了两组播音员轮班,我才开始有一半的时间可以给他做早饭，送他上学，他特别高兴！

杨颖慧：

您说的"连上了十年早班"是每天几点到岗？

邓革：

从1999年开始做《新闻大视野》节目的时候，是每天4点30分到岗，这个岗位做了将近十二年。从2012年开始改做《新闻联播》，因为不需要播音员编辑，就变成了5点30分到岗，一直到现在。

杨颖慧：

如此长久的做一件事会不会偶尔感到有些疲劳和枯燥？您一定是个很有毅力的人吧！

邓革：

这22年里在节目上有过调整，比如说从2000年到2015年间，我主持了15年的《新闻大视野》节目，"金话筒"奖也是因为这个节目而得的奖项。但总体来说是一直在播新闻类节目，新闻这个岗位确实一直没有换过。而且无论是《新闻联播》还是《新闻大视野》，都是早间的新闻直播节目，也就是说这些年来我一直都在上"早班"！播过早新闻的同行都知道，早班是播音员主持人最辛苦的一个岗位，因为需要早起备稿，单单是冬天凌晨从被窝里爬起来就是一件很残酷的事情！再加上直播的压力，好像每个做直播的播音员都做过迟到或是进不去直播间的噩梦！我曾经在半夜两点多误以为时间到了，爬起来就开车直奔台里，结果早到了两个小时，只好在电脑前干坐着！

其实长年累月地做同一件事肯定会有感觉枯燥的时候，日播节目因为流程都是一样的，也难免会审美疲劳，这是新闻主播必须面对的问题吧。每当我有这种感觉的时候，我会想，是我从事的这份工作让我这个人保持着常新的状态，因为我每天在话筒前说的内容都是新鲜的，是大家期待知道的事情。也正是这些新鲜出炉的新闻事件充实了我的大脑和内心，令我不会被社会和时代所淘汰。所以，我从心里感恩我所从事的这个职业！

杨颖慧：

可以说您的持之以恒也给予了您丰硕的回报，除了"金话筒"，您还获得过多次国家级播音主持奖项，真是在辽宁这片热土上大丰收了！

邓革：

不敢当，辽宁省有很多优秀的播音员主持人都拿过很多大奖，我只是他们当中很普通的一个，这一点点成绩也不足称道。对于一档新闻节目来说，主播承担的只是最后播出这个环节，而前期从采访到编辑每个环节都非常重要。我这一点小小的成绩中，除了自己在专业上的追求和努力之外，同样离不开我们节目团队里所有记者和编辑的努力，以及我的搭档的默契配合，所以我的每一项荣誉都是大家共同努力的成果。

杨颖慧：

可以说您的专业已经得到了单位和听众的一致认可。2012年您又考了硕士研究生，是想继续提高业务水平还是您更喜欢校园生活？

邓革：

中国传媒大学，我上学的那个年代我们更习惯叫她"广院"，也就是北京广播学院的简称。广院，应该是那时候所有热爱广播电视的学生心中一个共同的梦想，我也不例外。虽然我的母校浙广教会了我很多东西，但广院依旧是心底一个未实现的梦想。2012年，传媒大学MFA的招生考试终于圆了我的广院梦，更幸运的是我能够成为曾志华教授的研究生。两年的学习时间真的很短，但曾老师严谨的治学态度和精益求精的学术理念却带给我很深的影响。另外读研的另一个巨大收获就是，在工作了一段时间后，我们才能更清晰地认识到自身在专业方面的问题，这时候重新回到学校，学习目标会很明确，针对性特别强，这种学习是事半而功倍的。

杨颖慧：

现在传统媒体的环境可不如您当年刚入职的时候了，您有什么样的切身感受，大环境的变化会给您的工作和生活带来变化吗？

邓革：

作为一个"70后"，我经历了广播电视事业最辉煌的十几年，而近几年自媒体的兴起造成对传统媒体的冲击，确实让我们这些稍微有点儿年纪的广播电视人有些措手不及。除了收视率走低，最现实的影响就是收入不如从前了！台里有些年轻人离职了，还有一部分同事在工作之余也开始尝试做自媒体，比如开微信公众号、做网络主播，或是开办少儿培训机构，等等。人总要活在当下，能够寻求一些突破的路径总比故步自封要好！但在这方面我可能是一个有点落后的人，虽然我并不排斥网络主播，但是这二十几年的新闻播音也确实让我形成了一些固定的语言模式，以至于一开话筒就是新闻主播的样子。不过在工作之余，我参与了一个公益项目，由深圳爱阅基金创办的绘本阅读平台——爱阅电台，为全国的孩子们朗读绘本。这个项目已经进行了六年，我也给孩子们讲了六年的绘本故事。虽然是公益的，不以赚钱为目的，但是我内心很充实，很有成就感！

杨颖慧：

您真的是一个很有爱心的人！您有什么寄语想给现在从事播音工作的青年人吗？

邓革：

我是2012年到2014年在传媒大学读研的，当时还觉得自己已经站在了广播电视理论和学术研究的前沿。现在是2019年，短短五年时间过去，新媒体的迅速成长扩张，以及由此带来的传统媒体行业的变化，让我觉得自己又一次落伍了！现在播音主持专业的学生需要学习的东西，大概是我上学时的几倍都不止！

有一个现象感觉还是需要提请播音专业的学弟学妹们注意一下，那就是对语言基本功的重视程度！这个话题或许是老生常谈了，但问题不容忽视。我发现，近些年我们台里新进毕业生的口播水准普遍有下滑的趋势，这造成了他们在播音岗位上尤其是新闻节目的岗位上极难上手。在读研期间，我和我的同学们也有一个普遍感受，就是如今播音主持专业的教学重点越来越倾向于"说""评论"，而对吐字发声基础的重视程度明显不够。也许因为我是播时政新闻的，会站在自己专业的角度来看待这件事。我个人认为，"评论"的功夫固然很重要，但这个功力是需要在以后的工作实践中去学习和不断积累的。而语言的基本功就不同了，这个基本功更多的是在学校学习期间打好基础的。到了一线的工作岗位，没有哪个节目组会给你一年半载的时间让你加强基本功的学习。所以，真心地建议我的学弟学妹们，在重视"评论"能力的同时，千万不要忽视语言基本功的锤炼。

还有一点想说的是，新闻主播需要适时的"忘却"自己。不知从什么时候开始，广播节目开始强调主持人的个性化，很多节目甚至把主持人作为节目的品牌形象加以宣传推介。然后就造成了主持人（主播）在节目开始、中间、结尾，甚至是在节目进行中不断重复自己的名字。这种做法对某些服务性、谈话类的节目未尝不可，但却是新闻节目的一大忌讳。我们虽然要求新闻主播要把播出的内容当成自己亲眼看到的一样，但并不是说这些新闻事件一定和你本人有关。新闻主播如果在节目中过分强调个人的重要性，无疑是对节目整体性的伤害。所以，建议我们年轻的播音员，在节目中多关注内容本身，适当地忘了自己！

采访后记：

　　我和邓革老师实际上也算是同事，我们同在辽宁广播电视集团工作。因电台与电视不在同一个工作地点，我和这位"大师姐"之前并未见过面，但却能时常听到邓革老师的故事和她从电波中传出的声音。辽宁电台新闻综合频率《全省新闻联播》中邓革老师的声音对于我们这些经常上早班的人，已经形成了一种陪伴。

　　从1999年至今，邓革老师坚持每天四、五点钟到岗，从未有过懈怠，她在工作中表现出的那种认真、坚持、忘我，让我心生敬意。当她谈及当年经历的时候，我也仿佛被她拉回到了2013年全运会的现场，那种被选为全运会解说员的欣喜、每天不停地准备、不断改稿件的忙碌、开幕式解说过程的激动和紧张，都在我的心里升腾，我感受到了她对专业的热爱和孜孜不倦的追求。

九、蒋林：我曾计划在 2013 年 12 月 31 日永久告别电视

人物介绍

蒋林，中央电视台新闻中心记者。1998 年播音主持专业毕业，曾任成都电视台主持人、记者、制片人。2014 年进入中央电视台工作。中央电视台十佳记者、新闻中心标兵，两次获得中国新闻奖电视直播奖。

时代回想

2008 年 5 月 12 日，四川省阿坝藏族羌族自治州汶川县发生里氏 8.0 级地震，造成重大人员伤亡和财产损失。经国务院批准，自 2009 年起，每年 5 月 12 日为全国"防灾减灾日"。根据国家地震台网数据，十年间，中国发生 6.0 级以上地震的次数超过十次。随着国家应急救援能力的显著提升，媒体在重大突发事件中的应急报道也有了长足进步。

本期策划、采访：孔亮

中国播音学 2017 级博士

孔亮：

今年是您走出演播室做专职记者的第十一年，2013 年的雅安芦山地震差不多是这十一年的关键节点。怎么看自己在此之前和之后的现场报道？

蒋林：

2014年，是我到中央台的第一年，部门给了我很多工作机会，几乎一半的重大报道都集中在一个人头上，如果还不出点儿彩，那我得多"尬"啊，是吧？

我那一年在地方部年终总结会上分享了一个"直播当中的三路音轨"的体会。第一路音轨就是你要有好的语音面貌、好的家庭教育等等，是来自本体的东西。第二路音轨会更重要，就是你一定要想，我说完现在这一个"信息团"，接下来应该怎么起承转合，我下面这个"弹药"供给的速度要跟得上发射的效率。但最最重要的是第三路音轨，我真的自己（在这上头）摔了跟头。

芦山地震后我也有过膨胀的时候。当时我还在成都电视台工作，甘肃漳县岷县地震，我们从成都出发用了一天半的时间，奔袭一千多公里，到了一个地震灾情很严重的村子。连线一开始，因为不是本地人，我就忘了后面的两个小地名，就突然卡壳了。我对着镜头，大概十秒钟没说话，就是跟自己较劲，觉得我怎么可能想不起来。突然有一个无比清晰的声音在说："看，摔跟头了吧。"很快又有一个声音说："接下来，蒋林，我们一起试着在这么差的开篇当中，做一个我们自己认为还OK的直播吧？"那一刻你好像摔得很狼狈，但你突然摔清醒了，脑子摔干净了。接下来的这十分钟是我做过的最棒的现场报道。所以，"杂念"就是直播中我们心里的第三路音轨，你需要对它有驾驭和把控的能力。其实真正关掉它是不可能的，你要学着和它共处。

孔亮：

这么看来，芦山地震不是转折点，反倒是那次甘肃岷县漳县地震。

蒋林：

对，没有芦山地震也就没有后来的那次。

孔亮：

芦山地震是在四月二十号早晨八点零二分，那个时候您在哪儿？

蒋林：

地震发生时，我在成都，在家里睡觉。我前一天还在北京上课。我之所以飞回去，是因为我曾计划在2013年12月31号永久告别电视，准备转行了。当时我已经在成都的一家有机食品公司兼职了。作为企划总监，我必须在那个星期六（也就是芦山地震的那一天）参加公司一个很重要的讨论会，所以我提前结束了在北京的学习，4月19日深夜回到了成都。一切都是冥冥之中的事情。所谓"成功"有时其实是个副产品，也许当时那种即将告别电视的情绪，反而让我没有太多的杂念，能更简单、干净地去报道，一次出色的现场直播反而"其义自见"了。

我当时是在睡觉的时候被晃醒的，然后我真的就是用了 30 秒钟的时间想了一下，我是拿着黑西装、白衬衣、黑领带去电视台做抗震救灾特别节目的演播室主持人呢，还是拿起话筒去现场做报道呢？后来我把家人安顿好，去芦山了。

你看我连线的时候穿了一件绿色卫衣，其实那时候白天还是很热的。之所以穿那件，一是它够显眼，人群中能看见；二是你不知道你会在现场待多久，所以我是打算穿着它过夜的。有个帽子，需要时戴上，也方便。我现在已经有这样的习惯了，就是车的后备厢会准备一套这样的衣服，还有一套西装。

孔亮：

那个时候脑子里想的不是逃生，而是等会儿要做报道了？

蒋林：

对，那是一定的，我觉得这算是我的优点。芦山地震发生后大概半小时，我就到了成都电视台，我带着卫星连线的切换车就走了。卫星车比我晚出发半小时，从雅安市区到芦山县城就晚了将近两个小时，因为交通管制、堵车、社会救援，等等。这也就是为什么我是率先从震中发出直播报道的原因，因为是我自己真的想去，当时觉得那会是我做电视的"谢幕演出"。

孔亮：

那次报道是怎么准备的呢？

蒋林：

我可能会有比较主观的东西，会把"观众想知道什么"作为衡量现场信息的一把尺子。同时我还会想我的大部分"竞争对手"他们会怎么表述，我可不可能有自己的视角与表述？这两个"沙盘推演"就是我的工作习惯。当然，还应该让自己放空，打开你自己身体的每一个毛孔去感知现场，让自己放空才能更好地导入周边的信息源。

我习惯在做完上一场大直播之后，在回家的路上努力忘掉这个现场，放空，我觉得"归零"是很重要的。就像用温度计你得把水银汞柱甩回到水银的囊里，然后你再夹到胳肢窝。归零完之后，这些信息自然就会进入你的身体，现在的温度是什么？有没有伤亡？你会闻到什么味道？你紧不紧张？

孔亮：

您说的清空、归零，也是调适自己心理的方法吗？因为灾难性报道会给新闻记者带来一些心理创伤。

蒋林：

会啊，但可能我的创伤自愈能力比较强，生活也比较磨难吧（笑）。我记得我在汶川、芦山地震之后，去北京参加了一个中国灾难报道的论坛，大家聊到了一个"巨灾"的概念。可能因为我经历过巨灾，它给我留下的心理创伤的伤口很深，但是某种程度上它也会让我对其他的小伤更耐受了吧。这个不一定好啊，我觉得可能就是一种"病态"的表现。

但我觉得作为一个媒体人，首先你要学会认识自己，然后读懂自己、善待自己，最后放过自己。这件事情没有老师教过，但是确实可能因为遇到过巨灾，我质疑过生命，后来去做现场报道时，我给自己买了大额的意外保险。因为目睹过、采访过很多灾难的现场，去过很多充满危险的地方，我确实想过自己可能会遭遇死亡的意外。不过那种"死"不是一个消极的词，而是觉得相对于灾难中遇难的同胞，你每多活一天都是一种增量。2008年以后，我真的没有超过一年的人生规划，我现在习惯短期规划，做完了再想下一程。我不求彻底治愈，我求自愈和自处。

孔亮：

您的现场报道中，印象很深的是你对摄像、导播的"领导"，这样的领导力是来自什么？台里的地位？能量？还是什么？

蒋林：

我觉得就是能够让他信服你。中传的曾祥敏老师说："蒋林，我觉得你是中国最好的'独眼'直播记者。你没有觉得你的直播很'霸凌'吗，你给观众看的永远是你的视角，你去指挥导播切什么镜头，你指挥主摄像拍什么，基本上那就是你的眼睛。"这确实是我的直播习惯。

但我觉得这个其实也是互动的。一方面我确实很"霸凌"，我觉得直播是需要以记者为核心的；但另一方面，主摄像其实是可以干预的。你背后最新发生的，你看不见吧？我在现场自己特兴奋的时候，主摄像就会指那个方向，然后我就会很默契地转过去，发现唉哟那边又有一个什么新的变化。

有时候你的脑子要分成四瓣儿用。虽然不常见，但一定会遇到。我记得那时候我的领导跟我提了一个要求，就是现场报道的时候别摘耳机。导播，甚至演播室里，主任直接拿电话过来说："我跟你说啊，最新拿到了一个地震的伤亡情况，我现在告诉你，你不能停，要接着说，然后把这个数字报道出来。"如果未来的中国电视直播能够到这样互动（的程度），我觉得我们记者成长速度肯定会更快。

孔亮：

反过来对记者也提出了更高的要求。

蒋林：

对，先学会走，再来跑。

孔亮：

您是播音专业毕业的，这个群体在做现场报道的优势是什么？

蒋林：

这几年在央视给的这么多机会中，自己也在反思。这一二十年的中国电视新闻中，越来越看重"记者型主持人"。就是你不仅要有基本良好的语言面貌，更重要的是你要能自己生产内容。我是学播音主持专业的，在当记者之前，我有十年是在演播室里做专职主持人。我先具备了不错的语言面貌，然后再去学习新闻感，学习观察与解构现场，如果我也能做出观众认可的现场报道，那么我为什么不能做一个"主持人型记者"呢？

采访后记：

有人说蒋林是中国最优秀的"独眼"直播记者，他也不妨可以是一个优秀的"独眼"受访者。

对他进行采访的四个多小时的时间里，明显感觉，他的话很密，有时候需要你去打断才能意识到自己不是在听一场讲座。他说自己是"话痨"，但信息的装填速度跟得上，甚至远远超出发射的速度。他对自己做现场报道的一套方法论极为熟稔，善于揣摩，善于推演，也善于总结。他说现场报道其实是一场"催眠"，他在想方设法让无法到达现场的人们沉浸其中。对他的采访也是如此。

十、国庆阅兵

——声音激荡阅兵场

国庆阅兵是展现一个国家武装力量建设成就、树立民族自信心和自豪感的重要仪式。

作为仪式中不可或缺的一部分——阅兵解说,不仅应对阅兵画面进行实时解读和说明,而且还要通过有声语言展现出军队之威和国家之魂。

从1949年到2018年,新中国共举行过15次国庆大阅兵,这些过程记录了人民军队成长发展的历史,见证了新中国向大国强国迈进的坚实步伐。

2019年10月1日,北京天安门广场举行了庆祝中华人民共和国成立70周年大会,这也是第16次国庆大阅兵。

让我们一起回顾激动人心的历史时刻,再次聆听铿锵有力的阅兵解说。

一、第一次阅兵(1949):开国大典

1949年10月1日下午3点,毛泽东主席向全世界庄严宣告中华人民共和国成立。这次阅兵被称为——由"万国牌"装备"凑"出来的大阅兵。17架受阅的飞机中有4架战斗机是执行防空警戒任务带弹受阅的,这在世界阅兵史上是少有的。同时,这也是新中国历次国庆阅兵中时间最长的一次。

二、第二次国庆阅兵（1950）：白马齐跃

中国人民解放军总司令朱德作为阅兵首长检阅部队，他在阅兵式上发布命令，要求人民解放军就朝鲜战争爆发、台湾局势做好战斗准备。本次阅兵中骑兵部队分为枣红马方队和白马方队，其中由骑兵驾驭 1900 匹白色骏马组成的庞大阵容，以六路纵队整齐地通过天安门广场，成为本次阅兵最壮观的景象。

三、第三次国庆阅兵（1951）："十时"开典

1951 年，抗美援朝战争和国内剿匪斗争正在紧张地进行，因此这一年的国庆阅兵备受国内外关注。本次阅兵首次出现由华北老解放区民兵模范和代表组成的民兵方队。当天上午 10 时，庆典正式开始。此后，国庆阅兵的时间被定为上午十点。

四、第四次国庆阅兵（1952）：少数民族大队首次亮相

1952 年 10 月 1 日，庆祝中华人民共和国成立三周年典礼在北京天安门广场举行。这一年，中国人民志愿军正在朝鲜战场上与以美军为首的联合国军进行艰苦卓绝地战斗。共和国国防力量日益增长，这为保卫祖国和平、抗击外来侵略提供了更加坚实的保障。这一年，公安部队和少数民族民兵大队首次参加阅兵式和分列式。

五、第五次国庆阅兵（1953）：朱德五次连任阅兵首长

1953 年的国庆节，中国人民已经取得了抗美援朝战争的伟大胜利，基本肃清了三大敌人残余势力，胜利结束了经济恢复时期的工作。毛泽东主席等国家领导人在天安门城楼观礼阅兵式。朱德总司令乘检阅车检阅部队，宣读中国人民解放军总部给全国武装部队的命令。这是新中国成立后朱德第 5 次任国庆阅兵首长。

六、第六次国庆阅兵（1954）：五年小庆规模升级

1954 年 10 月 1 日，中华人民共和国成立五周年国庆典礼在北京天安门广场隆重举行。这一年 6 月，为了满足国庆观礼的需要，天安门城楼两旁原有的两座砖木结构临时观礼台改建成砖混结构的永久性观礼台，使用面积达 2470 平方米。国防部部长彭德怀检阅了部队。

七、第七次国庆大阅兵（1955）：彭德怀向全军发令

1955年10月1日国庆六周年阅兵，是新中国成立后第七次国庆阅兵，也是人民解放军实行军衔制后的首次阅兵。国防部长彭德怀元帅乘车检阅了受阅部队，并向全军发布了命令。

八、第八次国庆大阅兵（1956）：在雨中昂首前行

1956年10月1日国庆节，庆祝中华人民共和国成立七周年大会在天安门广场举行。军乐奏起了《东方红》，阅兵式在滂沱大雨中进行。这是新中国成立后国庆阅兵中唯一一次雨中阅兵。受阅官兵的军装虽然湿透，精神却越发饱满。

九、第九次国庆大阅兵（1957）：有朋自远方来

1957年10月1日国庆阅兵，是新中国成立后第九次国庆阅兵。我国自行生产的伊尔-28型喷气式轰炸机、歼5型歼击机首次参加国庆阅兵。应邀前来我国访问的50多个国家的外宾、各国驻华使节和外交官员以及在华外国专家等观看了阅兵式。

十、第十次国庆阅兵（1958）：浓烈的"大跃进"气氛

1958年10月1日，首都北京迎来了第十次国庆阅兵。全民皆兵的"战争火药味"和大炼钢铁、人民公社化的"大跃进"气氛都很浓烈。共有35个方（梯）队的7856人参加本次检阅。

十一、第十一次国庆阅兵（1959）：参与人数创造新高

1959国庆阅兵是毛主席最后一次参加的国庆阅兵，本次阅兵由彭德怀筹划、林彪担任阅兵首长，受阅人员共11018人。阅兵式历时58分钟。首都群众70余万人参加典礼和游行，这是新中国成立后国庆典礼活动中人数最多的一次。本次阅兵解说由李连生担任。

十二、第十二次国庆阅兵（1984）：邓小平第一次喊出"同志们辛苦了！"

1984年第十二次国庆阅兵是由"改革开放的总设计师"邓小平担任阅兵首长。中央军委主席邓小平乘坐红旗牌黑色敞篷轿车，在阅兵总指挥秦基伟的陪

同下开始检阅部队,邓小平第一次喊出了"同志们好!""同志们辛苦了!"的口号。本次阅兵是中华人民共和国成立以来历次阅兵中规模最大、装备最新、机械化程度最高的一次。

1984 年的阅兵解说由方明担任,其声音洪亮,字字铿锵,庄重大气,坚定有力,语流顺畅,清晰明快,与早期的阅兵解说相比,表达中多了几分亲和力。

十三、第十三次国庆阅兵(1999):世纪之交大阅兵

1999 年 10 月 1 日的第十三次国庆阅兵参阅军种全、兵种多。这次参阅的陆、海、空、二炮、武警和地方武装是构成我国武装力量的所有成分。此次阅兵,第一次向世人揭开了我海军新型舰载武器的面纱,空中 10 个飞机梯队首次由三军航空兵联合组成,加受油机梯队首次参阅。本次阅兵的参阅部队堪称精锐之师,这样的规模和阵容在我国历史上是空前的,在世界上也是少有的。

本次阅兵的解说是罗京和邢质斌。本次解说声调较高但不急不喊,表达稳健,逻辑严谨,层次鲜明,感情细腻。

十四、第十四次国庆阅兵(2009):中国制造,中国原创

2009 年国庆阅兵,在全球金融危机的大背景下有效震慑了境内外敌对势力。1999—2009 这十年来,中国的现代化事业突飞猛进,国民收入、经济实力乃至军事实力明显提高。

2009 年国庆阅兵从飞机、导弹、坦克到火炮、自动步枪,参阅的武器装备全部都是"中国制造",九成以上是国庆阅兵场上的新面孔 H-δ、99 式坦克等较老的型号,也都参与了这次阅兵。

本次阅兵解说由康辉和李瑞英担当,其情感真挚,激昂亢奋;表达跌宕起伏,扣人心弦,自豪之感溢于言表。

十五、纪念世界反法西斯战争胜利 70 周年阅兵(2015):铭记历史,珍爱和平

2015 年 9 月 3 日,在北京天安门广场举行了新中国成立以来首次以纪念中国人民抗日战争暨世界反法西斯战争胜利 70 周年为主题的阅兵式,这也是习近平总书记第一次在天安门广场检阅共和国武装力量。本次阅兵接受检阅的 52 型、500 多台装备,100% 为我国自行研制,其中 90% 为首次亮相,标志着人民解放军基本形成以新型主战装备为骨干、电子信息装备和保障装备相协调,具有中国特色的现代化武器装备体系。

本次阅兵解说是崔志刚和海霞。本次解说声调适中，表达真诚，讲解细致，节奏舒缓；整体沉稳持重，错落有致，朴实无华。

十六、庆祝新中国成立70周年国庆阅兵（2019）：中华民族的高光时刻

2019年10月1日，上午的庆祝活动包括庆祝大会、阅兵、群众游行三个部分。

庆祝大会上，中共中央总书记、国家主席、中央军委主席习近平发表重要讲话并开启阅兵仪式。

这次的阅兵活动是进入新时代以来人民军队全面改革重塑后的首次整体亮相，也是近几次阅兵中规模最大的一次。

除了规模最大，这次的阅兵还有其他多项第一：首次在徒步方队当中安排女将军受阅；院校科研方队、维和方队也首次出现在阅兵场上；仪仗方阵的规模也是国庆阅兵历史上最大的一次。

国庆群众游行以时间为轴线分为"建国创业""改革开放""伟大复兴"三个部分，约10万名群众、70组彩车组成36个方阵和3个情景式行进。其中，以"祖国万岁"为主题的第36方阵中，有来自中国传媒大学的1030位师生。为了能在今天的庆祝活动中以最完美的姿态献礼祖国，从暑假开始，他们训练了整整七十天。

新中国成立70周年国庆阅兵现场解说：康辉、海霞；

演播室现场直播主持人：白岩松、欧阳夏丹、王春潇；

现场报道记者：刚强、潘涛、王言、王宁等；

同时，央视新闻客户端国庆70小时不间断直播，参与人员包括王宁、徐卓阳、王音棋、沙晨、蒋林等。

回响·回想——国庆阅兵，声音激荡阅兵场

国庆阅兵解说通过有声语言展现着军队之威和国家之魂，因此历次阅兵解说的总体基调都充满着自信与自豪，洋溢着节日的喜悦欢快，表现着中华民族的自强不息。

但我们仍能从历次的阅兵解说中品味出一些不同之处——

不同社会时代背景呈现出的不同声音审美：

阅兵仪式不同于其他仪式，它具有极其强烈的象征意义，因此国庆阅兵的声音也应该反映出这个时代的声音审美。建国初期的阅兵解说中我们听到了那个时代的战斗精神；改革开放初期的阅兵解说中我们听到了那个时代的铿锵果敢；建设新时代中国特色社会主义的今天我们听到了属于我们这个时代的包容大气。

不同技术条件制约下的大众传播有声语言表达：

早期的录音和播出设备受技术发展的制约，对于中高频声音的敏感性较强，对低频声音敏感性较弱，同时对于声音细节的再现也相对较差。因此，早期的播音员会采取更为嘹亮高亢、动态鲜明的声音来进行有声语言表达。随着技术的发展，录音和播出设备的声音再现能力越来越强，国庆阅兵的解说也表现出了更多的声音细节。比如，康辉的声音雄浑有力，中低频表现突出，他细腻的表达正是借助高保真的录音和播放系统得到了很好的展现。相较于2009年他参加的阅兵解说，2019年国庆阅兵的这次解说，他的表现显得更为自然、自如。

不同解说员者所展现出的与时代相契合的个人风格：

每位解说者的有声语言都会打上个人风格的烙印，与其说他们展现了自己的语言风格，不如说时代选择了他们作为我们这个时代的声音表征。康辉擅用中低频音域，浑厚有力；海霞擅用中高频音域，通畅悦耳。他俩在声音搭配上，既在各自舒适的用声区间，又能照顾彼此，互为补充，相得益彰。两人的表达都铿锵有力、干脆果敢、庄重大气、意蕴丰厚。可以说，他们的解说完整传达出了今年国庆阅兵解说词恢宏大气又浪漫抒情的风格，也展现出了与时代相契合的个人风格。

当我们回想起这段历史，当我们提到这一个个具体的解说者的人名时，他们的声音就会在我们的耳边回响，而我们又会从一个个声音的记忆中回想起这个时代。今天，康辉与海霞用他们的有声语言讲述着我们的历史和我们的时代；今后，他们的声音既会作为有形的存在保存在一段段音视频资料中，也会作为无形的存在保留在我们这一代人的记忆当中，成为这个时代历史的一部分。

——苏凡博
（中国传媒大学中国播音学2012级博士、
广州大学新闻与传播学院副教授、播音与主持艺术系主任）
（本文部分信息参考自网络）

第三编 03
师 说

<<< 第三编 师说

写在前面的话——

  他们是学界前辈,
  他们是业内翘楚,
  他们是讲台新兵。
  面对汹涌而来的融媒体大潮,
  面对"双一流"建设的时代机遇,
  面对播音主持专业继承与开创的双重使命,
  他们在思考,
  他们在探索,
  他们有感而发!
  ——让我们走近他们身边,
  一起聆听——师说!

一、李立宏：万物一体

——语言创作的自由境界

本期嘉宾：李立宏

著名演播艺术家、影视配音艺术家、朗诵艺术家。1986 年毕业于北京广播学院播音系并留校任教，现为中国传媒大学影视艺术学院导演表演系副教授、表演教研室主任。先后为数千部影视剧、纪录片配音。

2011 年，由他担任主要配音演员的美国译制片《阿凡达》获得第 14 届华表奖优秀译制片奖；2012 年，他担任解说的纪录片《舌尖上的中国》风靡世界。

代表作品还有：纪录片解说《风味人间》《大国重器》《辉煌中国》《京剧》；影视配音《复仇者联盟》《拯救大兵瑞恩》《三国演义》《西游记》《北平无战事》《琅琊榜》；动漫配音《加菲猫》《海底总动员》《名侦探柯南》《虫虫危机》；电视节目主持《重访》《1901》《福尔摩斯探案集》等。

本期策划、采访：刘超

浙江传媒学院播音主持艺术学院副教授

中国播音学 2016 级博士

刘超：

——提到您，就会想起《舌尖上的中国》，您认为导演选择您，是看中了您哪些优势？

李立宏：

我没有跟陈晓卿导演交流过。我想，是我坚持相信我所解说的内容能说服我自己，这是一种"真"。这种"真"不仅仅是认真，更是一种真实、真诚。这么多年对解说这个工作我也有了自己的一些认识与理解，或者说是一种坚持。这种坚持不是顽固地执着于某些东西，而是坚持本身也在发生变化，对自己重新的认识、坚持、否定、打破，这些都是一直存在的。

在解说中，你首先要愿意承认，而不是强迫自己说出不情愿的话。这跟性格有关系，在成长过程中我愿意说服我自己，遇到事情的时候，我不愿意总依靠外界的因素去改变。这种性格有利有弊，一方面我缺乏一些进攻性和进取心；另外一方面，我能够接受我自己，遇到什么事情，我都会先摆平我自己，说服自己，给自己一个理由。这种说服不是压抑自己而是让心里真正地接受，这个对创作有很大的作用。一旦能说服自己了，你就觉得你同其他事物的关系就更加融洽了，心理上的距离就没有那么远了，相通了，万物一体。这种关系不是别人告诉你的，也不是一种符号，是心里真正地接受。

刘超：

《舌尖》这样的纪录片，食物里面蕴含着这么多的工艺、窍门儿，更包括文化、情感的因素，您是怎样设计自己的解说语言的？

李立宏：

坦白地讲我没有什么设计，但是配完之后我会想这样一个问题：如果时间倒退 20 年，那时候很年轻，可能更多地关注形象的东西，画面感啊、贴合度啊。但现在不会这么想了。现在的解说是一种自然而然地呈现，看到了什么，语言自然就出来了。一看见食物，它表面的"色香味"，食物里面蕴含的其他的东西都会联想出来。也就是说，现在看见一个东西，在我脑子里会反映出来更多的内容。这就是随着年龄的增长，脑子里反映东西会更多。不像以前，仅仅只会进行文字分析。

现在，你的解说是你接受的、你承认的、你相信的，从内到外的，是"表面看到""背后看到""背后想到"的综合体现——我接收到的所有信息都变成了我想说的语言。换一个角度来说，现在配音我会更加自信，我对将要创作的对象更加"熟悉"，这种"熟悉"不是装出来的。《舌尖上的中国》当中大多数食物、食材我都没见过，但是从人和人对食物的关联上来看，我又是熟悉的。以我现在的阅历和年龄来看待食物，就能把食物背后的情感因素调动出来。所以，我在解说的时候，没有专门去设计语言。

刘超：

所以我们在看《舌尖上的中国》的时候，没觉得您在语言上用力、用什么技巧，但又觉得您传达出的内容与画面、情感很贴切、融合，效果很好。

李立宏：

在这个年龄和创作阶段我能做到我心里想的是什么，嘴里就能够把它说出来。

《舌尖》与我以前解说的纪录片确实不太一样，说食物，这么近、这么具体，又有故事、有情感。我以前也想让自己用这样的方式跟观众去讲，但是做不到。以前越想投入、越想达到一种效果，就越较劲。看到《舌尖》之后我一下子想到，这是一个很轻松的东西，这不是让自己的状态、语气呈现出一种样式，而是我心里就觉得它很轻松、很快乐。这个阶段很多具体的技巧性的东西比如声音、吐字，我没有那么大的顾虑，我更在意每个字里面所承载的信息。所以我在看文字的时候，脑子里反映出更多其他的、背后的一些东西。录音的时候再结合画面，又会获得一些信息，感受、感触又会不一样。这时我就把我感受到的所有东西告诉给观众。

刘超：

观众将这部纪录片的语言称为"舌尖体"。您是怎么看待这个称呼的？

李立宏：

"舌尖体"这个称呼首先是因为文字，它表达、传递、阐释食物食材的内容，再加上纪录片的结构。这里面包含着纪录片编导对食物的认识，融入了自己的感情。比如将食物拟人化，用了一些"驯化""交相呼应"，还有比喻"美妙交响"等等。文字写成这样了，我尽量将文字里的信息、编导的意图和情感传递出来。观众可能觉得我的解说与纪录片的内容比较吻合，又有自己独特的地方，所以将这样的语言形式称作"舌尖体"。我觉得主要是作品好，作品被观众接受了。

刘超：

《舌尖》火了之后推出了第二季、第三季，后来又有了《风味人间》，语言都很相似。

李立宏：

《舌尖》播出已经有好几年了，我又进入到新的阶段。在这个阶段我又有了一些自己的思考或者困惑。那个阶段有点儿得意,我好像能够做到随心所欲。从观众的反馈中,他们接收到我想说的东西了。

现在又进入到一个轮回,好像我的专注程度没有录《舌尖》时候那么高了,现在录音的时候脑子里总会有一些别的东西。这些东西是什么呢?我也说不清楚。比如,《舌尖》火了,大家接受了,很喜欢。那样的方式导致我把自己陷进去了,我现在配音的时候,反而没有当初配《舌尖》时候的洒脱。这就是新的困惑。这时我就想用不同的东西去打破它,比如说《大国重器》《辉煌中国》,从内容和形式上都不一样,我又能用我的专注和真心去说话了。

虽然说我又成长了,但是在这样一个层面上我还做不到稳定,这种稳定不是要求我配所有的片子都是一样的,而是从心理上、自己和作品的关系上还不稳定。

刘超:

现在的配音既要区别于"舌尖体",又要做到稳定,这太难了。

李立宏:

当然。我想让自己不一样、不重复。我甚至有点逆反,再有导演找我配类似《舌尖》这样的片子,我就说,对不起,我不录了。我已经不能像当初那样专注、真诚地做那件事了。到《舌尖3》和《风味人间》的时候,我真的希望能换人了,这对作品有好处。你在原地踏步,注意力分散了,你考虑的是你自己了。

刘超:

配了这么多纪录片,你觉得自己语言的特点是什么?

李立宏:

最大的特点我认为是清晰。做到清晰很不容易,我做了30年的配音工作,我才有这样的底气:导演只要把文字给我,我就能很清晰地把他的意图传递出去。

说到清晰,肯定逃不过吐字、重音这样一些技术性的东西,但你不能让观众老觉得你在用重音,这样你就是在干扰、破坏。老在纠结技术,也做不到清晰。清晰应该是一种心理活动,你心理活动到位了,就不用去想哪儿该处理,因为我心里就有这样的活动。

我以前从事的是播音工作、播音教学,后来到了表演专业,从事表演专业的语言教学,自己对这方面的了解会深入很多。原先是表面的东西,没有变成自己内心的愿望，真的是发自内心的东西，你从文字上看出来的东西就不一样了。生活中的人，我们都有这样的能力。可是因为我们从事了这个职业，有时候我们太专注于技术上的东西，把我们最原始的能力降低了，敏感程度没这么高了。我反复跟学生强调，你的创作完成没完成，不是停留在你这儿。我们习惯性认为从语言到外形、到内心我做了很多工作，我在舞台上说完了，我展现给别人了，我的任务就完成了。其实不是，完成没完成一定是在对方。有了这样的意识，你就会在乎观众到底接收没接收，接收的是什么，怎么样接收的，他给你什么样的反馈了。这时就明白了，语言最终的目的就是交流。我干了30年才真正做到了有效的交流。

刘超：

您一直在从事专业实践和教学实践，我想知道这些对您有怎样的影响？另外，生活本身又对您有怎样的影响？

李立宏：

生活对一个人的影响是不知不觉、潜移默化的。这种经历会让每个人对世界、对自己、对他人的看法都逐渐清晰和深入，越来越和以前不一样。年轻的时候，很难努力地去了解一件事物，无论怎样与它接近，总感觉有距离、有隔阂。过5年、10年，你再看，就会觉得你跟它的距离不一样了，好像更亲切了。随着年龄越来越大，意识、感觉都不一样，自信心就越来越强了。

当然，业务实践也非常重要。我从事配音解说工作算是比较长了，一直在坚持做这方面的工作。实践上的经历和成长也会让我更自信。之前出现的错误、遗憾、收获都会逐渐累积，自信也就累积起来了。我比较幸运的是同行、前辈、老师总是给予我鼓励和肯定，对我自信的形成也有很大影响。

生活经历、实践经历和教学经历对自己的创作都有一些影响。比如，我是学播音的，后来从事配音。配音已经不像播音，它进入到其他的层面了。我觉得比我以前学到的播音技术要丰富。另外，我又从事教学，就会从不同的角度和层面进行思考。

刘超：

您觉得播音和表演两个专业有没有相互借鉴的地方？

李立宏：

播音和表演都是有文字依据的，我们领悟文字的内容，再传播出去，可是表现的方式和层面不一样。播音的个性没有那么突出，表演的个性必须要突出，不是演员的个性而是角色形象的个性。主持和表演有一个高度的统一，都是人和人在进行交流、沟通。当然演员所塑造的人更复杂一点，是通过另外一个形象。所以要想完成一个角色的塑造必须要对人有一个足够的了解和认识。做演员和做主持人都不容易，因为了解人是最难的。哲学也好、艺术也好，都是为了认识人。这个人既是人类，又是每一个具体的人，所以能把演员或主持人工作做好的人是值得让人佩服的。

刘超：

所以您在给影视剧人物配音的时候，在角色理解上下了很多功夫。

李立宏：

现在不管是动漫还是影视剧配音存在一个普遍而又突出的问题，包括我自己在刚入行的时候甚至入行十几年的时候，注意力都停留在外面，内心是虚的嘛，老想着靠外面的那些技巧帮助和支撑自己。这没什么错，这是一个必经的阶段。但是如果老在外部形象和理解上挣扎，就反映不出人本质的一些东西，无法到达灵魂层面。这样就会很被动，不自由，很苦恼。从外界的反应就能看出来，会有一些不满意的反馈。人家说得好听一点儿是不过瘾、不尽兴，其实就是人家没接受、不承认。不管是剧中演员表现的人，还是通过剧本文字呈现出的人，你配出来的东西跟他没关系，总是处在一个旁观者的角度。

对一个人的认识有多种角度，有旁观者，还可以走近他、融入他，宏观的、微观的，远近高低都可以观察他。有了这样的认识，就不一样了。这需要长期的积累，这很痛苦，每个人都必须经历这种痛苦才能成熟。但是别恐惧它，把它看作一种正常的、必经的过程，坚持下去，有一天你就不苦恼了。作为老师，我想尽早地把这种经历告诉年轻人，我现在回想一下当时也有老师告诉我了，可我没反应过来。现在我跟学生们说要经历、要体验，他们也没反应。但我该说的还是要说，要对学生产生影响，这种影响很重要，要潜移默化、坚持不懈，不能操之过急。

刘超：

您刚才说了一个词"自由"，已经上升到哲学层面了。

李立宏：

我一直在追求这个。因为觉得不自由，你才会追求自由。年轻时体会不到真正的自由是什么，只有经历一定的时间，到达一定的高度，慢慢就会有了。当然不是所有人都能够到达这种自由的状态，对于艺术而言相当一部分人都能达到自由，这不仅仅属于一小部分人。

刘超：

这种"自由"是您刚才说的忘我和万物一体吗？

李立宏：

是的。

刘超：

说到影视剧人物的配音，我们能想到老一辈的艺术家乔榛、丁建华、童自荣等等，他们的声音很有辨识度。现在的配音演员像季冠霖、边江他们个人的特色没那么浓郁了，但感觉他们的配音创作比较生活化，像是演员自己在说话一样，您觉得这是一种趋势吗？

李立宏：

一个是影片类型不一样。那个年代都是外国影片。刚才你提到的年轻配音演员他们配的是国产的影视剧。再一个是时代不一样了，我们对影视配音的认识也在不断变化。那时候艺术片很多，现在生活片、爱情片比较多。时代不一样，人的需求也不一样，制作人员想通过电影这种方式传递感情的意识、方式、手段都不一样了。对于人物来说，哪怕是古装剧，观众也喜欢他的语言离我近一点，所以是接受审美与接受心理都不一样了。

其实上译厂的配音演员各种声音都有，不是单一的一种声音。尽管现在的观众可能会问："他们怎么那么说话？"但我现在看那个年代的译制片，感觉他们配音的时候还是按照人说话的方式进行交流的，这还不是具体的人物，而是人类。

刘超：

您以前主持过一个节目叫《重访》，主持中您的语言叙述感很强，跟您纪录片解说呈现出了相似的叙述特色，也与当时许多主持人的表现方式是不一样的。在主持时是不是一直在追求这种真实、朴素的语言方式？

李立宏：

这是我运用自己的优势。换一个角度说，我不具备其他的优势，我自己不会说话，我很怕这个东西。现在有人找我："李老师，给我们做个主持"，我的心理负担就会很重。我非常羡慕很多年轻人能够出口成章，说得头头是道，这我做不到。我最自信的是，你想说什么，你写出来给我，我把它变成自己想说的话。所以《重访》也好，《国家记忆》也好，我不是主持人，我是讲述人，我是把编导团队想传递的内容讲出来，我替他们说话，这是我最大的优势。换句话说我用最大的优势替代我最大的弱项。

刘超：

读别人文字的时候，怎样把它变成自己的话讲出来，让作者和听者都能接受和满意？

李立宏：

这也是一个逐渐进步的过程，很长。最近十五年，我这方面的意识会越来越强。许多作者说，你把我想说的都说出来了，我没想到的，你也说出来了。有自信后，你对自己就有要求，我不是简单的传声筒。不要因为你的声音、你的吐字跟人不一样，所以创作中有个"我"，不是这样的。"我"已经没了，把自己放到作品中，自己与作者加起来。每个作者写出什么样的东西，理性的也好，感性的也好，他一定有一些具体的原因，还有形成具体原因的过程，我愿意找到它。要与作者建立关系，用心去揣摩他的初衷、他的目的，通过文字来了解他、熟悉他。这些都来源于你的经历以及对别人的观察、了解，你的创作就有依据了。否则仅仅用技巧来表现作者的意图，是有局限的，与作者有距离、有隔阂。

刘超：

那是否意味着播音员和主持人应该是不同的培养模式？

李立宏：

是的。不是一类人。播音员更强的能力是对文字的理解，能透过文字得到领悟，再传递出去。主持人最突出的能力是在不同的人群中交流，对别人能产生影响。主持人选拔就要选很愿意说话的，学识、修养很重要。如果交流没有主动性，没有强烈的交流愿望是很难做主持人。像我，做不了主持人。我对自己认识得很清楚，我从小到现在，在人群中我就不爱作声，我心甘情愿听别人说话。我也愿意跟别人交流，但我的交流方式就是听别人说，我听别人说话我就很幸福，没有那么强烈的愿望表达自己的观点。插两句话可以，你让我做主角儿我做不到。

刘超：

您这次来动漫声优大赛（2019年4月28日，第十五届中国国际动漫节声优大赛总决赛与影视配音艺术研讨会在浙江传媒学院举行。动漫节特邀嘉宾配音艺术家李立宏、冯雪锐、陈光在研讨会上分别做了《艺术语言创作与生活的关系》《配音的技术与艺术》《配音秀的思考——影视配音教学实践简析》的主题发言。——编者注）看到了很多年轻的配音专业学生。您觉得配音这个专业应该是一种精英化的教育还是普及性的教育？

李立宏：

在院校里是可以开设的，每个学校都应该有自己的特色，而不是一个模子、一个标准出来的。跟播音专业一样，一定要紧密联系实际需要，要经受实际需要的验证。比如招100人，不可能全部成为优秀的配音演员，但这100人应该有不同的培养方式。

刘超：

看了动漫声优大赛的参赛作品之后，您有什么感受？

李立宏：

给我留下深刻印象的是第三环节，创意配音。这个环节要求选手必须要投入，对人物、对关系一定要熟悉了解之后才能进行创作，这个环节的赛事还是很精彩的。

但是第一、第二环节的比赛，选手们还是停留在"配音秀"这个阶段，是在模仿。因为有一个成型的片子在那儿，模仿不是问题，也不是拦路虎，可是模仿的时候你一定要知道模仿的是什么？模仿的不是声音的外形。通过声音的外形你要思考为什么他要这么说话，为什么这个声音是这样的。如果仅仅是自己喜欢，那要考虑一下是什么吸引了你，你喜欢他什么呢？他和不同的人说话肯定不一样，他说的是什么，谁说的，怎么说的。要树立这个意识，如果没有这个意识就永远停留在表面。

刘超：

现在的配音专业学生是不是也要像播音专业的学生那样练吐字发声？

李立宏：

吐字发声怎么练，要根据需要来。

配音的吐字发声是为了完成不同的人物形象。播音专业的吐字发声要求音正、声圆，以标准、准确为目标。可是，音正、声圆对于配音来说可能在人物色彩的塑造上会带来一些限制。一个人在不同的环境中，声音和语言是有变化的，没有人在生活中总是一种声音。播音的创作是一种共性，播音员在某种节目中一辈子是一种声音。这二者是有区别的。

配音专业的学生要有目的地练声，练声要为需要而练。不要拿播音的标准要求配音专业的学生，别把标准的概念混淆了。清楚、清晰、准确是原则，不是说只能这样读。配音的训练要呈现出多样性、多变性。比如"八百标兵奔北坡"，注意力在双唇音上，要做到喷弹有力；换一个环境，如果你给别人讲故事，你要把这个绕口令的形和义说出来，四句之间有什么样的逻辑与场景要思考；过段时间再变化一点，你换个身份再说。比如，练习时我让学生一口气把四句练完，他们上气不接下气，喘不过来，被技术难倒了。我就给他们制造一个场景，你现在跟别人说话特别着急，时间很短，用这样的场景说服自己必须一口气说完。带着这样的场景学生就一口气完成了。内心活动支撑了技术的发挥，就是要把语言放在场景、环境、个性、心理活动当中去表达，在真实的生活中去表达。

刘超：

现在许多学生和语言爱好者都加入到了配音、解说、小说演播的工作当中，您觉得整体水平是不是有所下降？

李立宏：

整体来说水平是下降了。但好处是普及率提高了，不同的时期需要的也不尽相同。现在先满足这些人的需要，让他存在着。他能存在一定有他的理由，他的声音或者吐字不好，但他传递的内容，某些方面肯定有他的优势。如果他的吐字让别人听不清楚，那自然就被淘汰了。如果他的语言对于接收来说没有那么大的影响，可是他在理解之后传递出了某种东西又能满足一部分人的需要，他就能存在。

现在是全面铺开，技术在这儿起到很大的促进作用，以后自然会大浪淘沙。当然受众对这些作品会有一些认识，我们在受众认识上可以起到更多的作用，可以沟通、交流，提高认识。

刘超：

您想对配音专业的学生或想从事配音工作的人士说些什么？

李立宏：

专业不是死的，我们对专业的认识也在不断变化。但在内心一定要有专业的目标。你追求的到底是什么，别模模糊糊的。目前的学生几乎都没有对专业的清晰认识。老师应该给学生们一些积极的、正面的影响和引导，还要不断地提醒他们，这样专业院校的学生与社会上自然生长的青年爱好者相比就有优势了。

二、冯雪锐：幕后英雄"配音员"

本期嘉宾：冯雪锐

香港著名配音演员和配音领班（配音导演）。

影视配音作品：为《英雄本色》狄龙、《喋血双雄》李修贤、《A计划》元彪、《笑傲江湖》许冠杰、《倩女幽魂2》张国荣、《黄飞鸿》李连杰、《纵横四海》周润发、《老夫子2001》大番薯、《开心鬼撞开心鬼》黄百鸣、《棋王》梁家辉、《师弟出马》成龙、1983版《射雕英雄传》曾江、苗侨伟）等配音。

广告配音作品："飞亚达为您报时""雀巢咖啡，味道好极了""滴滴香浓，意犹未尽""真真正正，干干净净，P&G优质出品"，还有飘柔、海飞丝、力士、旁氏、多芬、博士伦、IBM、飞利浦、松下、东芝等影视广告。

本期策划、采访：罗景昕

浙江传媒学院播音主持艺术学院副教授

关于广告配音

罗景昕：

改革开放初期，您的很多电视广告配音作品传入大陆，例如"滴滴香浓，意犹未尽""雀巢咖啡，味道好极了"等等。我发现您有一个明显的配音特征——语势在尾部下滑。

冯雪锐：

嗯，不往上走，不往上挑。

罗景昕：

您的这种声音形式的表达是基于什么样的思考呢？

冯雪锐：

我当时的动机其实就是想跟别人配得不一样。

你要吸引人，那你就必须与众不同，卓尔不群。你都跟别人配得一样，人家为什么要听你的呢？张三这么配，李四这么配，你也这么配？那你岂不是第二个张三、李四吗？必须配出自己的特点。当你配音的这种特点被充分发挥之后，人们一听就知道，这是冯雪锐！

你们会不会认为这是港腔呢？其实，这是一个错误的理解。我认为我配的广告也好，配的电影也好，并不是代表港台腔调，我只是用我自己的修养去理解作品的内涵，用我独家的感悟把它演绎出来，而且希望达到和别人不一样的效果。正是因为"不一样"才会引起人们的注意——噢?！这是谁呀?！——要给人这种感觉。如果你听到的配音都是千篇一律的，都是"我的做工好""我这最便宜""到我这来买"，你就等于配什么都是那一个调，没有变化。

罗景昕：

在给广告配音的时候，您会考虑这个产品是给什么样的人用，消费者又会有什么体验吗？

冯雪锐：

当然要想这个问题。你对市场要有一个想象力，任何一个商品都有市场定位的问题。比如，有些高级的酒，它的定位就是高端人群，在广告词的文字上也表现出来了。有一条御鹿 XO 的广告，广告词就是"签约成功了，喝 XO"。广告深度地隐含了这个内容。所以一定要配出"目空一切"的感觉，要怀着这种心情去配。配广告说来简单，但要深究起来还真不简单。一条广告一两句话就把整个故事画龙点睛了，产品一下就火了。

可是，现在很多广告都是硬碰硬，"来来来""买买买""我这个雀巢咖啡好极啦""我这个咖啡便宜啊，人家卖 15 块钱，我卖 12 块"，这种叫卖就不属于高档、时尚的。它也不是去说别人不好，只是说我的东西好，属于王婆卖瓜——自卖自夸，这是吸引不了人的。从这里就可以推论出来，配广告的时候要考虑所配的产品，一是什么东西，二是什么人在用，像"真真正正，干干净净"，那是家庭主妇使用的，我相信所有洗衣服的女人一定非常熟悉这则广告。它说我的洗衣粉好，很快去污渍等等。我在广告的前面部分就配得比较通俗化，用现在流行的话来说叫接地气，让人容易接受。不能是那种咬文嚼字的，"拽"着配，那就不对了。所以，表达起来就会松弛一点，生活化一点。最后我再说"真真正正，干干净净"，要有力度。这种前后的对比与起伏就会给人深刻的印象。

罗景昕：

在您为广告配音时，您会考虑广告投放的区域问题吗？

冯雪锐：

会！说起配广告，在香港工作还真要注意这个问题，因为有的广告是在台湾播出的，有的是在大陆。因此，你的发音就要注意，应该有所不同。因为台湾是沿袭 1949 年之前的发音，1949 年之后呢，大陆对很多字的发音有了统一的规定。比方说，天涯（yá）海角就是大陆发音，台湾是天涯（ái）海角。我记得我配的广告里面有一个是说李锦记酱油的，我配之前问清楚了，这条广告是去台湾的？导演说是。那么，其中有一个字，就是"要保证质量"的"质"，咱们大陆发第四声质（zhì）量，台湾还保留着 1949 年之前的发音，发第二声，读质（zhí）量，你放出来听听，我配的就是质（zhí）量，没有说质（zhì）量。因为那个时候这条广告不是去大陆的，而是去台湾的，为了迁就台湾的市场嘛。

另外，还有一个习惯性的问题。比方说，我配"雀巢咖啡，味道好极了"。当时我还问："这个广告是在哪里播？北方人说'味儿'，南方人说'味道'。"他们说在中央电视台播。我选择了"味道"，因为北方人听到"味道"也可以接受，但要是南方人听到"味儿"就觉得很怪，我折中了一下。

罗景昕：

在广告配音工作中，您是否遇到过与客户的意见不统一的情况？如果有，您是怎么和客户协调的呢？

冯雪锐：

我配过一条关于手表的广告。这款手表叫"琥珀表"，"琥珀"的"珀"。找我配音的老板，就是广告的收货人，他说："这个字念 bó，我们这款表叫琥珀（bó）表，怎么可以念琥珀（pò）表呢！"因为，珀（pò）这个音跟"破破烂烂"的"破"是同音，所以他很不舒服。他说："不行，不可以念琥珀（pò），一定要读琥珀（bó）。"这一下子把我僵在那儿了，心里想：我要读琥珀（bó）表，将来这条广告播出去，人家只会说是冯雪锐读了错别字。他们不会知道这件事的经过，他们不知道我曾经争取过什么，只会认为你读错了。可是，僵在那怎么办呢？后来我就想了个办法，我跟他协商："这样吧，我配两个版本，先配个琥珀（pò）表，然后我再给你配个琥珀（bó）表。至于你以哪个'出街'，我就不管了。"就这样，我同时配了两个版本给他。当时，这件事就给我留下了深刻的印象。

所以，有时候配音员也很难的。你要服从市场的规律，客户是"上帝"嘛！但这位"上帝"错误得一塌糊涂，你也得照他的想法去做吗？自己良心上要是过得去，我就配个我认为正确的，确实是照字典来的。这样做，我还算是心里有些安慰的。

罗景昕：

您觉得除了刚才谈到的，广告配音还应该如何锤炼？

冯雪锐：

大家可能觉得我广告配得好一点、专业一点、数量多一点，其实我的配音涉及多个方面。我倒是觉得这些都是融会贯通的。在配过了一千多部电影、几千集电视剧的基础之上我再去配广告，这对我来说，就不困难了。可以说是电影和电视剧配音的经验积累让我配广告能够手到擒来。并且，相对来说配广告显得更容易一点。其实，各方面的配音经验是互相借鉴的，因为都是在用声音来表达情感。所以说，还是要多多实践，尝试不同的配音形式。

关于影视配音

罗景昕：

您在1983年版《射雕英雄传》里配的反面角色杨康似乎与众不同，有时让人恨之入骨，但有时也会觉得他很可怜。能谈谈您在给杨康这个反派人物配音时的内心想法吗？

冯雪锐：

1983年版的《射雕英雄传》，开始的时候我配杨康的爸爸，然后再配杨康，后来在这部电视剧的尾部还要配黄药师。在我的记忆中呢，杨康和黄药师这两个角色的确比较深刻。杨康这个人物啊，首先给我的感觉就是两面人——在妈妈的面前是一个形象，在外人面前又是另外一个形象。他骨子里说是坏的，但是他表面是不露出来的。这个人物就跟我在大陆成长时代所看到的戏剧舞台上的反面人物是不同的。

罗景昕：

有什么不同呢？

冯雪锐：

上了些年纪的人可能知道，特别是在上世纪六、七十年代，在大陆的表演舞台上，反派人物都是比较脸谱化的，那基本上一出场就是坏得不得了的啊！从形体动作和化妆上看就能知道谁是反派人物了。这种人物造型方式的好处呢，就是连没有文化的人一看都知道这戏该怎么去看，某种意义上就让电影简单化了。而香港的剧本和人物的描写，特别是金庸的小说对人性的了解比较深厚，因为金庸本身就是这方面的大家啦。我觉得，他特别成功的一点就是写出了反派人物的隐蔽性。他笔下这种两面派的人物就写得不脸谱化。除了杨康之外，你看他描写的《笑傲江湖》里面的岳不群也是这样的人物。明明是名门正派的掌门人，一副正人君子的形象出现在世人面前，但他所做的事情却是邪恶的。当把他这样一种描写的手法搬到舞台上的时候，导演也好、演员也罢，恐怕也就要遵循这种手法去表演。所以，我在配杨康的时候呢，大部分的时间我都是把他当作正派人物来配。只有最后，他显露出邪恶一面的时候，才是配反派的感觉。我想，在配杨康时对这个人物最主要的理解就是这样：生活中的反派人物,并不是脸上就写着"我是大坏蛋",不是那样的。人性的阴险往往是表面上看不出来的。他可能脸上微笑着,但内心是狰狞的。也可以说,人性险恶可怕的地方,就是他有一副伪装的面孔。

罗景昕:

您认为自己配音最为成熟的阶段是什么时候?

冯雪锐:

应该是1986年吧。有一个标志,那一届金马奖"最佳男主角奖"的得主是演《英雄本色》的狄龙,我为狄龙配音的。本来这部电影最开始配的时候呢,吴宇森是希望我来配周润发扮演的小马,宣传片里我配的都是他。但是,正式开工的时候,吴宇森导演就跟我商量说:"雪锐呀,狄龙你配得很多,既然已经配开了,你还是配回狄龙吧。"因为狄龙之前是邵氏的演员嘛,我是邵氏的合同配音员,那段时间都是我配狄龙,意思是我为狄龙配音已经非常娴熟了,观众也都熟悉了狄龙的声音就是我的这个声音。

罗景昕:

那周润发是谁去配了呢?

冯雪锐:

周润发是我的师弟张济平配的。这部电影在当年金马奖评奖时,周润发和狄龙同时都报了"最佳男主角奖"。结果狄龙得了金马奖,而狄龙说的国语那是我的声音。与此同时,由尔冬升导演、秦沛主演的一部叫《癫佬正传》的戏也参评金马奖。在这部戏里面,秦沛饰演了一个疯子。这疯子住院治疗以后就好了,想走进正常人的生活。虽然他人回归到了社会,但还是被邻居们指指点点,认为他没有好,使得他旧病复发又变回了精神病,就这么一部电影。我配的就是秦沛饰演的这个疯子。其实,秦沛的国语普通话非常好,他完全可以自己配,但是那部戏也许是因为他撞期,拍戏分身乏术,就没来配,而是由我来配音的。就凭这部戏,秦沛获得了金马奖"最佳男配角奖"。

在同一届里,最佳男主角和最佳男配角都是同一个人的声音,在金马奖历史上是没有的,对于香港配音员来说也是没有过这样经历的。据我所知,我是独一份,那应该是1986年,我记忆中是这样的。两部戏、两个演员,两个性格截然不同的人物角色。一个是黑社会老大,一个是疯子,两个人都得了金马奖,还都是我的声音。我想,这应该算是我配音的一个巅峰时期吧,这也是一个纪录。

罗景昕：

您是如何去塑造秦沛扮演的这位精神疾病患者的呢？

冯雪锐：

在《癫佬正传》中，秦沛扮演的这个人物原来是个病人，精神病，不正常。经过治疗后恢复了，他想融入正常人的社会，但是不被社会所接受，最后他又走上了老路，疯了。其实，这部电影的命题和《英雄本色》中狄龙扮演的大哥是相类似的。你仔细想：一个人以前是罪犯，进了监狱，被释放之后想做个好人融入社会而不得；另外一个人原来是个病人，出院后也想融入正常的社会，但是也不可得，最后又犯病了。一个说的是"黑道"上的事，一个说的是有精神疾病人的事，其实这两部电影都暗藏着某种现实的意义，就是说社会中的人怎样看待犯过错误的人或者有残缺的病人。在他们恢复正常人的生活过程之中，社会能不能接受他，大多数人会不会仍然戴着有色眼镜去看待他们……如果整个社会都很宽容地对待他们，让犯过错、生过病的人感到能够恢复正常生活的时候，那就是大团圆的结局了。也许他们得到了肯定，就会变回正常人。但是，如果我们因为他们曾经的过错或者曾经的病患，对他已经造成了先入为主的印象，然后又对他们的行为有多种不善良的揣测，那么很可能又会把这些人从正常的社会中推了出去。其实，在配这个人物的时候，给我印象最深的部分就是我们该怎么去对待有毛病的人或者有缺陷的人，该怎么去包容他们？使他们回归社会。我们的不包容就等于把他们推向了绝望的边缘。

那么，我配秦沛扮演的这个人物时，我和其他人的偏见是一样的，也是从一开始完全不当正常人来配的，随着情节的展开，他旧病复发。他本身是社会中的一个小人物，微不足道。他不像是狄龙扮演的大哥，即使重新回到社会中，还需要有一种很"冲"的感觉。秦沛这个人物不是这样，他只是想过正常的生活而没有得到，更多的是一种委屈的感觉。

所以，这样的人物怎么去配才能更贴呢，如果用理论上的东西可能非常难以描述。具体地讲，像我们配了十几年人物以后，经验丰富，也容易很自然地进入人物。但是，在进入角色之前会有什么样的设计呢？我就是希望回归到人物自然的反应。我会觉得如果我是他，能怎样呢？当所有人都说你是疯子的时候，我就疯给你看。他本来就是病人，有潜在发病的可能性，所以从始至终我都是按一个病人去配的，给了人们一种预设。当条件一成熟、一刺激他，他就疯了。这就属于艺术创作啊，很难量化说该如何去设计。还是刚才说的那句话，一切顺其自然。

罗景昕：

您在给《英雄本色》狄龙配音时，有什么印象深刻的经历？

冯雪锐：

狄龙这个角色，我是完全按照正面人物来配的。我觉得香港的电影没有脸谱化人物。狄龙饰演的角色是一个有血性的男子汉。虽然犯过错误、坐过牢，但出来之后是希望改过自新，希望重新融入社会，找一份正常的工作，老老实实、规规矩矩地生活下去。但是，"人在江湖，身不由己"，被逼着又重出江湖。他弟弟对他有很深的误会，认为他又出来做一些非法的事情。他弟弟就是张国荣扮演的警官，对他非常的严厉，甚至于不接受他的解释。他作为哥哥在跟弟弟说话的时候，特别是那句话——"警官，我没做大哥很久了。"就这句对白，当时我配的时候，确实是用了心了。

罗景昕：

在什么地方上特别用心呢？

冯雪锐：

怎么说呢？分寸！他不能完全用哥哥的口吻说话，又不能完全用陌生人低三下四的语气来说。他必须有一种解释。用一种很无奈的……潜台词就是，你怎么就不相信我呢？那种感觉！这个当时我配了三个版本。

相对来讲，一个是为自己解释，比较强调自己的感觉，"我没做大哥很久了"——你怎么还不相信我呢；还有一个就是相对弱些，你就相信我吧——"我没做大哥很久了"；最后一个我选择比较中间的，没有那么弱的，但是也不是那种非常强硬的。这句道白（戏曲中的说白，也叫念白），在揣摩的过程之中，我确实是花了心思的，而且我也在跟导演研究这个问题，我给了他三个版本。

罗景昕：

最终播出时，导演选择的是？

冯雪锐：

选了比较适中的版本，一种无奈的解释，但是又不完全是低三下四的，其实我想这样的分寸比较好。

罗景昕：

这就是我们在有声语言表达时讲究的"分寸感"。当然也和导演的审美、导演意志有很大的关系。

冯雪锐：

电影配音有个问题，那就是不可能说这一句话，我用三个口气去配。我不可能说用A的口吻在电影里放一次，让大家感受一下，然后用B的口吻放一次让大家来感受一下，再用C的放一次让大家感受一下。然后观众哪个反响好，咱们用哪个，对不对？所以电影艺术，配音艺术有一个死无对证的问题，当你选择了某一个方向，某一个尺寸，那么它就是完成品了。直接到电影院里看观众接受不接受，就等于是只有这么一次机会，不会有第二次机会的。这里就包括最后的拍板，就是选择。这就牵涉到拍板人本身的素质。

三、关于声音署名

罗景昕：

我一直有一个疑惑，为什么港片在过去不把所有配音演员的名字都写在片尾字幕上呢？

冯雪锐：

关于这件事情，我跟徐克、吴宇森两位导演都讨论过。我说，这有点不公平！电影到最后上字幕的时候，打出来的有做音响的、搞特效的、设计服装的，最后连负责茶水的人名字都有，配音演员怎么会没有名字呢？难道他们的贡献就少了吗？

他们没有任何人对这个问题进行解释。我跟徐克、跟吴宇森提出这个问题的时候，他们说公司方面不同意。回馈给我的意思就是说，因为演员、明星有其商业价值。如果电影在上映时，字幕打出来配音员是某某某，观众就明白了：哦，闹了半天不是这些大明星自己的声音！大家本来以为是这些明星自己讲的国语，要是在字幕上都说清楚了，就等于是降低了明星的商业价值，对他们的形象有所损害。因为电影毕竟也是商业，老板说了算。他们这么一解释，我也没有办法坚持。

罗景昕：

不过，有的电影后面会出现您的名字，比如"国语对白冯雪锐"。

冯雪锐：

电影放映完之后是会出现一个字幕，总会打出"国语配音某某某"——那就单指这个电影国语配音领班（配音导演）的名字，只有他一个人的名字，其他配音演员都没有名字！后来，我自己做了配音领班，我的名字才正式出现在电影字幕里。那么，在这之前的十几二十年的配音工作当中，我配了那么多的角色，配了那么多电影，都没有在字幕里标注过我的名字，大家并不知道这个角色是冯雪锐配的，他们只看到字幕上打的是别的配音领班的名字。所以，说实在话，我是配音员出身，对这些事是打抱不平的，我觉得不够公平。我觉得配音员的名字应该……哪怕不需要指明张三配李四，但是至少应该把配音员的名字都罗列上去。为了表达这种不满，我曾经在一部电影当中要求字幕一定要打上所有配音员的名字，那部戏叫《豪门夜宴》。

罗景昕：

是那部公益电影？

冯雪锐：

对，就是那部公益电影。电影上映好像是当时内地华东水灾那一年，为了赈灾，香港导演协会拍了一部电影叫做《豪门夜宴》。他们说在放映的时候会将所有的收入都直接捐给灾区，香港所有的演员几乎都囊括了。

那么，我作为配音方面的电影人，听说是为了赈灾，觉得这是件善事，就拍着胸口跟徐克讲："你们既然是义务地拍，所有导演和演员都不拿钱，那我就义务配，也不拿钱，一分钱都不要。但我有一个条件——你们演员说义务拍，但你们的脸出来了；我们配音员声音虽然出来了，但是这声音是谁的呢？我觉得应该被记录下来。他们既然也是义务来配，就把所有配音员的名字写上去，不必写谁配了谁。"他们同意了，我们就开始着手配音。

我把对白翻译之后，找人来配音。我就跟这帮兄弟们打招呼说，现在有一部戏，没钱赚，大家谁愿意来配？谁愿意来，谁的名字就一定会在字幕上出现！当然，人家可以选择不来，因为没有钱赚嘛，而且还要贴饭钱、贴车费……没想到香港的国语配音员差不多都来了。当时上海电影译制厂的刘广宁也在香港，她来到香港后曾经找过我，希望能有合作的机会。我就在那部戏里面请她配了梅艳芳。那部电影所有配音员的名字都被打在字幕上了，这是我跟导演协会协商的结果。

香港的电影一直没有把配音当回事，所以配音员自己也没把这个行当当回事，不像大陆都是配音艺术家。在香港配音更像是一份工作、一个活儿。

说到这里，你说配音到底在电影行业当中占什么比例呢？很难量化啊！一部电影，首先要有剧本，这就是一部电影成功的开始。剧本构思得好是编剧的功劳。然后，导演怎么把剧本从文字变成立体，通过剪接技巧呈现。摄影师从什么角度去拍，灯光怎么打，服装如何设计，包括冲洗……电影就是一个多种行业集合起来的综合性产品。既然是综合的，它就必须在每一个环节都是优秀的，电影的立意才能够被烘托出来。配音，作为其中的一部分也是非常重要的，不可被忽视，更不能忽略了配音员的功劳。

我曾经为这个事情还和一位老导演讨论过。一年前，我碰到吴思远——香港导演协会的老会长。成龙的《蛇形刁手》《醉拳》以及《新龙门客栈》都是他监制的，很有经验的一个人。我就跟他讨论，我说这样对配音员不公平。其实我俩见面的时候，我已经退休了。虽然已经不配音了，但是我觉得还是应该为配音员说一句公道话。薪水本身就不多，活儿又这么辛苦，而且他们的贡献也是别人无法取代的。这是我对配音的一种感受。

其实，香港的电影走向台湾、东南亚、走向世界……影响了大陆很多年轻人的生活。香港电影丰富了他们的业余生活也好，他们从电影当中吸取了一些教诲也好，可以说我们这一批在香港配音的配音员做出了不可磨灭的贡献。但是这些配音员很多都不为人所知。演员演得好会有奖项颁发，配音配得好的话，没有任何奖项。当一个演员在台上领奖的时候，如果他评的是国语奖项，某种意义上说，为他配音的那个人是不是也有一份功劳呢？

作为配音员对这件事也毫无办法，除非你不配，是不是？人家就是说明白了，你没名字，还要不要做这份工作？所以我们是：幕后英雄！

三、陈光：谈"声优"的自我修养

本期嘉宾：陈光

主持人、配音员、配音导演。领衔多部电影、电视剧主要角色的配音工作。曾为《亚瑟王》的男二号兰斯洛特配音。该片获得当年华表奖最佳译制片奖。

配音代表作品：为电影《全城戒备》郭富城、电视剧《一起又看流星雨》张瀚、《刑名师爷》吴奇隆、《天师钟馗》蒲巴甲、游戏《古剑奇谭》百里屠苏等配音。

配音导演作品：《河神》《我无法拥抱的你》《奈何 Boss 要娶我》《新乌龙院》《六人晚餐》《双生》《一个人的武林》《超时空救兵》《错嫁》《拳霸》等。

本期策划、采访：卢彬

浙江传媒学院播音主持艺术学院教师

中国播音学 2014 级博士

卢彬：

陈老师，您好，欢迎您来到"声优大赛"和配音学术研讨会。在从事了多年配音与配音导演工作之后，您是怎样理解"声优"这个概念的？

陈光：

"声优"这个词最开始来自日本。日本有着非常成熟的二次元动漫制作产业。它的动漫产业是这样的，比如说一家公司有一个 IP，想要把它做成动漫，公司就会去和电视台以及其他一些公司联系，一方负责制作，一方负责播出，一方负责发行，还有一方负责版权，动漫上线的实际利润由大家分成。在这个成熟的市场流程当中，它是可以挣钱的。尤其像《火影忍者》这种比较火的产品，它做出来以后是盈利的，这就形成了非常良性的产业链，有制作、播出、产出、回报，形成闭环。在这个闭环中，声优和配音演员就成了创作的关键环节。不管是做什么样的动画片，一定要有一个典型的声音来录特定的角色，所以日本慢慢就形成了"声优机制"。说白了就是"声音明星"，分成A级、B级、C级、入门级等级别。相应的还开展了一些声优培训学校，很正规，也非常严苛。

动画片的配音和影视配音有所不同。电影配音之前有演员的创作，有成龙、有周润发、有梁朝伟等等，这些形象在前面塑造着，你再用声音去帮他演一次戏。观众首先看的还是演员的脸和表情，观众首先认同的是演员；声音只要能贴合演员的表演，能够展现整个戏的情节，观众就可以认同。但是二次元动漫不一样。动漫形象塑造出来之后，你怎么知道它是什么声音？你只能根据剧本，我觉得这个角色是什么性格，形象大概什么样子。在这个过程当中声音起了非常大的作用，这是真正的二次创作。这个形象脱离他的声音没法活，动漫的形象设计是按照已经有的声音来设计的。他的声优是真正的声音明星，像"松岛菜菜子"这些人可以反过来反哺动画片。动画片需要宣传、需要流量，就会找这些明星来，声优知名度到一定程度，他的声音就变成一个符号性或者标志性的标签，他的粉丝一耳朵就能听出来这个声音就是他。所以大部分"声优"还停留在二次元层面。在中国，如果想要出现真正的"声优"，前提是二次元市场要成熟起来，但是中国的二次元市场到目前为止还不够成熟。

卢彬：

听起来好像"声优"不单指配音员，更指代以配音为核心的一个产业模式。

陈光：

这个叫法是个舶来品，我们在努力地向人家学习。在日本，你用一个著名声优来带动整个作品的收视率是成立的，但我们的声音市场现在还不够成熟。他们之所以能够叫做"声优"，还有另外一个原因，他们是"明星制"。他们可以出去拍戏、发唱片、做演唱会、见面会，这些都可以。因为他们是有团体、有组织的，他们是签约演员，相当于他们有个经纪公司。经纪公司帮他们来打理这些事务。而我们国内目前对于配音员价值的发挥、挖掘还没有到达国外的那种程度。

卢彬：

目前我们国内配音圈的生态大概是什么样的？

陈光：

　　影视配音和二次元配音的生态总体来说比十年前肯定是要强的，但是演员的生存状态反而不如十年前。

　　我是2001年入的这个行业，当时和我们在一起配音的主力有一部分是北京的职业配音演员，还有一部分人是各艺术院团的演员。比如说像冯宪珍老师、翟万臣老师等等。那时这些艺术家都跟我们在一起配音，人家的艺术水平当然高。那时在北京可能也就一百四五十名配音演员，他们基本上消化了全国80%的影视配音工作。2008年的时候，我们有一次聚会，统计了一下到场的和没有到场的，大概有230人左右。

　　现如今随着配音行业学员班的开设，据传北京有3000人在从事这个行业。不是说不想让别人进来，其实培养一批配音演员需要时间成本，需要理念和真正的教学方法和模式。这个很关键，跟咱们教播音是一模一样的。首先你得上手。从"从来没配过"到"配过50部戏"到"配过500部戏"，在这个过程中，你的语言成熟度在不断提高。当你到达一定成熟的心理状态和成熟的语言技巧以后，你就可以胜任这个工作了。配音导演也希望他的戏能有源源不断的新鲜声音加入其中。但定量的工作被几个人分掉后，实践机会就更少。

卢彬：

　　您的职业经历是怎样的？怎样走进配音这一行的？

陈光：

　　我上大学的时候是北京电台《北京新闻》的客座播音员，大学没毕业我就开始拿工资了。我毕业的时候正好赶上北京电台机构调整，机构调整以后我就去了北京电视台，在文艺部做配音和出镜记者。做了两年，有一天北京电台给我打电话说，我们现在播音员调岗，要把《北京新闻》的播音员固定下来，你愿不愿意来？我就去了《北京新闻》。

　　我刚上岗的那会儿，基本上是早上五点五十开始录，一般情况下，我五点就会起床练声、开嗓、备稿。坚持了两年，有段时间确实压力很大。那时候《北京新闻》的分量很重，当时有七个频率全台联播，肯定是有人关注你的，包括很多领导，还有张颂老师、方明老师等等都会听节目，给提意见。我对专业是有兴趣、有追求的，想弄得好一点，所以压力大。当时我们上早班，你必须要住在台里。晚上十点到岗，早上五点多起来。我们那时候播的稿子，A4纸，前面是报头，下边可能就是直接剪的一块报纸往上一贴，字的大小都不一样，报纸中不断有大段的"飞气球"。而且因为领导不同,笔迹都不一样,有些字迹你很难识别。有时你连看的时间都没有,一遍都没看完,就得录了。

周六日不上班的时候,就去配音。那个时候接的主要是翻译片,像中央六(套)的,还有一些迪斯尼的翻译片。那时候我一直认为自己是播音系的学生,拿着咱们播音这套东西去做影视配音,得到的评价就是声音挺好,但是没"戏"。后来自己参与拍戏,慢慢录音多了以后,就有了配音的感觉。我觉得陆揆老师对我的指导是很有帮助的,他告诉我表演到底是什么,真正演戏需要的是什么,需要的核心是什么,你的基础是什么,你怎么去表现它。

卢彬:

现在网络音频平台很多,也给了喜欢声音的人更多的机会,用手机就可以自己录。像我们听到的很多作品,有些是大咖录的,还有很多是水平不错的专业爱好者录的。机会应该是增加了,可为什么像您说的,这配音演员的核心圈没有拓展呢?

陈光:

每个业务市场总有金字塔形,从最顶端到中间到底层。一个行业在洗牌和震动的情况下,有两种人是绝对死不掉的。第一种就是高尖端,就是标杆,能找到他的一定是认同他的价值和艺术的,所以金字塔尖的肯定不会被洗掉。金字塔底的永远不会被洗掉,因为有些甲方不需要艺术价值,便宜就行。中间的反而是受冲击最大的,高不成低不就,想往高了攀还差点,直接降到最底层,又确实降不下来,这就很尴尬。

这个圈子的生态可能比以前更差一些,因为以前是一个封闭状态,大家在这个圈子当中其实是没有竞争的,而是合作关系。但现在这个圈子的壁垒被打开了,无数的人在这里边做,无数的人可以随时进来尝试。

卢彬:

现在我们开设了配音专业,而且从全国来看,配音专业或方向也得到越来越多人的青睐。还有像"配音秀"这样的 APP 和《声临其境》这样的节目也很火,会让人感到配音艺术又迎来了它的春天。这么多学配音的人,如何才能有一个成长、进阶的步骤?如何才能成为一名优秀的配音员,有没有一些路径可以供他参考?

陈光:

应该说没有这样一个成熟的路径。

以前的配音圈是一个什么状态？上译厂、长影厂都是国有单位，他们当时招了一批人专门干这个。北京最早开始做的是八一厂、北京电影制片厂、北京电视台译制部、中央电视台译制部等，慢慢集合起所谓的职业配音演员，这些人的工作就是天天配音。这是计划经济下的一个模式。

那么我们这拨人是什么样的呢？我们是院团、院校毕业的，自己大多有本职工作，偶尔业余开始录音，慢慢也开始配。这是另外一种进入方式。

第三种人进入的方式是学员。当然有学员成功地留下来，随着学员口子开得越来越大，培训的班次越来越多，这个圈子据说有3000人了，不过真正干活的核心也就是一百人。

换句话说，这个环境有起跑线的限制吗？没有。如果他是一个学表演专业的，他肯定首选去拍戏；如果他是一个主持人专业的，他肯定首选去当主持人。对吧？所以他不会是那种专业特别好的，当然我也认识几个就纯粹喜爱的人。他可能学化学的、学日语的，就喜欢配音，也都能生存下来，在这个圈子里占有一席之地。

这个圈子其实刚刚打开还没有几年，它是一个半封闭的状态。现在唯一能够给新人入圈的机会，就是参加学员班。但是参加了学员班以后就能够真正地在配音圈里留下来吗？那还需要市场的检验。

卢彬：

您现在也做配音导演，您更希望用新的声音还是用那些熟手？

陈光：

这是不一样的。首先要看这个戏是什么样的戏，如果是大电影，我希望用新声音，因为新声音更像一张白纸，技巧的东西会更少。我们学播音也一样，我们那么多年一直在讲先学技巧，再把这些技巧忘掉，最后达到返璞归真的境界，这个是没错的。但是为什么有的人是艺术家，有的人就是匠人，有几个人能真正达到返璞归真？这真的不容易。

年前我刚做了一个戏叫《奈何Boss要娶我》，那个戏也火了。这个戏一共有五个角色。戏不多的，我可能会选一些入行时间比较长，但是没有那么纯熟的"行活"技巧的，他还有一些本真的东西，放在里边特别合适。

2009年我做《超时空救兵》，就带了一拨新人。我的导演方式是特别忌讳做示范。因为你做了示范，学员又不懂，他一定会先模仿你。我不希望让所有人都跟我一样，一样的语言节奏和一样的表达方式，我之所用你来配他，就是要挖掘你身上的特有气质，贴在这个人身上，结合这个人原有的表演，它才能成为一个新的鲜活的角色。那个戏把我累着了，因为除了主要角色是我们录的以外，那些小角色，全都是新人，要一点点地抠，一句一句地教，要启发他们。你看这个角色他是在什么情况下，他说话应该是快还是慢，他是着急还是不着急，你刚才是什么样子，你要往什么样的方向去发展、去调整它。按理来说，如果我找成熟演员的话，很快就会录完，但是成熟演员必然有程式化的东西在里面。

你说这里边有没有艺术性？当然有，至少我们这一拨人对这个东西是真爱。当年我们录音的时候，都是中午十二点一直录到晚上十二点，大家都在。我们甚至可以为了一两场戏，从十二点再录到凌晨三点半。其实一共加起来就十几句词，我和另外一位演员俩人不断地磨合、不断地磨炼。那都是对艺术的真爱，能够投入其中，能感觉到它带给你的快乐。

卢彬：

这种感觉与之前上学和播音的时候不一样吗？

陈光：

确实不一样。比如说你有一个大稿子——像当时申奥成功什么的，这些我都参与了——在那个时候你能够感同身受，你内心的激荡幅度可能很大。播音有特定的语言规范，你不可能像一个普通人那样去表现你的情绪。你不可能让大众觉得你是一个轻飘的、轻浮的形象。

但你真正到了配音的角色当中，在一个戏当中，在一个特定的情境当中，它一定是来源于生活的，它是对生活的升华和提高。他就是在特定的场景当中，靠特定的时间、特定的地点、特定的人表现出特定的故事。这个人是从正常走向癫狂，从癫狂走向正常，还是从失败走向成功，从成功走向失败，观众要看的就是这个过程，你展现的就是这个过程。当你真的融入这个角色的时候，你会突然发现，你体会了另外一种人生。影视剧当中的悲欢离合是特定的极致。

卢彬：

录角色需要的语言技巧跟播新闻有什么不一样？那时候您对这两种语言样态的运用是同时的吗？

陈光：

不一样。所以那时候特别痛苦，它们会互相影响。有一段时间我在琢磨，要不然别人就说你有播音腔，要不然就说你没"戏"，我到底怎么了。后来我问了好些不同的人，每个人给你的答案都不一样。院团演员给出的是一种解释方式，海派演员是另外一种解释方式，播音系出身的又是另外一种方式。插一句话，女性在这个层面上特别占便宜，因为受众对女性声线的容忍程度以及女性本身对声音的敏感程度要远远大于男性！女主角的声音可以华丽，但是男性的声音已经逐渐往本真的生活语言上去无限接近了。因此，声音有特质的特别吃亏，特别痛苦。

卢彬：

您声音的特点是什么？为什么在同时播新闻和配影视的时候会很痛苦？

陈光：

百度百科网友给我写的那些，我觉得写得不准确，因为我之前一直是走小生路线的，所谓的华丽风格。他们之所以能写出什么"雄浑顿挫"，那可能是看了某一两部戏中我处理的角色以后写的。

这些年我自己不断地探索。我觉得真的飞跃可能是在两年前，是松下巴和放松喉头。之前痛苦的东西有两种，第一种是你如何完全脱离原来的东西，还有一个就是怎么松弛。我在录音的时候观察，发现每个老师所谓松弛的方式都不一样。就跟刚才我说的"有没有戏"，其实就是一层窗户纸，你得自己捅。因为每个人对文字的理解、消化之后外化的形式和你先天的条件都是不一样的。

卢彬：

您是怎么突破新闻播音和影视配音的这种界限的？

陈光：

真正的突破就是2008年拍《漕运码头》。跟北京人艺的老演员一搭戏，就突然想通了。拍戏了以后，突然发现，你就是一个真人。生活中你怎么说话你配音时就怎么说话。之前之所以老师说我没有"戏"，就在于我对生活的真实还原不够。拍完这个戏我一下就明白人和人之间的交流、演员和演员之间交流放在配音上也是通用的。因为他演的时候就是这么演的，他是两个人在表演说话的过程。你越想去演，越不行。

卢彬：

表演中的说话过程跟播音有什么联系吗？

陈光：

当然有一定的关系。回过头来想，播音给我们提供了相对来说比较好的语言面貌。咱们播音发声的系统、理论、呼吸状态和声乐都是一样的。但为什么咱们这东西出来以后就会有职业病，就会有播音腔出现？我在慢慢调整的过程中发现，通俗流行唱法是好的，核心的部分就是它对元音辅音的需求。其实流行唱法、影视表演的基础训练，还有播音发声，途径、方法基本一样，但是指导意识不一样。播音强调的是吐字发声，吐字咬字一定要标准、规范、圆满，每个字都是立起来的，但是表演要求的是传达信息的同时表现你的真实情感和情绪，它不要求你说那么满，你只需要像正常人说话一样。甚至在有些表演中，那个台词你可能都听不清楚，但是你看明白了。你越贴近生活越贴近真实的人，就越生动、越准确。在这个过程当中，你会发现，电影、电视剧它是个综合的表演艺术，声音只是它其中一面，我们不能去片面地强调声音的重要性。

配音演员是很重要，尤其是在屏幕演员角色台词不行的情况下。但是如果我们片面去强调一个人的声音，强调配音演员的作用，就会脱离它原来的本体。原来的本体是什么？导演塑造出来的是一个综合形象，是演员的声台形表。这个综合形象的声音气质和它的表演气质是受演员的限制的。所以你只能去无限地贴合、服务于它。

卢彬：

您也录制了很多有声小说，播小说和播新闻以及演戏还有什么不同？

陈光：

从语言艺术的角度来讲，如果让我排一个难易程度的话，最难的是广播剧，其次是播小说，再其次是影视配音。当然新闻播好了也不容易，它是在一个特定的条件下和特定的语言状态当中去传达信息、表现态度。首先你能把信息传达明白就不容易，再能够表现态度就更不容易，还能够表现大国风范则更难。我们现在回过头去听齐越老师的作品，仍然是感人的，为什么？因为他的真情实感在这里面有所体现，这是大师的作品。像他播到焦裕禄对农民说"我就是您的儿子"的时候，他都哭出来了。咱们现在哪条（作品）能做到这个？为什么现在很多作品没有生命力，因为他根本就不是发自内心的。

广播剧为什么是最难的？因为它充其量有少量旁白，剩下的纯靠声音塑造角色，你要靠个人的声音塑造一个丰满的角色，非常难！你的声音带有你个人的特点，你如果不生动、不鲜明、不丰富的话就是失败的。

其实演播小说挺难的。当这里边有一个角色的时候，你好处理；有五个角色你怎么处理？有男有女有老有少，有三个都是20多岁青年才俊角色，他们仨同时在聊天，你怎么弄？这需要做大量的案头，然后去设计，去让它搭配起来，让它生动。往往学了播音的或者是语言稍稍有点基础的孩子，在角色上很容易就折掉了。他完全不知道角色怎么说话，说出来的就像是朗诵。当你的新闻播音语言已经成为习惯以后，你再塑造人物语言，就会有障碍。

卢彬：

在网络音频平台上，您这样专业人士的作品也可以播，一些草根主播的作品也可以播，大家在同台竞争的时候，我们的优势是什么？

陈光：

我们其实没什么优势。因为市场不规范，一部作品受欢迎的根源从来都是因为IP，咱们不要去片面强调一个人演播得好。当然演播得好，确实能给作品锦上添花。

卢彬：

现在还有一个特别热门的话题，就是人工智能对于播音专业的冲击，您怎么看？

陈光：

我倒是挺希望人工智能可以替代真人。科技发展可以把所有的这些语句，包括一个人的气息、表达方式全都融入数据库当中，在特定情境当中随机触发。我倒真想看看，能不能像他们说的那样，人工智能真正地去替代一个人。基础形式上的或者记录速度的播报，现在已经实现了。但是能不能声情并茂，我觉得目前可能性不大。真人做起来有真人的优势和好处，因为真人永远都会受到机体、环境、情绪、温度，甚至是他当时心情的影响。同样一个演员，拍同样一场戏，两次演的时候都不一定完全一样。但你机器合成出来是完全一样的，这样搞艺术就磨灭了艺术创作的可能性，它不是"1＋1＝2"这么简单。所以我觉得他可能会完成一般性的工作，但是人和人之间的深入交流以及情感展现，可能差点。

卢彬：

非常感谢您接受采访。最后请您在您的作品中，给我们推荐一部代表作。

陈光：

目前《河神》的第二部正在进入后期制作的过程，希望大家到时候关注吧。

四、蔡紫：《主持人大赛》是在帮我做减法

2020年2月2日，中央广播电视总台2019主持人大赛收官。经过多轮角逐，最终，蔡紫以97.892分摘得文艺类总决赛桂冠。

本期嘉宾：蔡紫

1986年出生于四川，本科毕业于中国传媒大学播音与主持艺术专业，后获媒体策划与运营专业硕士学位。参加《中央广播电视总台2019主持人大赛》，获文艺类金奖。

本期策划、采访：徐树华

博士，中国传媒大学普通话培训测试中心主任，播音主持艺术学院教授、博士生导师。

本期采访、执笔：孙祎临、林阳

中国传媒大学播音主持艺术学院2019级硕士研究生

不是更丰富，而是更单纯

在大赛递交音视频的最后截止日，蔡紫递交了她的报名资料。在此之前，总是有朋友陆陆续续地将报名链接发给她。拖到最后一天，是因为她没有想好。在广院上学时期，每一个人都曾经对主持怀着无比憧憬，近些年随着媒体环境的深刻变化，转行的人不少，而蔡紫还坚守在这个行业。或许是十二年前对主持人大赛特殊的感情，抑或是命运的安排，蔡紫最终还是决定，不留遗憾，要给自己一个交代。

媒体环境的融合激荡中，蔡紫也有过彷徨。而在主持人大赛中的她，可以不去考虑这些压力，专注下来，踏踏实实做一个主持人。在蔡紫看来，这次主持人大赛给了选手很多的保护和人文关怀，在这样一种保护下，她单纯地享受着潜心做内容的感觉。

大赛的第三阶段，蔡紫坚持要做关于古建筑的内容。这是基于她的个人兴趣和对观众审美多元化的信心。台上短短的几分钟，必定不足以面面俱到地呈现一个主持人的所有，如何取舍，蔡紫给出的答案是：听从内心的选择。

徐树华：

这次比赛第三阶段"走出去"的题目，是栏目组分给你的还是自己选择的？

蔡紫：

自己选的，"走出去"这一轮的呈现都是选手提前准备好的。你的文案、你的策划、你的拍摄、后期制作，这是一个集体智慧的结晶。我也有其他的选题，或许（这个）更能直接地引起观众的情感共鸣，最终我还是听从了内心的选择。这份信心建立在大家的多元审美和对节目的认知日益丰富化的基础上。

徐树华：

你这个理念是对的，要坚持自己的特色。我有什么就给你什么，不能因为你需要什么，我没有，我就七拼八凑地拿给你。我觉得这是很重要的一点。

蔡紫：

我觉得那些内容也很重要，它必定是被需要的，也能感染一部分人。但是有这么多人去选择这类题材，他们已经做得很棒了，那我就去更多元一些吧。在短短的几分钟里，你不可能表达所有。在只能呈现一个重点的情况下，你怎么样去取舍。那就是听从内心的选择。

徐树华：

对，你这个节目有点文艺范儿、艺术性，是做建筑文化。这个比赛过程是从什么时候开始？

蔡紫：

我是5月份的时候就看到报名的链接，我当时没想到要去参加。陆续有朋友给我分享报名链接，我才开始思考这个事儿。在递交音视频的截止日的最后一天，我才递交报名资料。这几年，虽然说离开了体制里，但是，不管是命运的安排也好，还是自己的一种热爱和坚持也好，仿佛还是没有被这个行业所抛弃。既然没有抛弃我，那我就再试试吧。央视主持人大赛八年再办也是难得，而我本身对大赛也充满感情。开个玩笑啊，八年以后再办，那个时候我应该不会再去参加了，（这次）就最后一次吧。

徐树华：

大赛选人、用人，也培养人、保护人，是吧？

蔡紫：

大赛考虑得特别细致，也非常地具有人文关怀保护，比如所有的即兴考核题目，都会让你有话可说的，绝不可能把你晾在那里（笑）！在整个比赛过程中你能感受到导演组的良苦用心，要特别地谢谢他们。

孙祎临：

我觉得这个大赛是不是一个契机，能促使你重新审视你自己，反而让你做减法、让你更单纯可以潜心来做好的内容，所以让你不那么心慌，可以相对关注？

蔡紫：

我觉得这种比赛特别好的是，几轮比赛下来，它可以让观众了解到每一个参赛的主持人是个什么样的人。所以你就要选定一个真诚表达自己且有意义的方向，有自己最想传递的内容。借助这个大赛，让观众对你和你擅长的内容产生这样的初印象和认知之后，这扇门打开了，你可以再继续往前走。

我其实是一个"任性"的人

一路走来，蔡紫的选择在别人眼里总是有些"任性"的：在播音主持专业毕业生把"新闻播报"作为最高梦想的时候，刚刚毕业的蔡紫选择了北京电视台——一个没让她播新闻的地方；在事业的上升期，她毅然辞职，从北京台离开，投身于市场的大潮；在女主持人事业拼搏的黄金年龄，她把爱倾注于家庭并孕育新生命。对蔡紫来说，她的选择始终忠于内心。面临选择，她心中清楚什么对于自己而言是更为重要和珍贵的。这让她的举止间多了一份从容和淡然。采访中，她甚至笑着说："如果不是孩子要上学，我可能会去山里闭关一段时间。"

徐树华：
像你这种主持人应该叫资深新人，（因为）职业经历丰富，正是年富力强的好时候。

蔡紫：
很幸运参与到很多节目类型中，丰富了我对不同节目内容的认知。感谢这些合力带我走到今天。

孙祎临：
关注你的节目和你的微博，会觉得你特别有狮子座的那个"飒劲儿"，每一步都特别坚定，知道自己想做什么。

蔡紫：
比较任性吧，不叫坚定。同样的事情如果放到今天，我或许能考虑得更周全一些，也就会有不同的选择了。但有一点没有变，就是我不往自己的身上贴标签，比如：你是主持人，你就该这样而不能那样。我不捆绑自己，而不捆绑自己也是能尊重理解他人的开始。生命是一个圆，每一步都有意义。

徐树华：
我觉得你的"三观"很正确，对于很多人来说，家庭幸福是首要的。家庭幸福的女孩，可能不容易老吧，哈哈。

蔡紫：
我觉得每个人都是一样，需要一些来自他人的温暖和力量，不一定只来自家庭，也可能来自爱人、好友、同学、同事甚至陌生人。人需要这样一种滋养，没有这种滋养我们就不会有前行的动力。

徐树华：

我很赞同这种生活观，就是不要太复杂，要简单。所以我带的18级小课组分享了我偶然读到过的一句话——"幸福的人都是隐身的。"他们特别喜欢，常常挂在嘴边。尤其是个人幸福，没必要到处晒来晒去的啊。像我们，教学是教学，学术是学术，生活是生活。相互之间可以有交集，但不要搞得那么密集，不要搞得那么累。

没有"放之四海而皆准"的主持人

与十二年前站在舞台上那个"学说大人话"的自己不同，现在的蔡紫，有了更多的生活经历，也有着对自己更深刻的认知。这样的她，知足地爱着自己和自己拥有的一切，也将这一切放进自己独特的表达中。也因此，观众感受着她的选择、她的坚持、她的所思所感，从而更加爱着这样一个立体的她。

采访中，蔡紫不止一次提到了"主持人的个性与多元"。主张表达个性的同时，蔡紫依旧强调作为主持人，要有自我约束的力量。学会自我修行，才能更负责任地表达。

徐树华：

你觉得这次比赛有什么新的创新点吗？

蔡紫：

我觉得更多元。分类简单，就分成了文艺和新闻，让我们每个人有不同的擅长，因为观众的审美也是更加多元化嘛。

林阳：

我还注意到师姐在比赛中提到了"提醒幸福"。

蔡紫：

我们都会经历相聚离别，对人与人之间的缘分会有深刻的感受。每个人都有属于自己的幸福和美好，它们值得我们珍惜。另外，当了妈妈会让你更加包容、更加柔软。比如，我看到我身边的很多人，包括采访的嘉宾，以前我就会觉得，哇，他怎么那么棒！包括看到那些主持行业的榜样，会觉得特别羡慕他，然后就想我什么时候才能这样。但现在更多的感受是一种自我的富足感，这种富足感不是骄傲自满，而是你珍惜自己所拥有的东西。

徐树华：
我特别赞同，人多了是一种负担，善于做减法，让自己更加地集中精力。其实我觉得就是发现自我，慢慢地发现自己的需求，发现自己在什么地方最安心这样一个过程。

林阳：
大赛给主持人提供团体交流这样一种平台优势，你有什么感受吗？

蔡紫：
觉得置身在这个行业是幸福的，同行在一起的归属感和惺惺相惜，很美好的感受。彼此欣赏、彼此促进，我们由衷地为彼此鼓掌，但还是在自己的轨道上前行。因为每个人都会有自己独特的人生经历，我们不能也无须成为彼此。但通过了解和相处，对方传递给你的正向的启发、思考会一直都在。

林阳：
通过这个比赛你对当前主持人行业、队伍，有没有一个什么整体的印象？

蔡紫：
有趣的灵魂吧，哈哈。有个性的人，有自己的选择的人。

孙祎临：
通过这个大赛接触那么多人，你怎么评价整体的中国主持业界的现状、趋势？

蔡紫：
为自己说的话负责，对看到你的传播内容的受众负责。

孙祎临：
理解你的意思。

蔡紫：
要永远有一种自我约束在身上，当然我希望这种约束给我自己带来的是一种向上的力量，然后让我更多地去修正自己，把自己的心能够安顿得更好。

徐树华：
说得特别好。我觉得主持人应该是生活在时代的前沿，然后从你的生活、职业去感受别人，让别人过上一种更加现代的、文明的这样一种生活。既要自律，也要传播一种时代生活引领价值，让整个社会人的生活状态更好一些，我觉得这应该是他们的一种责任。

（访谈时间：2020年1月）

采访札记：

  冬日下午，咖啡、暖阳，在三里屯工体 Bracket Coffee，又见蔡紫。

  师生重逢，谈到小组同学 2006 年在江苏南通实习的趣事，恍如昨日。荧屏上的蔡紫光彩照人、知性专业，但此时，在老师的眼里，坐在师弟师妹身旁，她还是当年那个笑容甜美、善解人意、聪敏好学的好学生。岁月的沉淀、职场的历练为她增添了几分专业和沉静；而家庭又使她散发出一种即便忙碌，也难以掩盖的安宁、淡然的幸福感。

  比赛当中的蔡紫甜美坚定、温暖大方，她亲切的气质、流畅深刻的表达、独特的内容选择，得到了专业评审们的一致认可，频频斩获最高分。同时，她也一路以持续精彩的表现得到了无数观众的支持和喜爱。总决赛的舞台上，她稳定的心态和出色的发挥以及一番真诚的自白，让她一举夺得了文艺类金奖的桂冠。

  感谢总台 2019 主持人大赛为我们提供了一次师生再聚，共话专业、畅谈人生的契机。话题由大赛展开，作为参赛者，蔡紫与我们分享了参赛的诸多经历、感受和思考。由此，也引发了我们对于专业和行业现状的新的思考。从蔡紫身上，我们看到了个性与专业兼具的新一代主持人的风貌。她或许只是一个个案，但是，在融媒体时代、智媒体时代，主持人如何面对选择，如何自处？又该如何回应新时代对于主持人的期待和要求？我们或许可以从蔡紫的经历和感受中得到一些启发。

五、李斌：网络主播的角色定位与功能变迁

——以抖音短视频为例

　　网络主播发展方兴未艾，一时间"全民皆主播、主播皆带货"的现象蔚为大观。作为播音与主持艺术专业的从业者与研究者，我们禁不住思考：网络主播们究竟是依托什么赢得了亿万级别的关注及与之相对应的市场回报？网络主播们是如何由昔日的"草根"角色到日益获得主流媒体的加持与肯定？这种行业"泛化"发展是否意味着播音主持专业习得者必然迎来一方更大的舞台？本期内容从网络主播的角色定位出发，探究了其发展背后的意涵，并由此对播音主持专业的人才培养提出了启发性思考。

本期嘉宾：李斌

　　浙江传媒学院播音主持艺术学院教师

　　中国传媒大学中国播音学 2018 级博士生

　　随着直播行业的迅速发展，网络主播愈加广泛且深入地进入大众的生活。其中以短视频创作为主要手段，并利用其 IP 及流量进行直播的一些内容生产者（PGC 和 UGC）吸引了大量人气并形成不容忽视的影响力。相应地，网络主播的能力、素质及其生存发展状况也备受关注。短视频平台中的网络主播是谁，其角色定位如何，这一类网络主播需要具备怎样的素质和能力，硬核要素是什么，和传统主播相比，短视频网络主播的功能发生了怎样的变迁？2020 年 6 月 2 日浙江传媒学院播音主持艺术学院举办了一次以"网络主播"为主题的学术沙

龙，我围绕以上问题分享了一些浅显的思考：

网络主播的角色定位

1. 直播带货者

2020年4月初，"带货一哥"李佳琦连线"央视段子手"朱广权，为湖北做了场专场公益直播，直播主题为"谢谢你为湖北下单"。"央视新闻"官微给两人的组合起了个童趣的名字"小朱佩琦"，引来1.2亿网友观看，直播点赞数1.6亿，2个小时，累计卖出湖北商品总价值4014万元。结合这些数据来看，其超高的人气及交易量的确令人惊叹。实际上，直播带货在我国已经进入热潮期，全网已呈现出多维带货主播，有网红主播（如薇娅），有娱乐明星（如李湘）、有著名主持人（如撒贝宁），还有企业家（如董明珠）等。

2. 主题分享者

在短视频平台中，还有一类网络主播较为常见，就是主题分享者，主要分为三类：一类是结合自身专业技术，以传授知识及技术交流为主，比如有主播专门教大家如何做菜，还有像舞蹈教学、视频制作，投资理财等内容；二是以其特定身份作为标签开展创作，如以"考研""亲子""婚恋"等为标签，分享特定阶段的经历或者虚拟特殊人设的故事；三是兴趣领域，如以美妆、军事、汽车、游戏、动漫、健身、星座等作为兴趣标签生产内容的创作者，通过"共性"和"共鸣"进行吸粉和引流，并持续输出兴趣内容。

3. 文化传播者

还有一类是我个人比较推崇的——文化传播者。说到文化传播者就不得不提到李子柒，一个凭借原创短视频获得全网粉丝超5000万、视频播放量达到80亿的博主。她用镜头记录真实、古朴的传统生活，让更多的人了解到了我国的传统文化，被誉为"中国文化输出的典范"。但是，像这样以传播文化为创作目的的网红及网络主播似乎并不常见，白岩松曾在节目中也评价像李子柒这样的"网红"太少了。

由以上的分析我们发现短视频平台当中的网络主播大致可以归类为主题内容生产者、文化输出及传播者、垂直深耕分享者等。那么网络主播需要具备的能力有哪些，"硬核"要素是什么呢？

网络主播的"硬核"要素

1. 技术

互联网时代,技术的升级换代颇为迅速。5G、AR、VR、AI 等成为当下热门议题。在这样的背景下,受数字化、智能化以及信息化的影响,网络主播要重新思考自身与技术的关系,亟须借助技术的力量创造出更符合个人价值并能促成良好社会效应的产品和服务。举例来说,美国著名的化妆网红 Michelle Phan,在视频创作过程中,依托大数据技术成功实现了线上线下的有效联动。借助"数据分析-用户画像-IP 打造-粉丝运营"等流程,她从一名业余化妆师一跃成为兰蔻代言人,并联合兰蔻推出了专属化妆品生产线,获得近一亿美元的 B 轮融资。再如,人工智能的应用已经渗透到各领域,网络主播更要借助 AI 等智能产品和技术实现人与技术的充分融合,实现价值最大化。

2. 内容

"内容为王"的创作之道在短视频领域同样适用。无趣、无深度、无意义、无价值的内容注定被淘汰。用户打开一条短视频,决定他们是否能看下去无非是以下原因:

够不够好玩?够不够有料?

够不够权威?够不够专业?

够不够新鲜?够不够个性?

够不够时尚?够不够潮流?

够不够营养?够不够有用?

……

而优质的内容并不仅仅依靠网络主播的 IP,还需要强大的创意策划和制作能力的驱动。未来几年,内容的核心竞争力将在短视频行业凸显,差异化与优质化并存的作品,才能真正赢得用户及市场。因此,一个专业的网络主播及团队要特别注意对于内容的策划、挖掘、宣传和运营。

3. 运营

说到运营,短视频平台的网络主播往往只重视其中的一个环节——视频如何去拍,反而忽略了视频的运营及宣传策略。实际上,只有通过运营才能把内容传播价值发挥到极致。一个完整的短视频运营方案应该包含:创作目的、目标用户群体和内容定位、账号装修和维护、粉丝运营、变现规划等。比如，我们之前提到的李子柒，实际上背后有着深谙内容运作的团队。杭州微念公司CEO刘同明从2016年起就注意到当时叫做"李佳佳"的她，并开始参与视频内容的策划与包装中，一步步打造出今天的"李子柒"。

网络主播的功能变迁

传统意义上的主播，也就是电台、电视台的播音员和主持人，其功能大致可以归纳为几个方面：舆论引领、信息传播、进程驾驭、有效互动。那么融媒背景下网络主播的功能是否有一些变化呢？

1. 从单向传播到强交互型

如果说腾讯创造了基于强关系的熟人社交帝国，阿里创造了基于支付工具的购物社交帝国，那么抖音等短视频平台则创造了基于用户价值的分享型社交帝国。换一个角度来思考，网络带货主播不正是利用"强关系社交"，并结合线上交易等功能为用户及自身创造价值吗？

同样，短视频平台中以创作为主要模式的网络主播，互动过程也变得更为立体和多元。首先是互动主体更加丰富，网络主播、短视频平台、用户及用户之间形成了网状的多点连接；其次是互动形式更为多元，点赞、评论、转发、打赏、合拍、连线、私信、投诉、举报等，使得网络主播与用户之间的互动方式呈现出多样选择。这种互动具有极强的开放性与主观能动性，话语建构更为日常及碎片化。可以说，网络主播与用户的互动已经呈现出强交互型的功能特征。

2. 从信息传播到万物相联

传统主播在传播过程中，以传递信息为主；而网络主播传递的内容则更为广泛和直接，这与平台自身的特质是分不开的。短视频平台在内容层面始终秉承多元化的方向，在运行模式上，抖音采用兴趣引流的方式增加作品曝光度，使得用户群体不断扩大。其用户不只是青少年，而是包含各个年龄段的用户，使得平台本身成为一个巨大的"信息陆地"，因此网络主播拥有强大的传播基础。另外，借助移动支付及信息智能等技术，网络主播可以与用户直接进行沟通、交易及反馈。同时，线上线下新零售模式在短视频平台运转得更为便捷。因此，网络主播可以凭借其个人IP及影响力，传播信息，直播带货，甚至可以引领潮流文化。物联网时代，网络主播成为"连接器"，连接着社会、市场、用户、商品、娱乐、文化等方方面面。

人才如何培养

1. 坚守专业能力,"温故而知新"

播音主持专业对于人才的培养亟须适应社会变革。互联网思维无处不在的新时期,播音主持人才培养要以"坚守专业能力"为引擎,打造语言传播坚强堡垒。这里的专业能力的核心依然是语言功力,但"温故"的同时,还要"知新"。当前更需要的是全媒体人才。播音主持专业学生除了语言功力之外,还要具备一定的策划能力、编剧能力甚至还要有对于原创产品的研发能力。唯有"温故而知新",才能适应生态变化,施展用武之地。

2. 锤炼创作能力,"集芙蓉以为裳"

播音主持专业学生在日常的学习生活中,亟须提升其创作能力,如创作各类音视频,并结合其兴趣爱好及专业特长,尝试在某领域垂直深耕,为专业做加法,通过"播音主持+兴趣领域",向"专家型主持人"进行积累和修炼。值得一提的是,创作能力提升的背后,审美和导向不容忽视!在短视频低俗文化盛行的今天,科班出身的网络主播更要加强责任意识,把握导向,不断提升审美品位,创作出文化精品。

3. 强化适应能力,"运筹帷幄,决胜千里"

播音主持专业学生的强项是表达,是内容生产,但其缺陷往往是对于技术的忽略和被动。未来时代之发展,人工智能的核心就是信息化及智能化,只有提前拥抱像AI、大数据、5G等技术,才能紧跟时代步伐,从而开拓创新。因此,播音主持专业学生需要积极主动地去了解技术、学习技术并应用技术,学校及教师可以为学生提供多元平台,如通过实验项目、校企合作等形式助其全面发展。

后 记

  暑假，学院给华北油田开设了讲解员培训班。上完培训班的课，正准备回南方看望父母家人，不料，疫情反弹，"狼烟"四起。微信视频那头的双亲宽慰着：不用回来，太危险了！有微信，想说话就说话，想看就视频。一样啊！

  当然不一样！

  但去年开始的新冠疫情让所有人都明白，安全第一。正好出版社已经将书稿排版、打印并快递了过来，于是，退了机票，足不出户，开始仔仔细细地校对、修订。

  近30万字的书稿，几乎都是依靠录音转文字而来。尽管之前硕士生已经多人校对，博士们也多轮修订，提交给出版社时我自己还对着电脑看了三四天。但是，当厚厚一摞书稿清样"白纸黑字"平摊在书桌上时，还是显露出太多生活口语生成书面文字的"差异"！

  格式上勘误——字体字号、标点符号、错别字、层次段落、引文注释，等等；内容上修订——口语中过多的冗余度、插话的顺序、可能引起歧义或是误读的词语、离开了当时特定语境就难以理解的含义，等等。每一页都飞起了"气球"，有的因为"气球"太多，还分别用了黑色红色加以标识。

  自然，校对、修订是一件辛苦的事儿，眼睛费力不说，注意力必须高度集中——录音转换而成的文字，掺杂着太多的"现场"，稍不留神，就不知句子的准确用意。好在大多数"现场"，我都是亲历者，情景再现，得以"衔接"碎片化表达中的逻辑主线。也正因如此，原本枯燥、单调的校对、修订工作，平添了太多对过去"场景"的回忆——

  2020年7月26日，第十八期"播博汇"通过"腾讯会议"APP举行，这是我们首次尝试的线上学术沙龙。

  借着新冠疫情催发的网上带货直播热，我们发起了"勇立潮头or静观其变?——'直播热'背景下主播人才的多元化培养"的研讨邀请,并列出了一长串嘉宾名单。认识的,直接发了邀请函;不认识的,通过朋友、朋友的朋友去联系。最终组成了7位来自业界的观察员、12位来自学界的观察学者、10位来自博士和博士研究生的研讨学者的阵容。

关于"快手"的平台建构和经营理念;

关于银河众星在培养主播艺人方面的方式和思路;

商务部派驻湖南城步扶贫挂职的刘书军副县长一番诚恳的发言,圈粉无数;

轮值学者苏凡博在调研基础上实施的教学改革新举措,发人深思。

面对"直播热",朱永祥老师说,"变"是王道,主持人的能力构建现如今应该是"3+1";高祥荣老师说,播音主持专业教育不能故步自封,要在随"播"逐"流"中"坚守主流",引领专业人才培养的"潮流";王彪老师说,在人才的素养结构上,应该注意三个关键词,分别是关系经济、象征消费和利基市场。胡黎娜老师强调,"狼来了",我们既要坚守,还要应变。坚守专业素质、专业理念以及专业的艺术性;李伯冉老师强调,培养未来的网络主播人才,我们所要追求的绝不仅仅是"互联网营销师"所创造的销售业绩,而应该是与电商特点相融合,具有文化质地、审美价值和传播效力的媒介内容生产与传播。

正在参加另一个会议,请了半天假过来参加研讨并担任总评人的杜晓红老师,先是从职业属性的角度,厘清了播音员主持人与互联网营销师在职业特点和话语属性上的区别,继而回答了我们为什么要介入电商人才培养的领域,其价值和意义又何在的问题。

近四小时的"云"上研讨,热烈而紧凑,信息的丰富与观点的多元,让人应接不暇。

其实,"播博汇"六年来,无论线上线下,每一次的"开门"都获得了来自全国各地各行各业朋友们的支持,特别是高贵武老师对于"播博汇"的一路扶持……一切都让我们心存感激!

"场景"再现,回忆不断。因为大多数都是之前相识的朋友,面对书稿上的一个个名字、一段段话语,耳畔响起的则是每一位朋友熟稔的声音。这应该就是经由"语音独一性"而产生的"音景"吧——近日购得大学老师傅修延先生的大作《听觉叙事研究》。傅老师说,读书一定得揣摩语音,因为"语音能帮助我们实现某种程度上的'现场还原'"。

由此我想,根据"现场还原"而来的这本文论、这些文字——

那些在"播博汇"上交锋碰撞的声音，

那些在"回响·回想"中经久难忘的声音，

那些在"师说"里侃侃而谈的声音，

——共同在最大程度上保有了"诉诸听觉的音景"！

相信，这些"跃然纸上"的声音一定能给读者带来"在场性、可感性、生动性、丰富性"，这些"声音的余韵"也会在每一位志同道合朋友的心里"荡漾"！

十天，正好是原定南下的时段。完成了校对、修订的书稿，也算是提交给亲人、朋友的一份暑假作业吧。

感谢大家对"播博汇"、对本文论的贡献与支持——单是在图片使用的版权问题上，就得到诸位老师和朋友们快捷地回应。瞿弦和老师秒回信息的同时，还发来了五六张他和张筠英老师的合影。一句"挑着用吧"，让我立刻有些潸然……

感谢出版社编辑们的用心付出，尤其是樊仙桃老师，从《播博汇文论》第一卷起就倾尽全力，不辞辛劳！

祈愿花常开月常圆人常健，天下平安！

曾志华

2021年8月10日